21 世纪高等教育规划教材

计算机网络基础

赵海发　田广强　主编

黄 河 水 利 出 版 社

内 容 提 要

本书是21世纪高等教育规划教材，由郑州交通职业学院组织编写。本书对数据通信的基础知识、网络的基本概念、网络体系结构、局域网工作原理与组网技术、网络管理与安全技术作了详细的介绍，并讲述了Windows 2000组网的实用技术。

本书层次清晰、概念准确、内容丰富、图文并茂，有适度的基础理论知识介绍和比较详细的组网实用技术指导，并且注重理论与实践的结合，适合学生循序渐进地学习。本书适用于高职高专院校学生作为学习计算机网络课程的教材，也可供从事计算机网络应用与信息技术的工程人员学习与参考。

图书在版编目(CIP)数据

计算机网络基础/赵海发，田广强主编. —郑州：黄河水利出版社，2007.8
21世纪高等教育规划教材
ISBN 978-7-80734-243-4

Ⅰ.计… Ⅱ.①赵… ②田… Ⅲ.计算机网络-高等学校-教材 Ⅳ.TP393

中国版本图书馆CIP数据核字(2007)第123595号

出 版 社：黄河水利出版社
地址：河南省郑州市金水路11号 邮政编码：450003
发行单位：黄河水利出版社
发行部电话：0371-66026940、66028024、66022620(传真)
E-mail:hhslcbs@126.com
承印单位：黄委会设计院印刷厂
开本：787 mm×1 092 mm 1/16
印张：11
字数：254千字 印数：1—3 100
版次：2007年8月第1版 印次：2007年8月第1次印刷

书号：ISBN 978-7-80734-243-4/TP·30 定价：20.00元

前　言

我们正处于新需求、新技术层出不穷的时代，高集成度的芯片、高速的传输媒体、高效的传输技术，导致各种高性能的网络设备纷纷涌现，并不断地更新换代。面对日新月异的技术发展，为贯彻落实 21 世纪高等职业教育应用型人才培养规格，实施“知识、能力、素质、创新”的教改思想和教学方法，本教材在内容上采用由浅入深的方法，力求在阐明基本原理的基础上，注意理论与实践的结合，关注有关技术的发展趋势。目的在于使读者通过学习，可以了解和掌握计算机网络的有关知识和发展动向，并具有相应的网络组建、管理的能力。

计算机网络是当今计算机科学技术最热门的分支之一。它在过去的几十年里得到了快速的发展，尤其是近十多年来，Internet 网络迅速深入到社会的各个层面，对科学、技术、经济、产业乃至人类的生活都产生了质的影响。本教材立足于“必要、适度、够用”的高职高专教育原则，全书共设置 7 章。第 1 章：网络基础概述，由张金娜编写；第 2 章：数据通信基础，由赵海发编写；第 3 章：网络体系结构，由李娜编写；第 4 章：计算机局域网技术，由张善伟编写；第 5 章：Internet 基础与应用，由杨东芳编写；第 6 章：网络安全与管理，由许鹏编写；第 7 章：Windows 2000 的使用，由田广强编写。

由于编写时间仓促，编者水平有限，书中的不妥之处在所难免。殷切希望广大读者继续提出宝贵意见，以使教材不断完善。

编　者

2007 年 7 月

目　录

第 1 章　网络基础概述

随着人类信息时代的到来，计算机网络已经深入到人们生活中的各个领域。计算机网络是计算机技术和通信技术紧密结合的产物。计算机与通信的相互结合主要体现在：一方面通信网络为计算机之间的数据传输提供了必要的手段，另一方面计算机技术又提高了通信网络的各种性能。

在计算机与通信技术相结合的过程中，计算机网络仅是需要研究的课题之一。本章只对计算机网络的一些基本知识进行概述，如计算机网络的发展、定义、功能、分类等。

1.1　计算机网络的发展

1.1.1　计算机网络发展的各个阶段

计算机网络诞生于 20 世纪 50 年代中期，60 ~ 70 年代是广域网从无到有并得到大发展的年代；80 年代局域网取得了长足的进步，已日趋成熟；进入 90 年代，一方面广域网和局域网紧密结合使得企业网络迅速发展，另一方面建造了覆盖全球的信息网络 Internet，为在 21 世纪进入信息社会奠定了基础。

计算机网络的发展经历了一个从简单到复杂，又到简单(指入网容易、使用简单、网络应用大众化)的过程。计算机网络的发展经历了四个阶段。

1.1.1.1　第一代计算机网络——面向终端的计算机网络

面向终端的计算机网络是具有通信功能的主机系统，即所谓的联机系统。这是计算机网络发展的第一阶段，被称为第一代计算机网络(见图 1-1)。

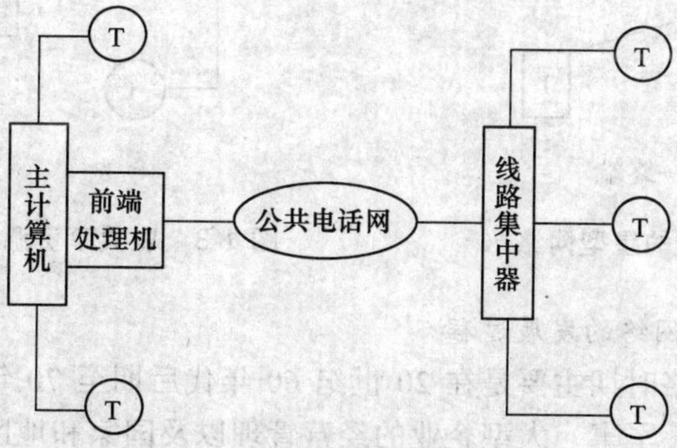

图 1-1　面向终端的计算机网络

1. 第一代计算机网络的发展过程

第一代计算机网络的时期主要在 20 世纪 50 ~ 60 年代。在这一阶段的初期，计算机和通信没有什么关系，人们使用计算机只能携带程序和数据到机房去，这显然是不方便的。1954 年，收发器(Transceiver)终端出现，实现了将穿孔卡片上的数据从电话线上发送到远地的计算机。用户可在远地的电传打字机上键入自己的程序，计算机计算出来的结果从计算机传送到远地的电传打字机上打印出来。这实现了计算机与远程终端的数据通信，计算机网络的概念也就这样产生了。

20 世纪 60 年代初，美国建成了全国性航空飞机订票系统，用一台中央计算机联结 2000 多个遍布全国各地的终端，用户通过终端进行操作。这些应用系统的建立，构成了计算机网络的雏形。

2. 第一代计算机网络的特点

(1)面向终端，即一台主机面对多个终端。这是一个由终端—通信线路—计算机组成的面向终端的星型网络，如图 1-2 所示。各终端通过线路共享主机的硬件和软件，实现了计算机和终端之间的通信。

(2)除了中心主机以外，其余终端设备都没有自主处理能力。

这两个特点与今天发展较成熟的计算机网络相比，有本质的区别。因此，严格地讲，第一代计算机网络还不能算计算机网络，只能算是一个计算机网络的雏形。

1.1.1.2 第二代计算机网络——共享资源的计算机网络

多台主计算机通过通信线路连接起来，相互共享资源，这样就形成了以共享资源为目的的第二代计算机网络，如图 1-3 所示。

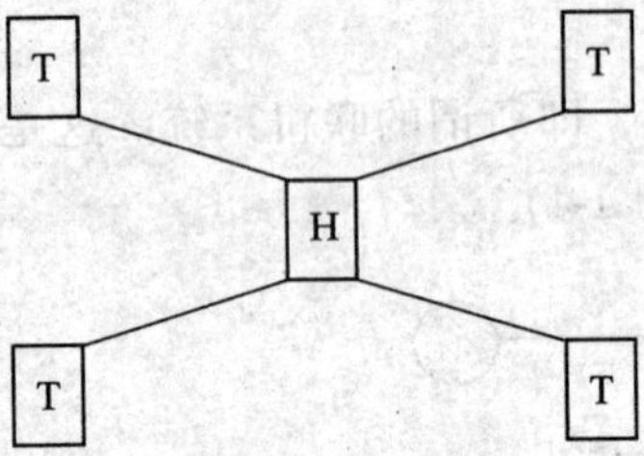

H—主机；T—终端

图 1-2 面向终端的星型网络

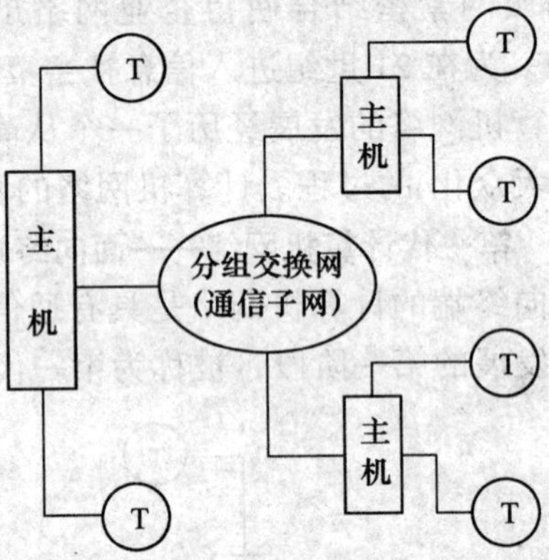

图 1-3 以共享资源为目的的计算机网络

1. 第二代计算机网络的发展过程

第二代计算机网络时期主要是在 20 世纪 60 年代后期至 70 年代。在这一时期，随着计算机应用在科研、军事、大型企业的经营管理以及国家和地区经济信息分析决策等领域的发展，出现了多台计算机互联的需求。人们希望将分布在不同地点的计算机，通过通信线路互联成计算机—计算机的网络。网络用户不仅可以使用本地计算机的硬件、软件、数据资源，而且还可以享用其他联网计算机上的硬件、软件、数据资源，实现计算机资源的共享。要设计一个计算机网络，必须选择一个合适的通信系统。早期的通信系统主要是电话交换系统，其交换技术是线路交换，而线路交换是专为语音通信设计的，其传输方式、传输速率、传输质量都很难满足计算机间的通信。因此，出现了适合于计算机间通信的、新的交换技术，这就是分组交换技术。

采用分组交换技术的网络把计算机网络分成两大部分，第一部分是由欲接入网的各个计算机构成用户资源子网，第二部分由负责传输数据的通信线路及线路上负责转发数据的各种设备(节点机)构成通信子网。通信子网自动提供计算机互相通信的链路。在通信子网中，数据以特殊的数据包格式成批传送。

分组交换网络构成现代意义的计算机网络，即用户不仅可以共享通信网络资源，还可以共享资源子网中的计算机资源。美国的 ARPANET 网就是一个成功的例子，它是世界上第一个采用分组交换技术的计算机网络，也是今天 Internet 的前身。ARPANET 网络的建成标志着现代计算机网络的诞生。它通过有线、无线和卫星通信线路，把网络覆盖到美国本土、夏威夷及欧洲。以后世界上大多数国家都采用这种技术构建计算机网络。

2. 第二代计算机网络的特点

第一代计算机网络是以终端—计算机通信为主，数据通信和数据处理功能在主机系统中尚未划分清晰，网络结构也未形成规范的模式。分组交换网的成功出现，开创了计算机网络的新纪元，使计算机网络的概念和结构发生了根本的变化。其特点是计算机网络成为以通信子网为中心的计算机—计算机间的通信。其结构上分为两部分：由负责数据处理的主机系统(包括终端)组成的用户子网和由负责数据通信的通信处理机组成的通信子网。用户子网各主机系统通过通信子网共享其他主机的资源。用户子网和通信子网结构概念的出现，使网络中数据处理和数据通信的功能清晰的界定开来。这种以通信子网为中心的计算机网络被称为第二代计算机网络。

1.1.1.3　第三代计算机网络——标准化的计算机网络

第三代计算机网络时期主要是在 20 世纪 80 年代。由于早期的网络没有统一的标准，各公司的网络不能相互兼容，因而阻碍网络的更快发展。1974 年 IBM 公司宣布了网络标准按分层方法研制的系统网络体系结构 SNA。网络体系结构的出现，使得一个公司所生产的各种网络产品都能够很容易的互联成网，而不同公司生产的产品，由于网络体系结构不同，则很难相互联通。

1984 年，国际标准化组织(ISO)正式颁布了一个使各种计算机互联成网的标准框架——开放系统互联参考模型(Open System Interconnection Reference Model，简称 OSI/RM 或 OSI)。20 世纪 80 年代中期，ISO 等机构以 OSI 模型为参考，开发制定了一系列协议标准，形成了一个庞大的 OSI 基本协议集。OSI 标准确保了各厂家生产的计算机和网络产品之间的互联，推动了网络技术的应用和发展。这就是所谓的第三代计算机网络。有关 OSI 的详细内容见第 3 章。

第三代计算机网络的标志是网络体系结构的形成与标准化。除此之外，在这一时期，局域网技术也出现了突破性进展。

1.1.1.4　第四代计算机网络——国际化的计算机网络

20 世纪 90 年代，计算机网络发展成了全球的网络——因特网(Internet)，计算机网络技术和网络应用得到了迅猛的发展，见图 1-4。

Internet 最初起源于 ARPANET。由 ARPANET 研究而产生的一项非常重要的成果就是 TCP/IP 协议(Transmission Control Protocol/Internet Protocol，传输控制协议/互联协议)，使得连接到网上的所有计算机能够相互交流信息。1986 年建立的美国国家科学基金会网络 NSFNET 是 Internet 的一个里程碑。

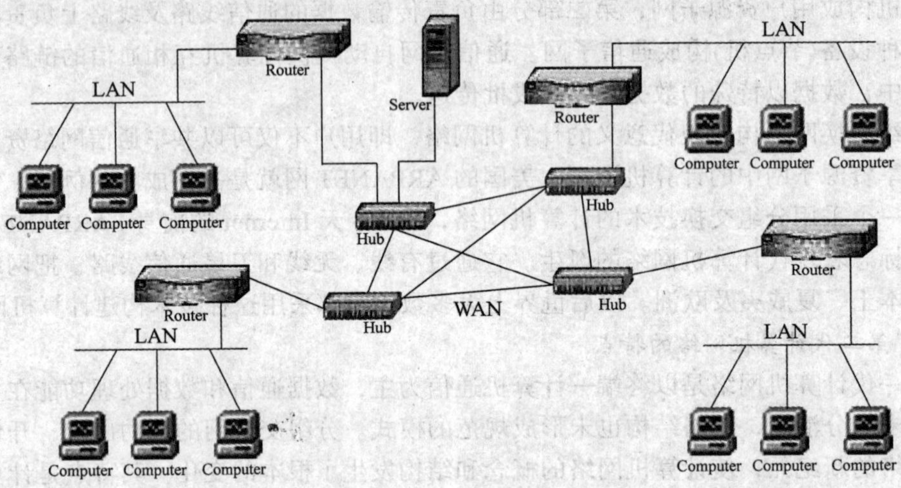

图 1-4　国际化计算机网络 Internet

目前，计算机网络是一大热门课题，应用需求极为广泛。人们提出了“网络就是计算机”的概念，计算机网络伴随着计算机已成为人们工作、学习、生活中不可缺少的一部分。

1.1.2　计算机网络的发展趋势

未来计算机网络的发展目标是：在任何时候、任何地方，利用网络技术把人与人、人与信息紧密的联系起来，使人们对信息资源的访问成为日常生活的重要组成部分。人们能够在网上得到的服务是多种多样的。

(1)网上购物。通过计算机网络，足不出户，您就可以享受逛街的乐趣。逛街、挑选、购买、议价、付款等，都通过网上实现，最终达成买卖交易，这就是便利的网上购物。如淘宝网(www.taobao.com)就是一个典型的购物网站。

(2)可视电话。人们在通话时，可在屏幕上看到对方的容貌和动作。

(3)网络教学。学生可以在网上接受教育、选择课程、提交作业；教师可以在网上进行辅导答疑、组织考试等。

(4)视频会议。人们不再需要集中到某一地点，而是坐在各自的办公室就能组织一场很热烈的会议，既经济又高效。

(5)家庭影院。人们可以在任何时间、任何地点，通过网络随时向影院和娱乐公司点播自己喜欢的任何节目。

(6)家中办公。更多的人可以利用计算机在各自的家中办公，既节省了上下班路上所耗费的时间，又避免了交通拥挤。

(7)网上医疗。使更多的病人不必走出家门就能得到全国乃至全世界名医的会诊。

(8)全球信息数据查询。在世界范围的互联网上，人们可以得到他想要的任何有用信息，如图书资料、气象、银行、股市信息等。

从技术层面讲，未来的网络必须有足够的带宽、很好的服务质量、高度智能化以及完善的安全机制，以保证电子商务、远程教育、远程医疗、数字图书馆、视频点播等多项应用需求。在 Internet 飞速发展和广泛应用的同时，高速网络技术的发展必将引起人们越来越多的关注。

1.2　计算机网络的定义与功能

1.2.1　计算机网络的定义

由于计算机网络发展迅速，目前，不同的书中对计算机网络定义的表述也有所不同。现在被广泛接受的定义是：计算机网络是将分布在不同地理位置的具有独立功能的计算机系统，利用通信设备和线路相互联接起来，在网络协议和软件的支持下进行数据通信、实现资源共享的计算机系统的集合。

根据上述论述我们可以从以下几点来把握计算机网络的定义。

(1)连接到网络上的计算机都是独立的“自治计算机”。它们之间没有主从关系，每台计算机既可以联网工作，也可以脱网独立工作。

(2)联网的计算机必须遵循共同的网络协议。简单的说，就是联网的计算机之间在进行数据通信时必须遵循一定的通信规则。

(3)计算机联网的目的是为了数据通信和实现资源共享。计算机资源包括硬件资源和软件资源。硬件资源有硬盘、扫描仪、打印机等。网上的用户可以使用本地资源，也可以使用网上其他计算机的资源。

1.2.2　计算机网络的功能

计算机网络的产生，使计算机的作用范围和其自身的功能有了突破性的发展。它的功能主要体现在信息交换、资源共享、分布式处理、均衡负载和提高计算机的可靠性等几个方面。

1.2.2.1　信息交换

这是计算机网络最基本的功能，主要完成计算机网络中各个节点之间的数据通信。用户可以在网上传送电子邮件、发布新闻消息、进行电子购物、电子贸易、远程电子教育等。

1.2.2.2　资源共享

所谓的资源是指构成系统的所有要素，包括软、硬件资源，如：计算处理能力、大容量磁盘、高速打印机、绘图仪、通信线路、数据库、文件和其他计算机上的有关信息。由于受经济和其他因素的制约，这些资源并非(也不可能)所有用户都能独立拥有，所以网络上的计算机不仅可以使用自身的资源，也可以共享网络上的资源。因而，增强了网络上计算机的处理能力，提高了计算机软、硬件的利用率。

1.2.2.3 分布式处理

对于较大型综合性的复杂任务，可以通过网络操作系统的合理调度，将任务分配给不同的计算机，实现分布处理的目的，这样可以使整个系统的性能大为增强。

1.2.2.4 均衡负载

均衡负载是指网络中的工作负荷被均匀的分配给网络中的各个计算机系统。当某一计算机的负荷过大时，网络能自动将某些新的任务交给其他负荷较小的计算机去处理，从而减少了用户的等待时间。

1.2.2.5 提高计算机的可靠性

单就某个计算机或某个部件而言，出现故障是不可避免的。但由于网络中的计算机可以互为备份，当某台机器发生故障时，该机的工作可以由网络中的其他机器来完成，而且网络中的各种资源可以存放在位于不同地点的计算机系统中。用户可以通过多种途径使用网上的资源，从而避免了因某个部件或系统发生故障对用户访问产生影响。

1.3 计算机网络的分类

计算机网络的应用范围是广泛的，各种各样的网络也越来越多，计算机网络的分类方法也多种多样。本节主要列举几种常用的分类方法。

1.3.1 按网络的覆盖范围分类

计算机网络按其覆盖的地理范围，可分为三类：局域网(Local Area Network，简称LAN)、城域网(Metropolitan Area Network，简称 MAN)和广域网(Wide Area Network，简称 WAN)。

1.3.1.1 局域网

通常我们常见的“LAN”就是指局域网，这是我们最常见、应用最广的一种网络。现在局域网随着整个计算机网络技术的发展和提高得到充分的应用和普及，几乎每个单位都有自己的局域网，有的家庭中甚至都有自己的小型局域网。

很明显，所谓局域网，就是在局部地区范围内的网络，它所覆盖的地区范围较小。局域网在计算机数量配置上没有太多的限制，少的可以只有两台，多的可达几百台。一般来说，在企业局域网中，工作站的数量在几十到两百台次左右。在网络所涉及的地理距离上一般来说可以是几米至 10 km。局域网一般位于一个建筑物或一个单位内，不存在寻径问题，不包括网络层的应用。这种网络的特点是：连接范围窄、用户数少、配置容易、连接速率高。

1.3.1.2 城域网

城域网的覆盖范围介于局域网和广域网之间。这种网络一般来说是在一个城市，但不在同一地理小区范围内的计算机互联。这种网络的连接距离可以在几十千米到上百千米，它采用的是 IEEE802.6 标准。MAN 与 LAN 相比扩展的距离更长，连接的计算机数量更多，在地理范围上可以说是 LAN 网络的延伸。在一个大型城市或都市地区，一个 MAN 网络通常连接着多个 LAN 网。如连接政府机构的 LAN、医院的 LAN、电信的 LAN、公司企业的 LAN 等。由于光纤连接的引入，使 MAN 中高速的 LAN 互联成为可能。

城域网多采用 ATM 技术做骨干网。ATM 是一个用于数据、语音、视频以及多媒体应用程序的高速网络传输方法。ATM 包括一个接口和一个协议，该协议能够在一个常规的传输信道上，在比特率不变及变化的通信量之间进行切换。ATM 也包括硬件、软件以及与 ATM 协议标准一致的介质。ATM 提供一个可伸缩的主干基础设施，以便能够适应不同规模、速度以及寻址技术的网络。ATM 的最大缺点就是成本太高，所以一般在政府城域网中应用，如邮政、银行、医院等。

1.3.1.3 广域网

这种网络也称为远程网，所覆盖的范围比城域网(MAN)更广，它一般是在不同城市之间的 LAN 或者 MAN 网络互联，地理范围可从几百千米到几千千米。广域网可以覆盖一个国家、一个地区或横跨几个大洲，形成国际性的远程网络，提供大范围的公共服务。但因为距离较远，信息衰减比较严重，所以这种网络一般是要租用专线，通过 IMP(接口信息处理)协议和线路连接起来，构成网状结构，解决循径问题。这种广域网因为所连接的用户多，总出口带宽有限，所以用户的终端连接速率一般较低。Internet 就是一个典型的广域网。

1.3.2 按拓扑结构分类

拓扑结构是借用数学上的一个词汇，从英文 Topology 音译而来。拓扑学最初是几何学的一个分支，主要研究几何图形在连续变形下保持不变的性质，现在已成为研究连续性现象的重要数学分支。计算机网络拓扑结构是指连接网络设备的物理线缆的铺设形式，即线路构成的几何形状。

计算机网络按拓扑结构可以分为星型、总线型、环型、树型、网型和混合型，如图 1-5 所示。

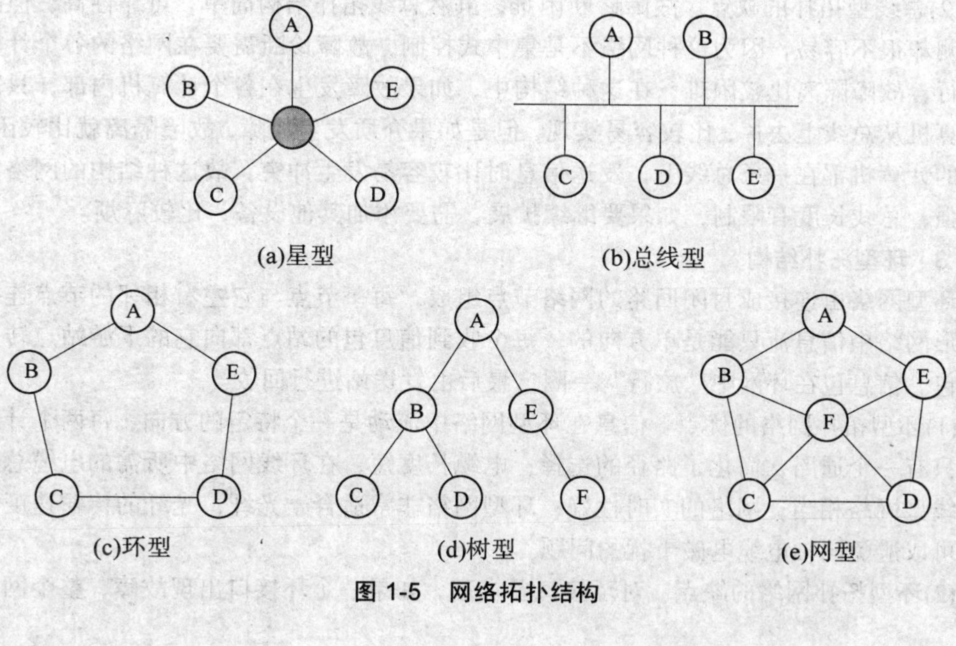

图 1-5　网络拓扑结构

1.3.2.1　星型拓扑结构

星型网络通过点到点链路接到中央节点的各站点组成。通过中心设备实现许多点到点连接。在数据网络中，这种设备是主机或集线器。在星型网中，可以在不影响系统其他设备工作的情况下，非常容易地增加和减少设备，是目前局域网最常见的方式。

星型网络中每台计算机都与中央节点相连，如果计算机需要发送数据或需要与其他计算机通信时，首先必须向中央节点发送一个请求，以便和需要对话的计算机建立连接，一旦连接建立后，两台计算机就像是用专用线连接的一样，可以点对点的实现通信。

(1)星型拓扑结构网络的优点。网络的结构简单，便于管理；网络的控制容易，组网简单；每个节点只连接一个设备，连接的故障不会影响整个网络；集中控制，故障的检测和隔离方便；网络的延迟时间短，传输的错码比较低。

(2)星型拓扑结构网络的缺点。中央节点的工作负担重，工作复杂，如果中央节点发生问题，整个网络都瘫痪，因此对中央节点的可靠性要求很高；费用比较高，每个计算机直接与中央节点相连，需要大量的电缆，由此引起一系列的问题，如维护、安装、扩展困难，每增加一台计算机，除了电缆外，还需要增加中央节点的接口；各个计算机点对点连接，共享数据的能力差；通信电缆是专用的，利用率不高。

1.3.2.2　总线型拓扑结构

总线型网络采用单根传输线作为传输介质，所有的站点都通过相应的硬件接口直接连接到传输介质或总线上。使用一定长度的电缆将设备连接在一起，设备可以在不影响系统中其他设备工作的情况下从总线中取下。任何一个站点发送的信号都可以沿着介质传播，而且能被其他所有站点接收。

(1)总线型拓扑的优点。结构简单灵活；可靠性高；设备少，费用低；安装容易，使用方便；共享资源的能力强，便于广播式工作；在一定程度上扩充容易，需要增加新计算机时，在总线的任何地方加入都可以。

(2)总线型拓扑的缺点。故障诊断困难，虽然总线拓扑结构简单，可靠性高，但故障的检测却很不容易，因为这种网络不是集中式控制，故障诊断需要在网络的各个计算机上进行；故障隔离比较困难，在这种结构中，如果故障发生在各个计算机内部，只需要将计算机从总线上去掉，比较容易实现，但是如果介质发生故障，故障隔离就比较困难；所有的计算机都在一条总线上，发送信息时比较容易发生冲突，故这种结构的网络实时性不强；总线长度有限制，如果要继续扩展，需要添加其他设备，比较麻烦。

1.3.2.3　环型拓扑结构

环型网络由连接成封闭回路的网络节点组成，每一节点与它左右相邻的节点连接。在环形网络中信息流只能是单方向的，每个收到信息包的站点都向它的下游站点转发该信息包。信息包在环网中“旅行”一圈，最后由发送站进行回收。

(1)环型拓扑网络的优点。信息在环型网络中流动是一个特定的方向，每两个计算机之间只有一个通路，简化了路径的选择；电缆长度短，在环线网络中所需的电缆总长度与总线型网络相当；网络的实时性好；环型网络非常适合于光纤，光纤的传输速度快，而且可以避免同轴电缆电磁干扰的问题。

(2)环型拓扑网络的缺点。对环接口要求高，如果一个环接口出现故障，整个网络就会瘫痪；故障的诊断困难，因为某一节点故障会引起整个网络的故障，出现故障时需要对每个节点进行检测；网络扩展困难；网络的节点多，影响网络的传输速度。

1.3.2.4　树型拓扑结构

树型拓扑由总线拓扑演变而来，形状像一棵倒置的树，顶端是树根，树根以下带分支，每个分支还可再带子分支。但不形成闭合回路，树型网是一种分层网，其结构可以对称，联系固定，具有一定的容错能力，一般一个分支和节点的故障不影响另一个分支和节点的工作，任何一个节点送出的信息都可以传遍整个传输介质，也是广播式网络。

(1)树型拓扑的优点。连接容易、管理简单、维护方便。

(2)树型拓扑的缺点。由于各个节点对根的依赖性太大，使得网络的共享能力差、可靠性低。

1.3.2.5　网型拓扑结构

这种结构中各节点通过传输线相互连接起来，并且任何一个节点都至少与其他两个节点相连，所以网型结构的网络具有较高的可靠性，但其实现起来费用高、结构复杂、不易管理和维护。

网型拓扑结构主要用于地域范围大、入网主机多(机型多)的环境，常用于构造广域网。

1.3.2.6　混合型拓扑结构

一般来说，一个较大的网络都不是单一的网络拓扑结构，而是将多种拓扑结构混合而成，充分发挥各种拓扑结构的优点，这就是所谓的混合型拓扑结构，如图 1-6 所示。

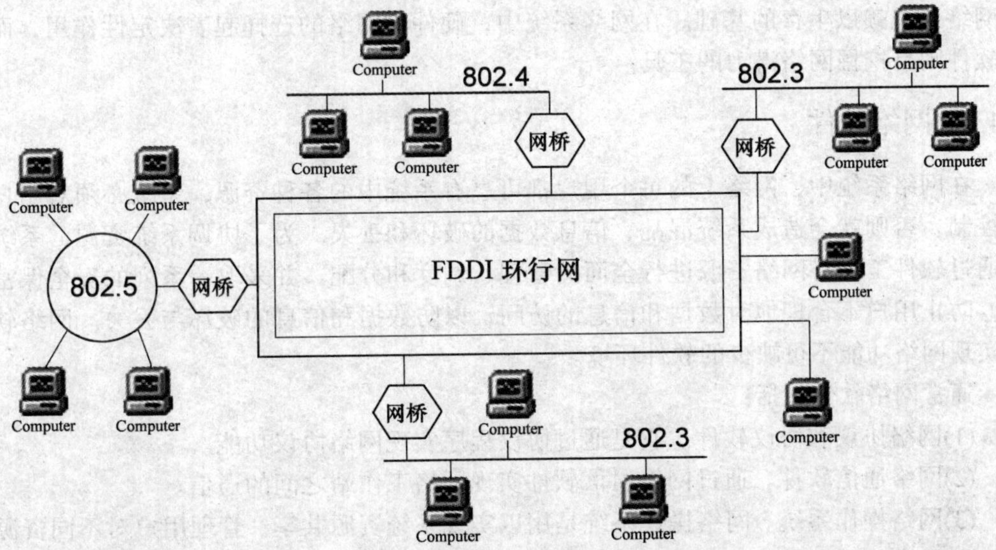

图 1-6　混合型拓扑结构

1.3.3　按服务的提供方式分类

计算机网络按服务的提供方式可分为对等网和客户端/服务器网。

1.3.3.1　对等网

对等网不使用专用的服务器，各站点既是网络服务的提供者——服务器，也是网络服务的申请者——工作站，所以又被称为点对点网络(Peer to Peer)。简单的对等网，就是将一些计算机简单的通过集线器连接在一起。对等网有以下几个特点。

(1)对等网构建容易，成本低。

(2)对等网没有明确的服务器，大多采用文件共享的方式进行数据交换。

(3)对等网没有层次依赖，它比基于服务器的网络有更大的容错性。网络中任何计算机发生故障，也只使网络资源的一部分变为不可使用。

(4)对等网中的文件存放比较分散，不利于数据的保密。

(5)对等网缺少共享资源的中心存储器，增加了用户查找信息的负担。

1.3.3.2　客户端/服务器网络

客户端/服务器网络中至少要有一台专用服务器来管理和控制网络的运行。所有工作站均可访问服务器中的软、硬件资源。客户端/服务器网络有以下几个特点。

(1)建设成本较高，需要专用的服务器。

(2)信息资源管理较安全。

(3)负载可以由服务器和客户机共同承担。

1.4　计算机网络系统的组成

计算机网络系统是由通信子网和资源子网组成的，而网络软件系统和网络硬件系统是网络系统赖以生存的基础。在网络系统中，硬件对网络的选择起着决定性作用，而网络软件则是挖掘网络潜力的工具。

1.4.1　网络软件

在网络系统中，网络上的每个用户都可享有系统中的各种资源，系统必须对用户进行控制，否则就会造成系统混乱、信息数据的破坏和丢失。为了协调系统资源，系统需要通过软件工具对网络资源进行全面的管理、调度和分配，并采取一系列的安全保密措施，防止用户不合理地对数据和信息的访问，以防数据和信息的破坏与丢失。网络软件是实现网络功能不可缺少的软件环境。

通常网络软件包括：

(1)网络协议和协议软件。它是通过协议程序实现网络协议功能。

(2)网络通信软件。通过网络通信软件实现网络工作站之间的通信。

(3)网络操作系统。网络操作系统是用以实现系统资源共享、管理用户对不同资源访问的应用程序，它是最主要的网络软件。

(4)网络管理及网络应用软件。网络管理软件是用来对网络资源进行管理和对网络进行维护的软件。网络应用软件是为网络用户提供服务并为网络用户解决实际问题的软件。

网络软件最重要的特征是：网络管理软件所研究的重点不是网络中互联的各个独立的计算机本身的功能，而是如何实现网络特有的功能。

1.4.2　网络硬件

网络硬件是计算机网络系统的物质基础。要构成一个计算机网络系统，首先要将计算机及其附属硬件设备与网络中的其他计算机系统连接起来。不同的计算机网络系统，在硬件方面是有差别的。随着计算机技术和网络技术的发展，网络硬件日趋多样化，功能更加强大，更加复杂。

(1)线路控制器 LC(Line Controller)。LC 是主计算机或终端设备与线路上调制解调器的接口设备。

(2)通信控制器 CC(Communication Controller)。CC 是用以对数据信息各个阶段进行控制的设备。

(3)通信处理机 CP(Communication Processor)。CP 是作为数据交换的开关，负责通信处理工作。

(4)前端处理机 FEP(Front End Processor)。FEP 也是负责通信处理工作的设备。

(5)集中器 C(Concentrator)、多路选择器 MUX(Multiplexer)。它们是通过通信线路分别和多个远程终端相连接的设备。

(6)主机 HOST(Host Computer)。

(7)终端 T(Terminal)。

随着计算机网络技术的发展和网络应用的普及，网络节点设备会越来越多，功能也更加强大，设计也更加复杂。

习　题

1. 计算机网络的发展经历了哪几个阶段？
2. 计算机网络按覆盖的地理范围可分为哪几类？
3. 计算机网络有哪几种拓扑结构？它们各有什么优缺点？
4. 计算机网络的功能有哪些？

第2章 数据通信基础

数据通信技术和计算机网络有密切的联系，计算机网络中首先要解决的就是计算机之间的通信问题。本章主要介绍数据通信的基本概念、数据传输方式、数据传输技术。

2.1 数据通信的基本概念

现代电子计算机主要处理数字数据，计算机之间的通信也以传递数字数据为主。掌握和使用计算机网络，应对数据通信相关的理论和基础知识有一定的了解。

2.1.1 基本概念

2.1.1.1 信息、数据和信号

通信的目的是交换信息，信息是对客观物质的反映，可以是对物质的形态、大小、结构、性能等全部或部分特性的描述，也可以是物质与外部的联系。信息有各种存在形式，如文字、声音、图像等。

信息也可以用数字的形式表示，数字化的信息称为数据。数据是装载信息的实体，信息则是数据的内在含义或解释。为了确切地表示信息，数据有一些取连续值，另一些则取离散值，如声音的强度、灯光的亮度等都可以连续变化，而成绩、名次等的取值都是离散的。连续值的数据叫做模拟数据，离散值的数据叫做数字数据。

数据通信中的“信号”是指数据的电编码或电磁编码，它分为模拟信号和数字信号两种。模拟信号是连续变化的电磁波，数字信号则是一串电压脉冲序列，两种信号在一定的技术措施下可以相互转换。信号可以在各种传输介质上传送，如双绞线、电话线、同轴电缆、光缆，甚至可以通过卫星以微波的方式传送。

2.1.1.2 信道

在数据通信系统中，信道是传送信号的通路。信道本身也可以是模拟的或数字方式的，用以传输模拟信号的信道叫做模拟信道，用以传输数字信号的信道叫做数字信道。

根据信号的不同，通信系统可以分为数字通信系统和模拟通信系统。利用数字信号传递信息的通信系统叫做数字通信系统，利用模拟信号传递信息的通信系统叫做模拟通信系统。数字通信系统主要分为数字电话通信和数据通信两大类，如图 2-1 所示。

2.1.1.3 通信

通信是把信息从一个地方传送到另一个地方的过程。用来实现通信过程的系统被称为通信系统。为了把信息从一个地方传到另一个地方，通信中所采用的信息传送方式是多种多样的。然而，不论通信系统采用何种通信方式，对一个通信系统来说，它都必须具备三个基本要素：信源、信道和信宿。其中，信源是信息产生和出现的发源地，信道是信息传输过程中承载信息的媒体，信宿是接收信息的目的地，如图 2-2 所示。

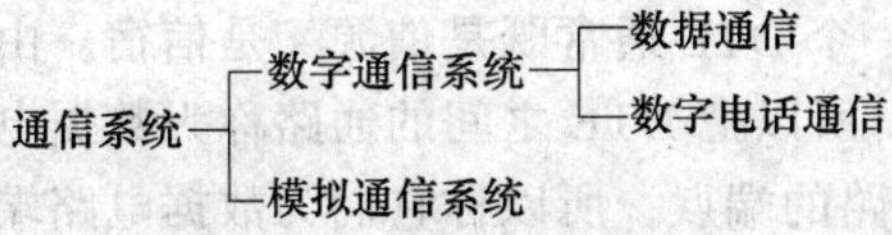

图 2-1　通信系统分类

图 2-2　通信系统基本要素

2.1.1.4　数据通信

如果一个通信系统传输的信息是数据，则称这种通信为数据通信，实现这种通信的系统是数据通信系统。以计算机系统为主体构成的网络通信系统就是数据通信系统。因为在计算机网络通信系统中，信息的传输不是以信息为单位进行的，在系统传输过程中，信源和信宿共同遵守一种规则，系统只按规则进行传输，系统传输的目的不是要了解所传送信息的内容，而是要正确无误的把表达信息的符号也就是数据传送到信宿中，让信宿接收，所以说计算机网络通信系统是数据通信系统。

最简单的电子通信系统使用微小的电流编码数据。为理解电流如何编码位串，可假设在一根连结两台电子设备的导线上，负电压用来表示 1，正电压用来表示 0。例如，为送一位 0，发送设备在导线上放置一个正电压并保持一小段时间，然后返回零伏。图 2-3 显示了导线上的电压在发送设备发送位串时是如何随时间变化的。

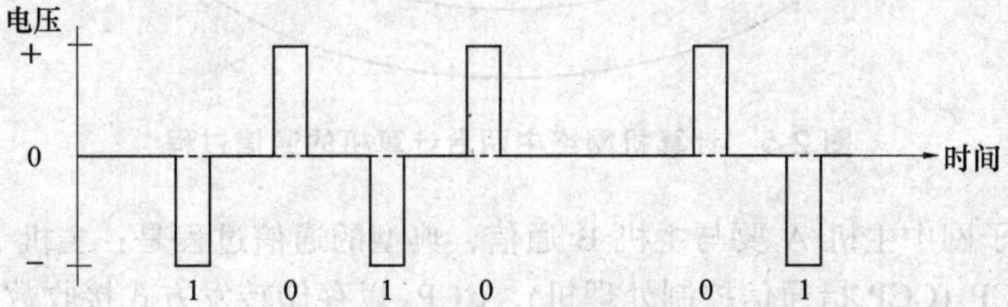

图 2-3　正负电压用于在导线上发送位串

像图 2-3 这样的图叫做波形图(Wave Form Diagram)，这样一张图形象地说明了电信号如何随时间发生变化。例如，从图 2-3 中可见，在第四位和第五位的传输之间，有一段较长的无信号时间。

2.1.1.5　数据通信系统的基本构成

实际的数据通信系统有许许多多的连接方法，但当把多种连接方法构成的数据通信系统抽象化后，数据通信系统可以被表示成如图 2-4 所示的模型。

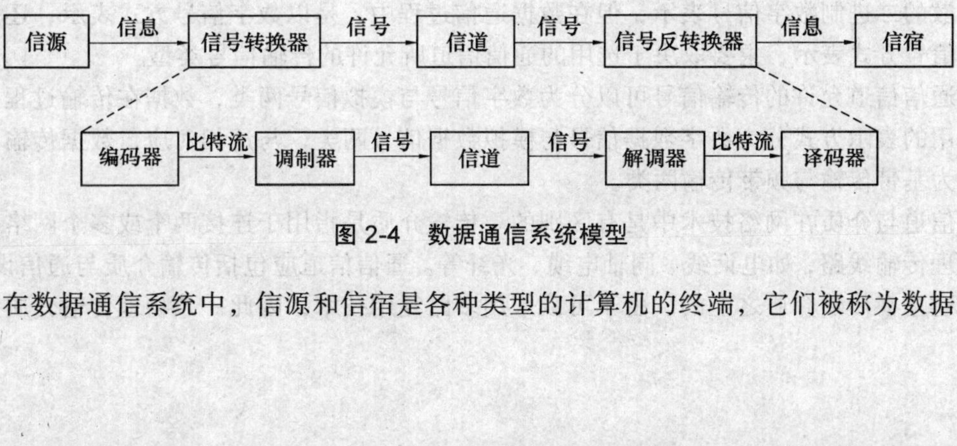

图 2-4　数据通信系统模型

在数据通信系统中，信源和信宿是各种类型的计算机的终端，它们被称为数据终端设备，简称 DTE(Data Terminal Equipment)。一个 DTE 通常既是信源又是信宿。由于在数据通信系统中 DTE 发出和接收的都是数据，所以把 DTE 之间的通路称为数据电路。而作为图 2-4 中的信号转换设备是位于数据电路的端点，所以称它们为数据电路端接设备，简称 DCE(Data Circuit-terminating Equipment)，或称为数据通信设备，简称也是 DCE(Data Communications Equipment)。

2.1.2 数据通信过程中涉及的主要技术问题

网络中两台计算机之间的通信过程如图 2-5 所示。

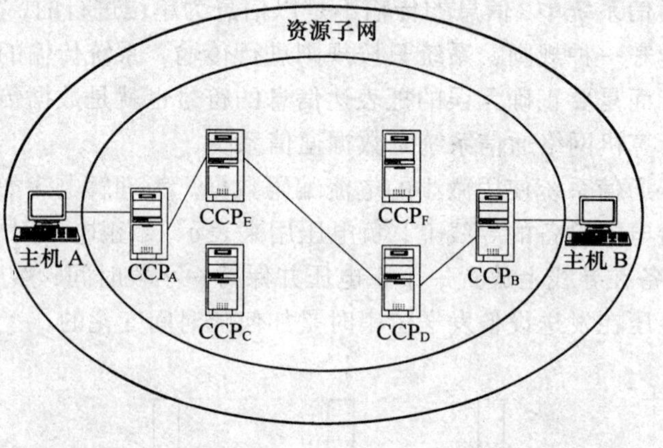

图 2-5 计算机网络中两台计算机的通信过程

如果资源子网中主机 A 要与主机 B 通信，典型的通信过程是：主机 A 将要发送的数据传送给 CCP_A(CCP 指通信控制处理机)，CCP_A 以存储转发方式接收数据，由它来决定通信子网中数据传送路径，由于源 CCP_A 与目的 CCP_B 之间无直接连接，因此数据可能要通过 CCP_A—CCP_E—CCP_D—CCP_B 到达主机 B。因此，在支持一个计算机网络的通信系统中，要解决以下几个主要技术问题。

2.1.2.1 数据传输类型

因为主机是属于资源子网的一台计算机，而通信控制处理机 CCP 是一台属于通信子网，并且专用于网络节点通信管理的计算机，所以无论数据从主机 A 传送到 CCP_A，还是从 CCP_A 传送到 CCP_E，从本质上说都属于两台计算机通过一条通信信道相互通信的问题。这里的通信信道是指信号的传输介质及有关的设备(如中继器等)。数据在计算机中以离散的二进制数字信号表示，但在数据通信过程中，是以数字信号方式表示，还是以模拟信号方式表示，主要取决于选用的通信信道所允许的传输信号类型。

通信信道允许的传输信号可以分为数字信号与模拟信号两类，数据在传输过程中可以采用的表示方式分为数字数据信号与模拟数据信号两类，与这相对应，数据传输方式可分为基带传输与频带传输两类。

信道与介质在网络技术中是有区别的。传输介质是指用于连接两个或多个网络节点的物理传输线路，如电话线、同轴电缆、光纤等。通信信道应包括传输介质与通信设备，它是建立在传输介质之上的。由于可以采用多路复用技术，因此一条物理传输介质上可以建立多条通信信道。

2.1.2.2　数据通信方式

在设计一个数据通信系统时，还要作一些选择：是采用串行通信方式，还是采用并行通信方式；是采用单工通信方式，还是采用半双工或全双工通信方式；是采用同步通信方式，还是采用异步通信方式。

2.1.2.3　数据交换方式

数据通过通信子网的方式可以分为三类：电路交换、报文交换和分组交换。分组交换方式又可以分为数据报与虚电路方式。

2.1.2.4　差错控制方法

实际的通信信道是有差错的。在网络中，为保证数据传输的差错控制在允许的范围内，必须采用差错控制方法。

数据通信过程中，差错控制是通过两个途径来解决的。一是通过检错码编码来发现传输差错，二是通过差错恢复达到正确传输的目的。在网络中，不同层次都有相应的差错控制任务与差错控制协议。

2.2　数据传输方式

在通信系统中，信道为信号的传输提供通路。从不同的角度，可以将通信信道分为多种不同的类型。

2.2.1　串行通信与并行通信

串行通信每次由源到目的传输的数据只有一位，如图 2-6(a)所示。由于线路成本等方面的因素，远距离通信一般采用串行通信技术。

并行通信主要用于局域网通信等距离比较近的情况，至少有 8 位数据同时传输，如图 2-6(b)所示。计算机内部的数据多是并行传输，如用于连接磁盘的扁平电缆一次就可以传输 8 位或 16 位数据，外部的并行端口及其连线都利用并行传输。

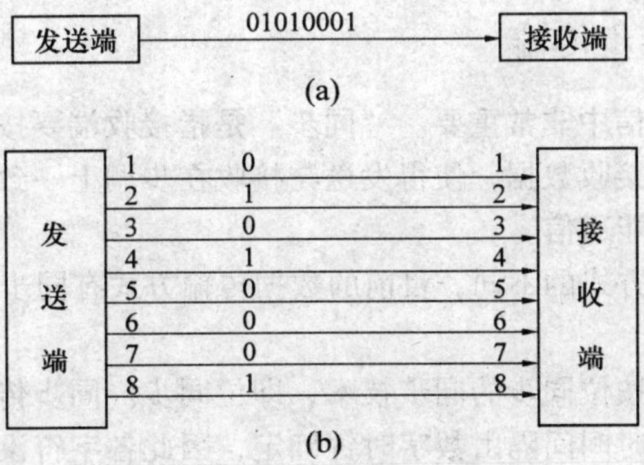

图 2-6　串行通信与并行通信

2.2.2 数据传输方向

根据信号在信道上的传输方向与时间关系，信道可以分为三种：单工、半双工和全双工。

2.2.2.1 单工

单工数据传输的数据只能在一个方向上流动，发送端使用发送设备，接收端使用接收设备，如图 2-7(a)所示。无线电广播和电视广播都属于单工信道。

2.2.2.2 半双工

半双工数据传输的数据在某一时刻向一个方向传输，在需要的时候，又可以向另外一个方向传输，它实质上是可切换方向的单工通信，如图 2-7(b)所示。半双工适合会话式通信。

2.2.2.3 全双工

全双工数据通信允许数据在两个方向上同时传输，它在能力上相当于两个单工通信方式的结合，如图 2-7(c)所示。在全双工通信中，通信双方的设备既要充当发送设备，又要充当接收设备。

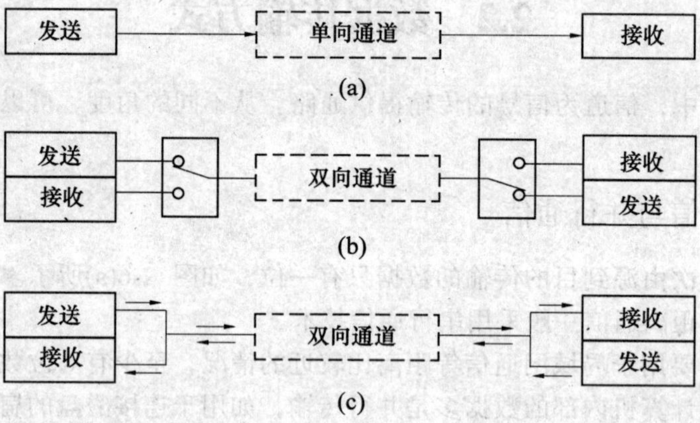

图 2-7 单工、半双工与全双工通信

2.2.3 同步传输与异步传输

同步问题在数据通信中非常重要。“同步”是指接收端要按照发送端所发送的信号的起止时刻和间隔时间接收数据，使得发送与接收在步调上一致，否则将会导致通信误码率增加，甚至完全不能通信。

按照通信双方协调方式的不同，目前的数据传输方式有同步和异步两种。

2.2.3.1 同步传输

同步传输采用的是按位同步的同步技术，即位同步。同步传输中，字符之间有一个固定的时间间隔。这个时间间隔由数字时钟确定，因此各字符没有起始位和停止位。在通信过程中，接收端接收数据的序列与发送端发送数据的序列在时间上必须取得同步，为此目的有两种情况，即外同步和内同步。

外同步指由通信线路设备提供同步时钟信号，该同步信号与数据编码一同传输，以保证线路两端数据传输同步，如图 2-8 所示。

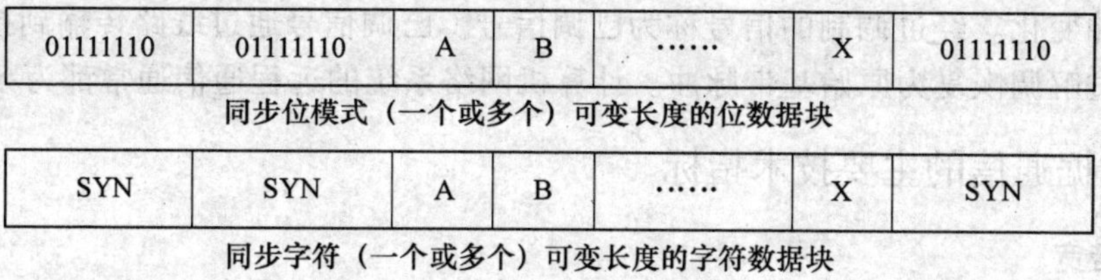

图 2-8 同步传输

内同步指某些编码技术内含时钟信号，在每一位的中间有一个电平跳变，这一个跳变就可以提取出来用作位同步信号，如曼彻斯特码。

同步传输适合于大的数据块的传输，这种方法开销小、效率高，缺点是控制比较复杂，如果传输中出现错误需要重新传送整个数据段。

2.2.3.2 异步传输

有数据需要发送的终端设备可以在任何时刻向信道发送信号，而不管接收方是否知道它已开始发送操作。它把每个字节作为一个单元独立传输，字节之间的传输间隔任意。为了标志字节的开始和结尾，在每个字符的开始加一位起始位，结尾加 1 位、1.5 位或 2 位停止位，构成一个个的“字符”。这里的“字符”指异步传输的数据单元，不同于“字节”，一般略大于一个字节，如图 2-9 所示。

这种传输方式开销大、效率低、速度慢，优点是控制简单，如果传输有错只需要重新发送一个字符。

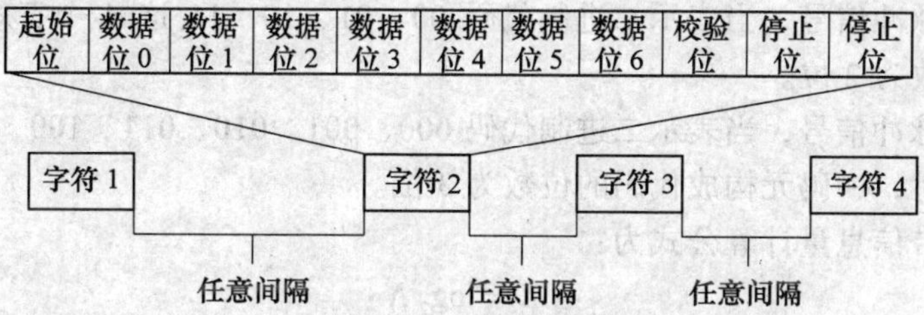

图 2-9 异步传输

2.2.4 基带传输与频带传输

2.2.4.1 基带传输

在数据通信中，表示计算机二进制的比特序列的数字数据信号是典型的矩形脉冲信号，人们把矩形脉冲信号的固有频带称做基带，矩形脉冲信号叫做基带信号。在数字通信信道上直接传送数据的基带信号称做基带传输，基带传输是一种最基本的数据传输方式。

2.2.4.2 频带传输

频带传输又叫宽带传输，它是对模拟信号的传输。使用模拟信号传输数字数据时，需要借助于调制解调装置，把数字数据(基带脉冲)转换成模拟信号，使其变为适合于电话线路传输的信号。调制就是用基带脉冲对载波波形的某些参量进行控制，使这些参量随基带脉冲变化。经过调制的信号称为已调信号。已调信号通过线路传输到接收端，在接收端通过解调恢复为原始基带脉冲。计算机网络系统的远程通信通常都为频带传输。

2.2.5　数据通信的主要技术指标

2.2.5.1　带宽

带宽是指信道能传送的信号的频率宽度，也就是可传送信号的最高频率与最低频率之差。例如，一条传输线可以接受从 300 Hz 到 3400 Hz 的频率，则在这条传输线上传送频率的带宽就是 3100 Hz。

信道的带宽由传输介质、接口部件、传输协议以及传输信息的特性等因素所决定，它在一定程度上体现了信道的传输性能，是衡量传输系统的一个重要指标。信道的容量、传输速率和抗干扰性等均与带宽有着密切联系。一般地说，信道的带宽大，信道的容量也大，其传输速率相应也高。

2.2.5.2　数据传输速率

1. 码元与信息量

码元是承载信息的基本信号单位。比如，用脉冲信号表示数据有效值状态，一个单位脉冲就是一码元。一码元能承载的信息量多少，是由脉冲信号所能表示的数据有效值状态个数决定的。

一个单位脉冲信号，当表示二进制代码 0 和 1 两个状态有效值时，一码元构成代码的位数为 1 位。

一个单位脉冲信号，当表示二进制代码 00、01、10、11 这 4 个有效值时，一码元构成代码的位数为 2 位。

一个单位脉冲信号，当表示二进制代码 000、001、010、011、100、101、110、111 这 8 个有效值时，一码元构成代码的位数为 3 位。

一码元携带信息量计算公式为：

$$D = \log_2 N$$

其中，N 表示一个脉冲所能表示的有效值状态。

2. 数据传输速率

数据传输速率是指每秒能传输的代码位数，单位为位/秒(bps)。一般说来，数据传输速率的高低由每位所占时间决定，每一位所占时间即脉冲宽度越小，则速率越高。

数据传输速率计算公式如下：

$$S = \frac{1}{T}D = \frac{1}{T}(\log_2 N)$$

其中，T 表示单位脉冲宽度，即调制状态转换时间间隔；N 表示一个脉冲所能表示的有效值状态。

由于 T 是单位脉冲宽度，所以 $1/T$ 就是每秒的单位脉冲数，即码元数。对单位脉冲仅表示 0 或 1 两种状态时，传输速率就等于每秒发送的单位脉冲个数，也就是传输速率等于每秒发送的码元数。而当一码元构成代码的位数为 2，即 N 等于 4 时，传输速率就等于每秒发送码元数的 2 倍，也就是传输速率等于每秒发送的单位脉冲个数的 2 倍。

2.2.5.3　调制速率

调制速率又称波形速度或码元速率，是指每秒发送的码元数，其单位是波特(Baud)，用 B 来表示。调制速率计算公式如下：

$$B=\frac{1}{T}$$

其中，T 为一个波形的持续时间。

调制速率是信号调制的速率，它不等于数据传输速率，也就是说波特率不等于比特率，调制速率一般小于等于数据传输速率。其两者之间的关系如下：

$$S=B(\log_2 N)$$

当且仅当脉冲信号有两个状态，正脉冲表示 1，负脉冲表示 0，或二相调制时，比特率等于波特率。

2.2.5.4　误码率

误码率是指二进制码元在传输中出错的概率，是衡量传输系统可靠性的指标。从统计的理论讲，当所传送的数字序列无限长时，误码率等于被传错的二进制码元数与所传码元总数之比。在计算机网络通信系统中，要求误码率低于 10^{-6}。在通信系统中，系统对误码率的要求应均衡可靠性和提供通信效率两个方面的因素，误码率越低，设备也就越复杂。

误码率的计算公式如下：

$$P_e=\frac{N_e}{N}$$

其中，N 表示传输的二进制码元总数；N_e 表示被传错的码元数。

2.3　数据传输技术

数据通信技术是计算机技术与通信技术相结合的产物，主要研究计算机中数字数据的传输交换、存储以及处理的理论、方法和技术。下面介绍数据编码技术、多路复用技术、数据交换技术以及差错控制方法。

信息可通过两种方式被发送：模拟方式和数字方式，这两种方式均使用电压产生相应的信号。

图 2-10 显示了一个模拟信号的一小部分，注意幅度或信号强度如何随时间改变。

2.3.1　数据编码技术

广义上讲，数据有模拟数据和数字数据，信道上的信号有模拟信号和数字信号，除了用模拟信号传送模拟数据不需要编码外，数字数据在模拟信道上传送需要调制编码，数字数据在数字信道上传送需要数字信号编码，模拟数据在数字信道上传送需要采样编码。

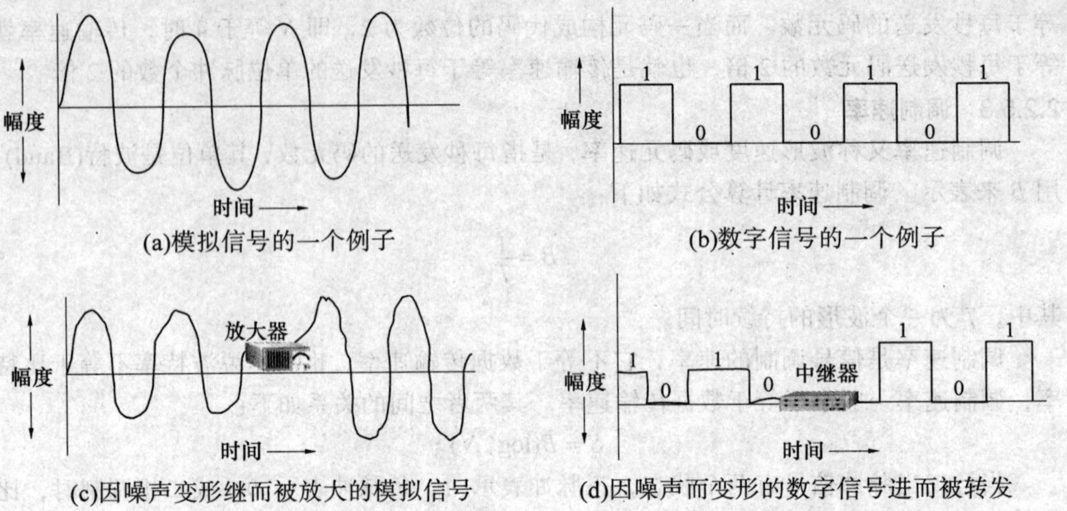

图 2-10

2.3.1.1　数字数据的调制编码

电话通信信道是典型的模拟通信信道，它是目前世界上覆盖面最广、应用最普遍的一类通信信道。为了利用模拟语音通信的电话交换网实现计算机的数字数据信号的传输，必须首先将数字信号转换成模拟信号。将发送端数字数据信号变换成模拟数据信号的过程称为调制，将调制设备称为调制器；将接收端把模拟数据信号还原成数字数据信号的过程称为解调，将解调设备称为解调器。因此，同时具备调制与解调功能的设备，就被称为调制解调器。

2.3.1.2　数字数据的数字信号编码

在基带传输中，数字数据信号的编码方式主要有以下三种。

(1)非归零编码(NRZ)。非归零编码的波形如图 2-11(a)所示，NRZ 码是用低电平表示逻辑“0”，用高电平表示逻辑“1”的编码方式。用于表示逻辑“0”的低电平信号不能是零伏电平，否则无法区分信道上是逻辑“0”，还是没有信号在传输。

非归零编码的缺点是无法判断一位的开始与结束，收发双方不能保持同步。为保证收发双方的同步，必须在发送 NRZ 码的同时，用另一个信道同时传送同步信号。它的另一个缺点是当信号中“0”与“1”的个数不相等时，将存在直流分量，这是在数据传输中不希望存在的。

(2)曼彻斯特编码(Manchester)。曼彻斯特编码的波形如图 2-11(b)所示，它的规则是：每比特的周期 T 分为前 T 与后 T 两部分，通过前 T 传送该比特的反码，通过后 T 传送该比特的原码。每比特的中间有一次跳变，它既可以作为位同步方式的内带时钟，又可以表示二进制数据信号。当表示数据时，由高电平到低电平的跳变表示“0”，由低电平到高电平的跳变表示“1”，位与位之间有或没有跳变都不代表实际的意义。

曼彻斯特编码的优点：一是“自带时钟信号”，不必另发同步时钟信号，二是不含直流分量。

(3)差分曼彻斯特编码(Difference Manchester)。差分曼彻斯特编码的波形如图 2-11(c)

所示，每比特的中间有一次跳变，它的作用是只作为位同步方式的内带时钟，不论由高电平到低电平的跳变，还是由低电平到高电平的跳变都与数据信号无关。

二进制数据 0、1 是根据两比特之间有没有跳变来区分的。如果两比特中间有一次电平跳变，则下一个数据是“0”；如果两比特中间没有电平跳变，则下一个数据是“1”。

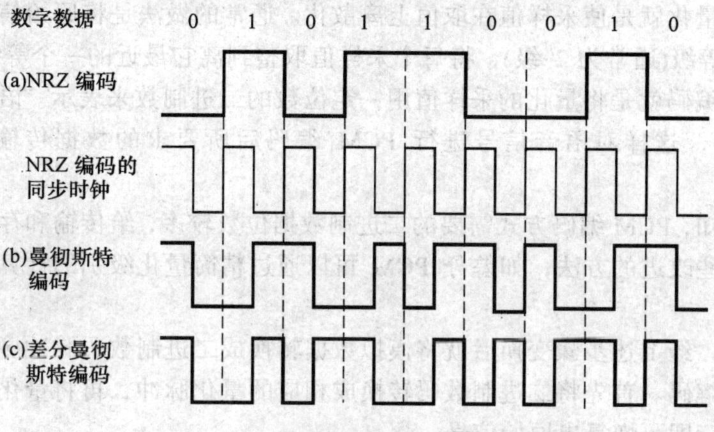

图 2-11 数字数据的数字信号编码方式

曼彻斯特编码与差分曼彻斯特编码是数据通信中最常用的数字数据信号编码方式。它们明显的缺点都是效率较低，由于在每个比特中间都有一次跳变，所以时钟频率是信号速率的 2 倍。例如，要发送速率为 10 Mbps，则发送时钟至少为 20 Mbps。因此，在高速网络的研究中，又提出了其他的数字数据编码方法，这里就不详细介绍了。

2.3.1.3 模拟数据的采样编码

因为数字信号传输具有速率高、失真小、误码率低等优点，所以在现代通信技术中往往将模拟数据数字化后，以数字信号传输，在接收端再将数字信号恢复为模拟数据。典型的编码方法为脉冲编码调制 PCM，PCM 的工作原理如图 2-12 所示。PCM 技术将模拟信号变为数字信号编码需经过以下三个步骤。

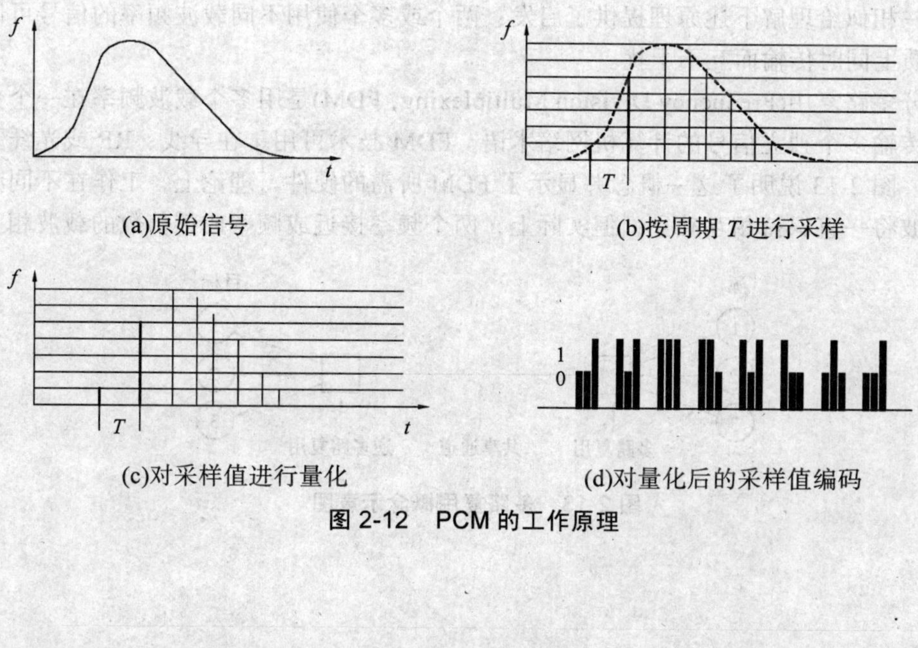

图 2-12 PCM 的工作原理

(1)采样。即按一定的时间间隔采样测量模拟信号幅值。根据采样定理，只要采样频率不低于有效信号最高频率或其带宽的两倍，则采样值包含了原始信号的全部信息，利用低通滤波器可从这些采样值中重新构造出原始信号。例如，由于语音级信道带宽为 4 kHz，所以采样频率定为 8 kHz 就足以使采样值包含语音信号的完整特征。

(2)量化。量化就是使采样值在取值上离散化。通常的做法是将原始信号的取值范围划分成若干个等级(通常为 2^n 级)，将每个采样值取整到离它最近的一个等级上。

(3)编码。编码就是将量化的采样值用一定位数的二进制数来表示。语音信号通常用 7 位二进制码，这样对语音信号进行 PCM 编码后所要求的数据传输速率为：8 × 7=56(Kbps)。

由上述可知，PCM 编码方式需要的二进制数据位数较多，给传输和存储都带来了困难，所以有一些改进的方法，如差分 PCM 可以通过精简量化级别的计算方法来减少二进制位数。

在发送端，经上述步骤变换后就将模拟数据转换成二进制数码脉冲序列，传输到接收端后要进行解码。首先将二进制数码转换成相应的量化脉冲，再将量化脉冲输入到一个低通滤波器，即可恢复出原始信号。

2.3.2 多路复用技术

信道复用的出发点是提高通信线路的利用率，试图在同一条线路上同时传输多个信号，使得一条线路可以由多个数据终端设备同时使用而互不影响。从信道的复用方式来看，它是采用静态的信道分配方法，即各终端以事先规定好的固定频带或时间的方式来共享公用传输线。因此，又把多路复用方法分为两类：

频分多路复用：各终端以事先规定好的、固定的频带共享信道。

时分多路复用：各终端按事先规定好的、固定的时间片来共享信道。

下面详述这两种方法。

使用调制载波发送数据的计算机网络和利用调制载波广播视频信息的电视台相类似，这一相似给理解下述原理提供了启发：两个或多个使用不同载波频率的信号可以在单一介质上同时传输而互不干扰。

频分多路复用(Frequency Division Multiplexing, FDM)是用多个载波频率在一个介质中同时传输多个独立信号的计算机网络术语。FDM 技术可用于在导线、RF 或光纤上传输信号。图 2-13 说明了这一概念并显示了 FDM 所需的硬件。理论上，工作在不同频率上的载波将一直保持相互独立，但实际上，两个频率接近或频率成整倍数的载波相互会

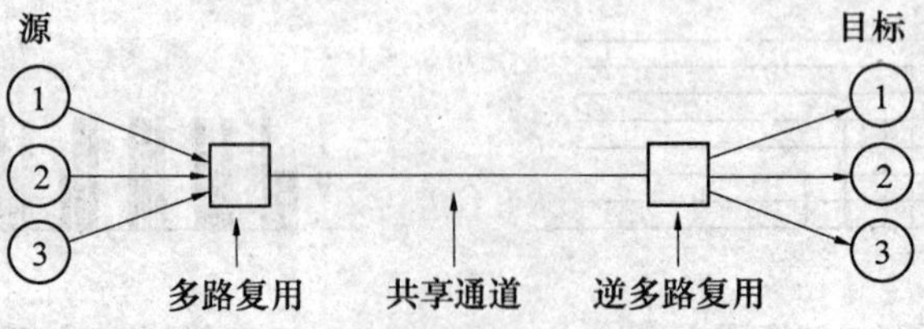

图 2-13　多路复用概念示意图

形成干扰。为避免这一问题，设计 FDM 网络系统的工程师们在各载波之间设定一个最起码的频率间隔(电视台和无线电台同样需要考虑载波频率之间的最小间隔)。在各载波频率之间要求存在较大的间隔意味着所用的 FDM 硬件必须能容纳很宽的频率范围。结果，FDM 仅用于高带宽传输通信中。

概括如下：频分多路复用(FDM)允许多对发送器和接收器在一个共享介质上同时通信。每对装置的载波使用唯一的并且互不干扰的频率。

2.3.2.1　频分复用技术

所谓频分是指把传输线的总频带划分成若干个分频带，以提供多条数据传输信道，其中每条信道以某一固定频率提供给一个固定终端使用。若传输线的全带宽 F 被划分为 N 个信道，则每条信道的带宽为 F/N，可以供一对终端通信。应注意，各条信道所传输信息的带宽要比 F/N 窄很多，避免相互干扰。

例如电话线的带宽达 250 kHz，而音频信号的有效范围是 300 ~ 3400 Hz，4 kHz 的带宽足够用来传递音频信号。为了使各信道之间保留一定的距离以减少相互干扰，60 ~ 108 kHz 的带宽可以划分成 12 条载波电话的信道(CCITT 标准)，每对用户如图 2-14 所示，用户 A 和 A′使用其中一条信道进行通信。6 路频分复用的示意图见图 2-14。

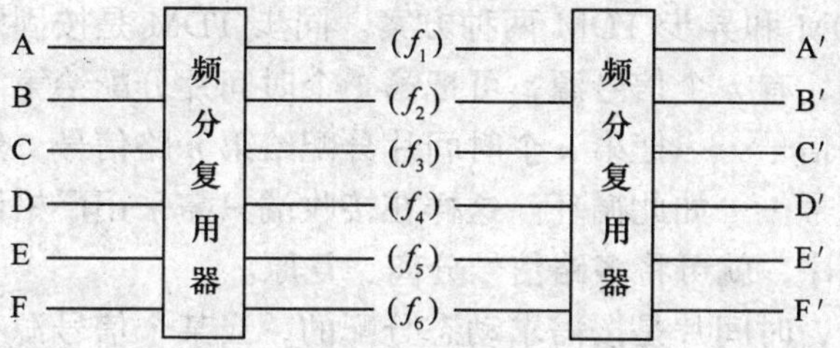

图 2-14　6 路频分复用的示意图

波分多路复用(Wavelength Division Multiplexing， WDM)是 FDM 应用于光纤信道的一个变例，如图 2-15 所示。波分多路复用与电的 FDM 在基本原理上是一样的，不同之处是 WDM 使用光调制解调设备(棱镜或衍射光栅)使不同波长的光信号在同一光纤中传输，在接收端利用相同的设备将各路信号分开。

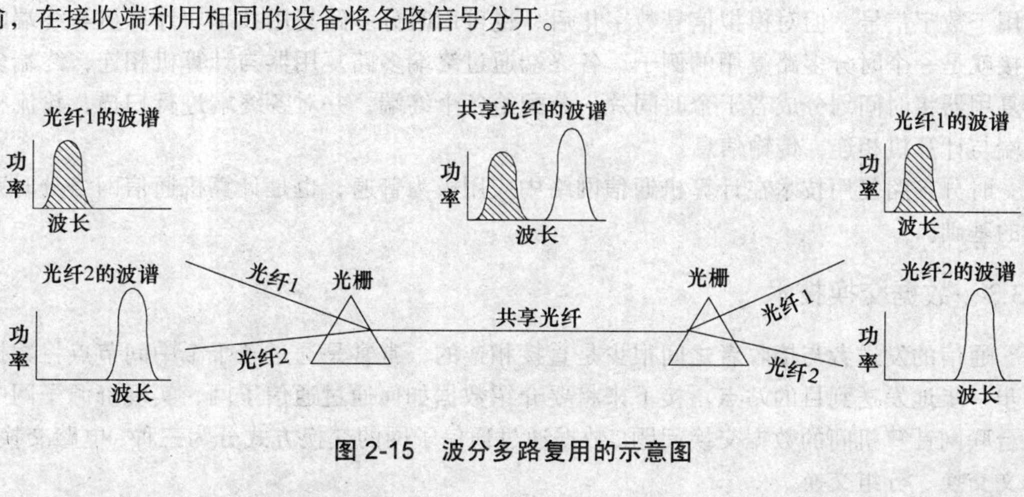

图 2-15　波分多路复用的示意图

2.3.2.2 时分多路复用技术

时分多路复用 TDM(Time Division Multiplexing)是把信道传输信号的时间分成许多时间片，时间片的大小可以按一次传输一位、一个字节或一个固定大小的数据块所需的时间来确定。不同的信号在不同的时间片内传输，每一时间片内只有一个信号占用信道，在其占用的时间内，它占用信道的全部带宽。时分多路复用的原理见图 2-16。

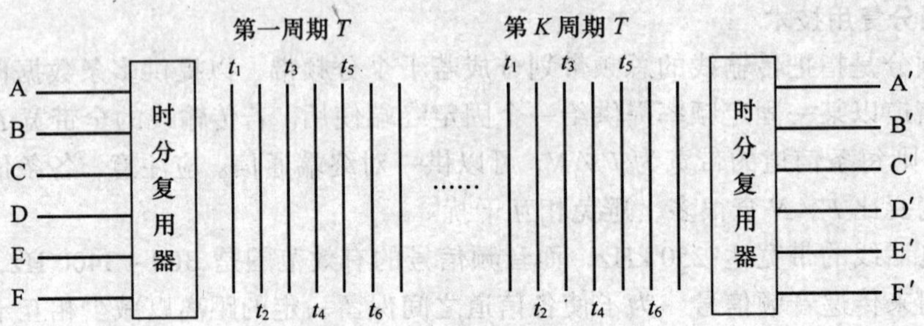

图 2-16　时分多路复用的原理示意图

TDM 有同步 TDM 和异步 TDM 两种方案。同步 TDM 是按固定的顺序把时间片分配给各路信号。例如，有 n 个信号源，可把第 1 个时间片分配给第 1 路信号，把第 2 个时间片分配给第 2 路信号……把第 n 个时间片分配给第 n 路信号，然后又把第 $n+1$ 个时间片分配给第 1 路信号……如此循环。这样在接收端只需采用严格同步的时间片分割方式以及相同的接收顺序，就可将多路信号分离、复原。

在异步 TDM 中，时间片是按需求动态分配的，当某个信号源有数据要发送时才把时间片分配给它。由于异步 TDM 中的时间片与各路信号之间没有固定的顺序关系，因此需要将发送端地址、接收端地址等作为附加信息随同数据一起发送，以便使接收端按地址分送数据。

时分多路复用技术可以用在宽带系统中，也可以用在频分多路复用下的某个子信道上。从传输信号的性质上说，频分多路复用技术适用于模拟信号，而时分多路复用技术适用于数字信号，但对模拟信号数字化后，也可用时分多路复用技术。计算机与终端的连接就是一个时分多路复用的例子，各终端通过终端多路复用器与计算机相连，终端多路复用器将时间划分成若干个时间片，分配给各个终端，并对各终端进行扫描，轮流将终端与计算机相连，传输信息。

时分多路复用技术在计算机通信网络中应用极为普遍，也是计算机通信网络分时系统的基础。

2.3.3 数据交换技术

通信的发送者与接收者之间很少是直接相连的，常常是通过若干个中间节点将数据一步一步地发送到目的站点。接下来将要介绍数据如何通过通信子网，实现资源子网中两台联网计算机间的数据交换问题。数据通过通信子网的交换方式分为三种：电路交换、报文交换、分组交换。

2.3.3.1　电路交换

电路交换方式与电话交换方式的工作过程很像。两台计算机通过通信子网进行数据交换之前，首先要在通信子网中建立一个实际的物理线路连接。电路交换包括三个阶段：线路建立阶段、数据传输阶段和线路释放阶段，如图 2-17 所示。

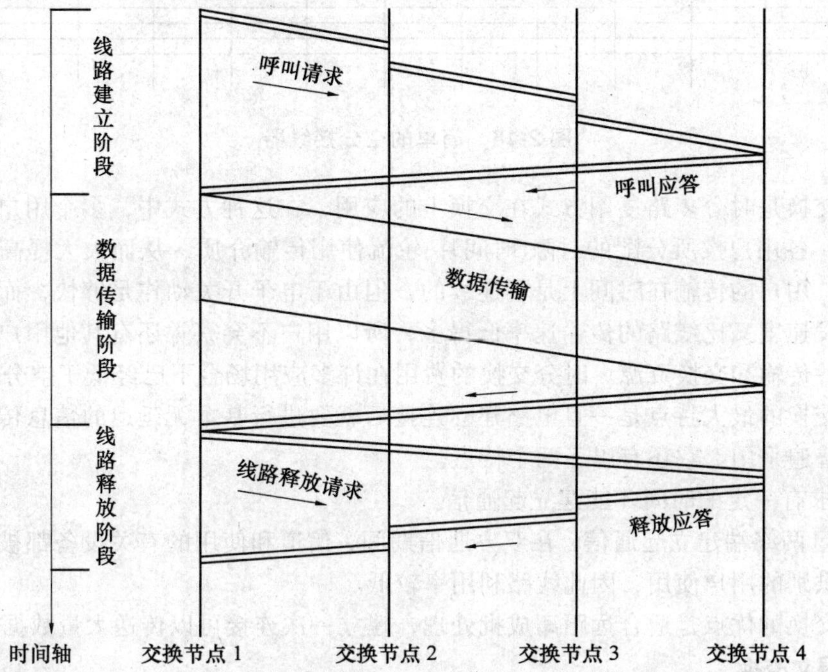

图 2-17　电路交换

线路建立阶段：由通信发送者发出呼叫请求，节点沿途接通一条物理线路后，由接收者发出一应答信号，这样一条通信线路就建立完成了。

数据传输阶段：双方通过该连接实时、双向交换数据。

线路释放阶段：数据传输完成后，通信发起者发出释放请求，对方应答后原来连通的线路就可以被释放了。

电路交换在整个信息传输期间，信道一直为通信双方用户占用，通信结束后才释放线路。

电路交换系统有三个基本功能部分：交换中心网络，呼叫信息处理，呼叫信令处理。这三个功能简称为连接、控制、信令功能。连接功能是执行线路的连接和释放，为了正确、快速地实行交换连接需要呼叫信息处理系统对交换中的网络加以控制，在通信过程中，呼叫信令处理系统负责在适当时候向用户提供拨号音、振铃、回铃音等信令信号。

电路交换系统有两种工作方式：空分工作方式和时分工作方式。

空分交换是按空间划分的交换，即各次连接采用不同的物理线路连接，从开始交换信息直到结束，这条线路都是实际存在的，交换结束后，这条线路就释放。当输入、输出线路的数目增加时，交换矩阵的节点数将按平方关系增长，这将使控制机构复杂化。

如图 2-18 所示。

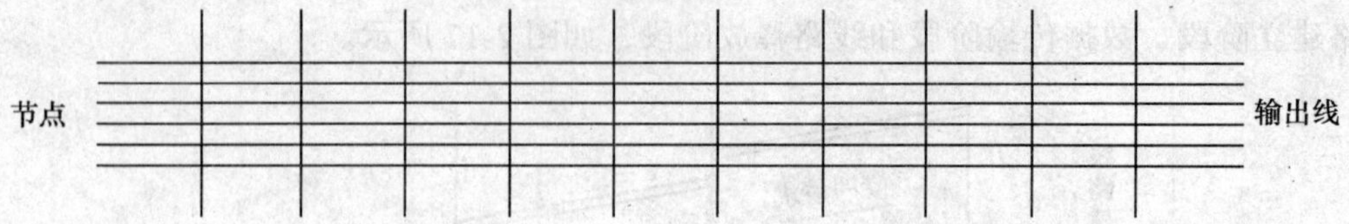

图 2-18　简单的空分接线器

时分交换是时分多路复用方式在交换上的应用，在这种方式中，多个用户共用一条物理线路，各用户按所分配的时隙(时间片)轮流使用传输介质，从而大大提高线路利用率。此时，用户的传输在时间上是不连续的，但由于电子开关动作足够快，而一般用户终端的收发速度又比线路的传输速率低得多，所以用户不会察觉还有其他用户与他一起在共享同一传输和交换资源。时分交换的费用在许多应用场合下已经低于空分交换。

电路交换的最大特点是一旦电路建立连接后就要进行基本无延迟的信息传输，在电话通信中普遍采用。它还有以下两个特点。

(1)要求有一定的时间才能建立起通信。

(2)一旦两终端建立起通信，在双方通信期间，信道和使用的有关设备都被一直占用而无法提供别的用户使用，因此线路利用率较低。

电路交换的优点是适合远距离成批处理，建立一次连接可以传送大量数据。

2.3.3.2　报文交换

报文交换在两个设备间建立一个连接，传输信息到第二个设备，然后断开连接。信息存储在第二个设备上，直到第二个设备和路径上的第三个设备建立连接时，信息才从第二个设备往下转发。这种“存储转发”过程一直持续到信息到达目的地。所有的信息沿着相同的物理路径传输，与电路交换不同的是，连接不需要持续维持。邮件系统使用报文交换技术。报文交换技术要求数据路径上的每个设备有足够的内存和处理能力以便在信息传输到下一节点时接收和存储它们。本章所讨论的局域网和广域网网络模式没有一个使用报文交换技术。

报文是一种数据包装形式，即把要发送的数据与发往的目的地、发出地等有关信息结合在一起组成待发送信号。通信网络中每个节点为与其相连的每条链路准备一个队列缓冲区，每条报文按照去向不同送入各个缓冲区排队，当一条链路空闲时，就从相应的缓冲区中取出一条报文发送到下一节点，下一节点再进行转发，直至报文到达接收端，如图 2-19 所示。

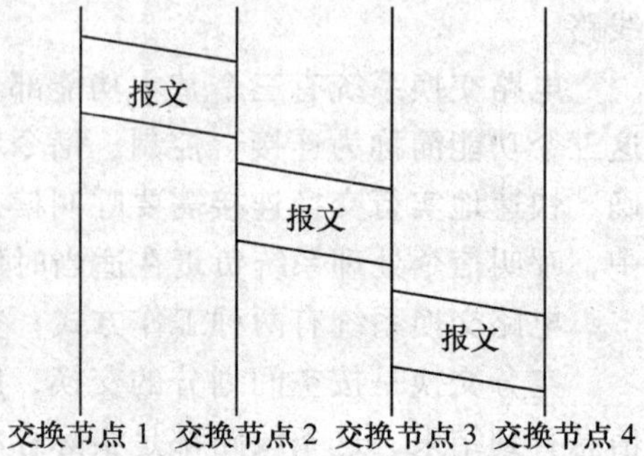

图 2-19　报文交换

报文交换的优点：不需要预先建立电路和事后拆除电路，线路利用率较高，在中间节点还可以进行差错校验和代码转换。

报文交换的缺点：每个中间节点需要容量较大的硬盘等存储器；当报文很大时，会明显增加时延，不宜用于实时通信或交互通信。

2.3.3.3　分组交换

网络中节点互相连接的第三种方法就是报交换。报交换是在数据传输期间将数据分割成数据报。由于每个数据报都包含了目标地址信息和序列号信息，因此数据报能通过任何可能的路径到达目标节点，并且每个数据报能试图发现最快的可达路径。

为理解这种技术，假设你组织了一次野外旅行，你和 50 个同事去太空博物馆。你将博物馆的准确地址给了你的同事，并告诉他们上午 7 时整从办公大楼出发。你没有告诉你的同事选择哪条线路。自然，每个人都希望走最快的路径到达博物馆。一些人可能选择地铁，一些人可能坐一辆出租车，另一些人可能选择自己驾车前往。无论你的同事选择何种方式，你们都将到达博物馆并重组成一个组。这种模拟解释了在一个报交换网络中数据报是如何传输的。

分组交换也叫数据报交换，它的出发点是既保留报文交换的优点，又减少传递延时。分组交换的工作方式与报文交换大致相同，区别在于报文交换是以整个报文(数据块)为信息交换单位，而分组交换则是把大的数据块分割成若干小段，为每个小段加上有关地址数据以及段的分割信息，组成一个数据报，也叫分组。这样可以使得数据报的长度有限，通常为几十到几百个字节。每个数据报同样经过缓冲、转发到达目的地。目的节点将各分组按发送端的顺序重新组装起来交给目的地用户，如图 2-20 所示。

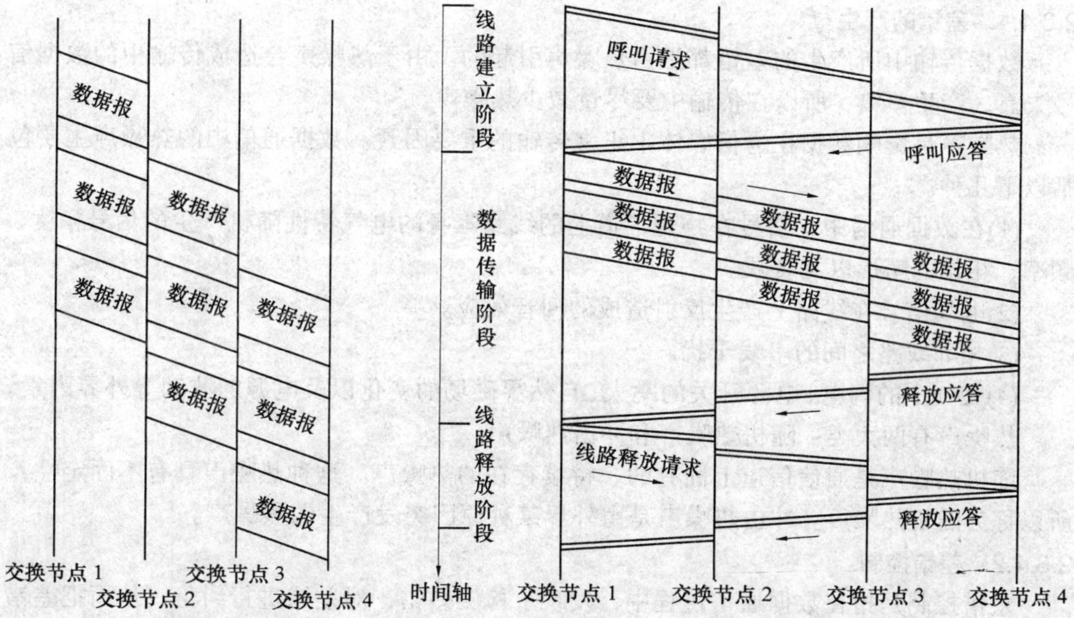

(a)数据报方式　　(b)虚电路方式

图 2-20　分组交换

分组交换的优点是交换节点可以进行差错控制，提高传输可靠性；减少时延；各信道的流量趋于平衡，信道带宽按需分配，有利于提高通信线路利用率。

分组交换的缺点是每个分组在每个中间节点都要独立选择路径；每个分组在传输过程中都必须带有目的地址与源地址，增加了额外信息。

分组交换可以向用户提供两类业务方式：一是虚电路方式，如图 2-20(b)所示；二是数据报方式，如图 2-20(a)所示。在虚电路方式中，网络为用户提供一条虚拟电路，这种虚拟电路仅是一种逻辑上的连接，而实际电路则可以是若干条和别的用户共享的不同链路的组合。其特点是分组按发送时发出的顺序依次在网络中传送，当收到第一个分组的确认信号后才发第二个分组。因此，在该方式中，目的节点收到的分组顺序与发送方是一样的，在目的节点重装分组时就简单了。数据报则不同，每一个信息分组都被看成是一个个独立的包裹沿不同的路径通过网络送往目的节点，因此它们到达目的节点的分组顺序一般与发送顺序不同，目的节点必须按分组编号重新排列各分组的顺序。

2.3.4 差错控制方法

在通信通道中，由于干扰、设备故障等影响，经常存在着使被传送的信号发生失真的可能性。在接收端错误地确定所接收的信号叫做差错(错误)。在传输两态信号时，可能发生两种错误：1 变为 0 和 0 变为 1。为了提高传输的准确性，采用了专门校验错误的方法。这些方法的任务在于发现所产生的错误，并给出出现错误的信号或者校正错误。差错控制是采用可靠、有效的编码以减少或消除计算机通信系统中传输差错的方法，其目的在于提高传输质量。

2.3.4.1 差错的产生

数据传输中所产生的差错都是由热噪声引起的。由于热噪声会造成传输中的数据信号失真，产生差错，所以在传输中要尽量减少热噪声。

热噪声是影响数据在通信媒体中正常传输的重要因素。数据通信中的热噪声主要包括以下几种。

(1)在数据通信中，信号在物理信道上的线路本身的电气特性随机产生的信号幅度、频率、相位的畸形以及衰减。

(2)电气信号在线路上产生反射造成的回音效应。

(3)相邻线路之间的串线干扰。

(4)大气中的闪电、电源开关的跳火、自然界磁场的变化以及电源的波动等外界因素。

热噪声有两大类：随机热噪声和冲击热噪声。

随机热噪声是通信信道上固有的、持续存在的热噪声。这种热噪声具有不固定性，所以称为随机热噪声。冲击热噪声是由外界某种原因突发产生的热噪声。

2.3.4.2 差错控制

差错控制是指在数据通信过程中，发现、检测差错，对差错进行纠正，从而把差错限制在数据传输所允许的尽可能小的范围内的技术和方法。

在数据传输中，没有差错控制的传输通常是不可靠的。

1. 差错控制编码

差错控制编码是用以实现差错控制的编码，它分检错码和纠错码两种。检错码是能够自动发现错误的编码。纠错码是既能发现错误，又能自动纠正错误的编码。

2. 差错控制方法

差错控制方法主要有三种：自动请求重发、向前纠错和混合方式。自动请求重发是利用编码的方法在数据接收端检测差错，当检测出差错后，设法通知发送数据端重新发送数据，直到无差错为止。向前纠错方法中，接收数据端不仅对接收的数据进行检测，而且当检测出差错后还能利用编码的方法自动纠正差错。在混合方式中，接收端对少量的接收差错使用向前纠错，而对超出纠正能力的差错则通过反馈重发的方法加以纠正。

2.3.4.3 差错检测技术

数据信号通常是一串二进制数字序列，当这个序列通过有干扰的信道传输时，就有可能使某个或某几个“1”错成“0”，或使“0”错成“1”。为了要检测出和纠正这些差错就必须进行检纠错编码，其基本方法是在待发送的消息序列中，将每一消息或从消息序列中截出的一组 k 位数字与某一大于 k 的 n 位数字序列相对应。这种因检纠错需要附加上去的$(n-k)$位称为监督位。这种将一个 n 位数字序列与 k 位消息序列作对应的过程称为编码，反之则称为译码。

常用的检错码有以下几种。

(1)恒比码。我国电信部门在国内通信中广泛采用五单位恒比码，如表 2-1 所示。在五位数字电码中恒定有三位传号为“1”，二位空号为“0”，组成代表 0～9 这 10 个数字的电码。当接收端收到不符合此规则的电码时，就判断为错。恒比码比奇偶校验码的检错能力稍强些。

表 2-1　我国的五单位恒比码

数字	电码	数字	电码
0	01101	5	00111
1	01011	6	10101
2	11001	7	11100
3	10110	8	01110
4	11010	9	10011

(2)奇偶校验码。一般对一个字符是否出错常采用奇偶校验的方法；对一个字符块是否出错常采用块奇偶校验方法，有时又称为水平垂直奇偶校验。字符块奇校验示例如表 2-2 所示。

表 2-2　字符块奇校验示例

字符发送序号	字　符	各字符奇校验位(垂直奇校验位)
1	1010010	0
2	1000001	1
3	0101100	0
4	1010000	1
5	1000010	1
6	0101000	1
块奇校验字符(由水平奇校验位组成)	1111010	0

(3)CRC 校验。已知一个长度为 k 的二进制位串(称为一帧)，为了检查它在传输中的错误，发送器产生另一个 n 位二进制序列，称为帧校验序列(FCS)，使得合成的 $k+n$ 位二进制数据帧能够被某一个预先确定的数整除，若能除尽则无错误，若除不尽则有错误发生。

习 题

1. 试举一个例子说明信息、数据与信号之间的关系。
2. 什么是波特率？什么是比特率？请举例说明两者的联系与区别。
3. 试举出现实生活中单工、半双工及全双工通信的例子。
4. 试述数据编码技术有哪些基本形式？
5. 画出比特流 00110101 的非归零编码、曼彻斯特编码和差分曼彻斯特编码波形图。
6. 什么是频分多路复用？什么是时分多路复用？
7. 数据通过通信子网的交换方式有哪些？各有什么特点？

第 3 章　网络体系结构

网络体系结构的基本思想就是在计算机网络的设计中采用分层的设计方法，使相互通信的两个计算机系统达到高度协调工作的目的。

3.1　基本概念

3.1.1　计算机网络协议

计算机网络各节点之间要不断交换数据和控制信息，要保证数据交换的顺利进行，每个节点都必须遵守一些事先规定的通信规则、标准。这些规则和标准规定了网络节点同层对等实体之间交换数据以及控制信息的格式和时序。这些规则和标准的集合称为网络协议，网络协议简称为协议。可见，协议是定义在相同层次对等实体之间交换的数据格式和含义的规则的集合。一般来说，协议由语法、语义、时序三个要素组成。

语法(Syntax)：即数据与控制信息的结构和格式，包括数据格式、编码及信号电平等。

语义(Semantics)：是用于协调和差错处理的控制信息，如需要发出何种控制信息完成何种动作以及做出何种应答等。

时序(Timing)：即对有关事件实现顺序的详细说明，如速度匹配、排序等。

由此可见，网络协议是计算机网络不可缺少的组成部分。实际上，只要我们想让连接在网络上的另一台计算机做点什么事情(例如，从网络上的某个主机下载文件)，我们都需要有协议。但是当我们经常在自己的 PC 机上进行文件存盘操作时，就不需要任何协议，除非这个用来存储文件的磁盘是网络上的某个文件服务器的磁盘。

协议通常有两种不同的形式，一种是使用便于人来阅读和理解的文字描述，另一种是使用让计算机能够理解的程序代码。这两种不同形式的协议都必须能够对网络上交换的信息做出精确的解释。

3.1.2　网络体系结构

通常把网络协议以及网络各层功能和相邻接口协议规范的集合称为网络体系结构(Network Architecture)。

网络体系结构是一个层次化的系统结构，它可以看做是对计算机网络和它的部件所执行功能的精确定义。它把网络系统的通路，分成一些功能分明的层，各层执行自己所承担的任务，依靠各层之间的功能组合，为用户或应用程序提供访问另一端的通路。

常见的计算机网络体系结构有 DEC 公司的 DNA(数字网络体系结构)、IBM 公司的 SNA(系统网络体系结构)等。为解决异种计算机系统、异种操作系统、异种网络之间的通信，国际标准化组织(ISO)以及国际上其他的一些标准化团体，在各厂家提出的计算机网络体系结构的基础上，提出了开放系统互联参考模型 OSI/RM(Open System Interconnection Refernce Model)，简称为 OSI。

3.2 OSI 参考模型

3.2.1 OSI 参考模型的基本概念

网络中各种设备之间的相互连接和通信是建立在共同的通信规则和协议的基础之上的。这些共同遵守的规则必须是清晰和确定的，否则网络中不同的设备和系统之间就不可能顺利地通信和数据传输。

开放式系统互联参考模型(OSI)的建立是由 ISO 于 1977 年首次指定的，在这一框架下进一步详细规定了每一层的功能，以实现开放系统环境中的互联性、互操作性和应用的可移植性。

开放系统互联 OSI 中的“开放”是指，只要遵循 OSI 标准，一个系统就可以和位于任何地方的、也遵循这同一标准的其他任何系统进行通信。这一点很像世界范围的电话和邮政系统，这两个系统都是开放系统。“系统”是指在显示的系统中与互联有关的各部分。所以，开放系统互联参考模型 OSI 是个抽象的概念。在 1983 年形成了开放系统互联参考模型的正式文件，即著名的 ISO 7498 国际标准，也就是所谓的七层协议的体系结构。

OSI 参考模型定义了开发系统的层次结构、层次之间的相互关系及各层所包含的可能服务。它是作为一个框架来协调和组织各层协议的制定，也是对网络内部结构最精炼的概括与描述。有了这个开放的模型，各网络设备厂商就可以遵照共同的标准来开发网络产品，最终实现彼此兼容。

3.2.2 OSI 参考模型的结构

OSI 将整个通信功能划分为七个层次，划分的原则是：

(1)网络中各节点都有相同的层次。

(2)不同节点的同等层具有相同的功能。

(3)同一节点内相邻层之间通过接口通信。

(4)每一层使用下层提供的服务，并向其上层提供服务。

(5)不同节点的同等层按照协议实现对等层之间的通信。

根据以上原则，OSI 制定的开放系统参考模型结构如图 3-1 所示。

当接收数据时，数据是自下而上传输；当发送数据时，数据是自上而下传输。

3.2.3 OSI 各层的主要功能

3.2.3.1 物理层

这是整个 OSI 参考模型的最低层，它的任务就是提供网络的物理连接。所以，物理

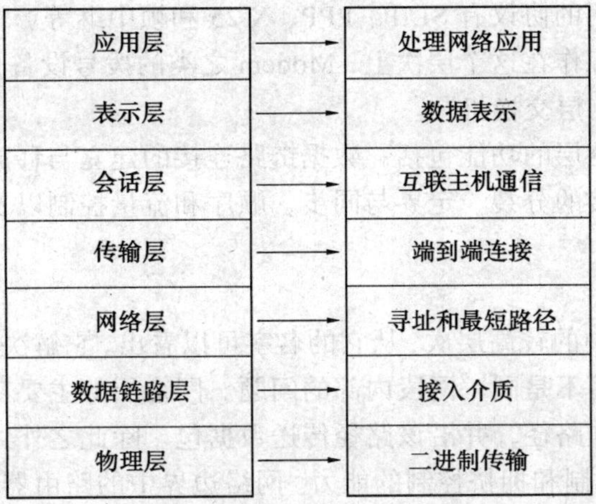

图 3-1　OSI 参考模型结构

层是建立在物理介质上的(而不是逻辑上的协议和会话)，它提供的是机械和电气接口。物理层的媒体包括架空明线、平衡电缆、光纤、无线信道等。通信用的互联设备指 DTE 和 DCE 间的互联设备。DTE 即数据终端设备，又称物理设备，如计算机、终端等都包括在内。而 DCE 则是数据通信设备或电路连接设备，如调制解调器等。数据传输通常是经过 DTE—DCE，再经过 DCE—DTE 的路径。互联设备指将 DTE、DCE 连接起来的装置，如各种插头、插座。LAN 中的各种粗、细同轴电缆，T 型接、插头，接收器，发送器，中继器等都属物理层的媒体和连接器。

物理层提供的服务包括：物理连接、物理服务数据单元顺序化(接收物理实体收到的比特顺序，与发送物理实体所发送的比特顺序相同)和数据电路标识。

具体来说，物理层定义了设备连接接口(插头或插座)以下四个特性。

(1)机械特性。规定接插件的规格尺寸、引脚数量和排列等。

(2)电气特性。规定了传输二进制位流时线路上的信号电压的高低、阻抗匹配、传输速率和距离限制等。

(3)功能特性。规定了物理接口上各信号线的功能。

(4)规程特性。定义了利用信号线传输二进制位流的一组操作规程，即各信号线工作的规则和先后顺序，如怎样建立和拆除物理连接，全双工还是半双工操作，同步传输还是异步传输等。

物理层接口标准很多，分别应用于不同的物理环境。其中 EIA RS-232C 是一个 25 针连接器且许多微机系统都配备的异步串行接口，CCITT X.21 是公用数据网同步操作的数据终端设备(DTE)和数据电路端接设备(DCE)间的接口。

3.2.3.2　数据链路层

数据链路层建立在物理传输能力的基础上，以帧为单位传输数据，它的主要任务就是进行数据封装和数据链接的建立。封装的数据信息中，地址段含有发送节点和接收节点的地址，控制段用来表示数据连接帧的类型，数据段包含实际要传输的数据，差错控制段用来检测传输中帧出现的错误。

数据链路层可使用的协议有 SLIP、PPP、X.25 和帧中继等。常见的集线器和低档的交换机网络设备都是工作在这个层次上，Modem 之类的拨号设备也是。工作在这个层次上的交换机俗称“第二层交换机”。

具体讲，数据链路层的功能包括：数据链路连接的建立与释放，构成数据链路的数据单元，数据链路连接的分裂、定界与同步，顺序和流量控制以及差错的检测和恢复等方面。

3.2.3.3 网络层

网络层属于 OSI 中的较高层次，从它的名字可以看出，它解决的是网络与网络之间，即网际的通信问题，而不是同一网段内部的问题。网络层的主要功能是提供路由，即选择到达目标主机的最佳路径，并沿该路径传送数据包。除此之外，网络层还要能够消除网络拥挤，具有流量控制和拥挤控制的能力。网络边界中的路由器就工作在这个层次上，现在较高档的交换机也可直接工作在这个层次上，因此它们也提供了路由功能，俗称“第三层交换机”。

网络层的功能包括：建立和拆除网络连接，路径选择，网络连接多路复用，分段和组块，服务选择和流量控制。

3.2.3.4 传输层

传输层是两台计算机经过网络进行数据通信时，第一个端到端的层次，具有缓冲作用。当网络层服务质量不能满足要求时，它将服务加以提高，以满足高层的要求；当网络层服务质量较好时，它只用很少的工作。传输层还可进行复用，即在一个网络连接上创建多个逻辑连接。传输层也称为运输层。传输层只存在于端开放系统中，是介于低 3 层通信子网系统和高 3 层之间的一层，但是很重要的一层。因为它是源端到目的端对数据传送进行控制从低到高的最后一层。

有一个既存事实，即世界上各种通信子网在性能上存在着很大差异。例如电话交换网、分组交换网、公用数据交换网、局域网等通信子网都可互联，但它们提供的吞吐量、传输速率、数据延迟通信费用各不相同。对于会话层来说，要求有一个性能恒定的界面，传输层就承担了这一功能。它采用分流/合流、复用/介复用技术来调节上述通信子网的差异，使会话层感受不到。

此外，传输层还要具备差错恢复、流量控制等功能，以此对会话层屏蔽通信子网在这些方面的细节与差异。传输层面对的数据对象已不是网络地址和主机地址，而是会话层的界面端口。上述功能的最终目的是为会话提供可靠的、无误的数据传输。

根据传输层所提供服务的主要性质，传输层服务可分为以下三大类。

A 类：网络连接具有可接受的差错率和可接受的故障通知率，A 类服务是可靠的网络服务，一般指虚电路服务。

B 类：网络连接具有可接受的差错率和不可接受的故障通知率，B 类服务介于 A 类与 C 类之间，广域网和互联网多是提供 B 类服务。

C 类：网络连接具有不可接受的差错率，C 类的服务质量最差，提供数据报服务或无线电分组交换网均属此类。

3.2.3.5　会话层

会话层(Session Layer)利用传输层来提供会话服务，允许不同机器上的用户之间建立会话关系，即正式的连接。这种正式的连接使得信息的收发具有高可靠性。会话层的目的就是有效地组织和同步进行合作的会话服务用户之间的对话，并对它们之间的数据交换进行管理。

会话层服务之一是管理对话，它允许信息同时双向传输，或任意时刻只能单向传输。如果属于后者，则类似于单线铁路。一种与会话有关的服务是令牌管理(Token Management)，令牌可以在会话双方之间交换，只有持有令牌的一方可以执行某种关键操作。

另一种会话服务是同步(Synchronization)。同步是在连续发送大量信息时，为了使发送的数据更加精细地结构化，在用户发送的数据中设置同步点，以便记录发送过程的状态，并且在错误发生导致会话中断时，会话实体能够从一个同步点恢复会话继续传送，而不必从开头恢复会话。

TCP/IP 协议体系中没有专门的会话层，但是在其传输层协议 TCP 协议中实现了本层部分功能。

会话层的功能主要有会话连接到传输连接的映射、数据传送、会话连接的恢复和释放、会话管理、令牌管理和活动管理。

3.2.3.6　表示层

表示层(Presentation Layer)完成某些特定的功能，由于这些功能常被请求，因此人们希望找到通用的解决办法，而不是要让每个用户来实现。值得一提的是，表示层以下的各层只关心可靠的传输比特流，而表示层关心的是所传输的信息的语法和语义。

表示层的功能主要有数据语法转换、语法表示、连接管理、数据加密和数据压缩。例如：在 Internet 上查询银行账户，使用的即是一种安全连接，账户数据在发送前被加密，在网络的另一端，表示层将对接收到的数据解密。除此之外，表示层协议还对图片和文件格式信息进行解码和编码。

3.2.3.7　应用层

应用层是 OSI 参考模型的最高层，它为用户的应用进程提供服务，负责两个应用进程之间的通信，为网络用户之间的通信提供专用的程序。在 OSI 中，应用进程是一个抽象的概念，即信息处理功能的集合，它的物理背景可以是多种形式的，不一定要对应一个实际的程序。抽象后的应用进程就是应用实体 AE。它由若干个特定应用服务元素(SASE)和一个或多个公共应用服务元素(CASE)组成。每个 SASE 提供特定的应用服务，常用的 SASE 有文件的传送、访问和管理 FTAM，虚拟终端协议 VTP，报文处理系统 MHS。CASE 提供一些与具体应用无关、但又是实现这些应用服务所必需的那些服务，是在应用层中通用的那些服务，如联系控制服务元素(ACSE)，可靠传输服务元素(RTSE)，远程操作服务元素(ROSE)和委托、并发于恢复元素(CCR)。下面简单介绍几种特定的应用服务元素。

1. 文件的传送、访问和管理

FTAM 是一个用于传送、访问和管理开放系统中文件的一个信息标准。FTAM 服务使用户即使不了解所使用的实际文件系统的实现细节，也能对该文件系统进行操作，或对数据的描述进行维护。

FTAM 解决不同文件系统之间的互访问题。它采用了虚拟文件系统的概念，而虚拟文件系统是 FTAM 的基础。FTAM 制定了一个标准的逻辑文件结构和数据表示，定义了一系列用户服务原语，用以实现虚拟文件系统的有关操作。

2. 虚拟终端协议

虚拟终端(Virtual Terminal)是指将各种类型的专用终端功能一般化、标准化后得到的终端模型。但由于目前现有的实终端种类太多，具有的功能也差别很大，因此要抽象一个完整的、通用的虚拟终端模型是比较困难的，并且也不利于终端的扩充。VTP 的根本目的是将实终端的特性变换成标准化的形式，即把每个终端看做一个对话处理用户。具体方法是：先定义一个网络虚拟终端，从连接终端的一边将其输出变换成虚拟终端格式，再送到主机，主机再把所收到的虚拟终端格式变换成它自己所具有的格式。

应用层包含用户应用程序执行通信任务所需要的协议和功能，如电子邮件和文件传输等，在这一层中，TCP / IP 协议中的 FTP、SMTP、POP 等协议得到了充分应用。

3.2.4　OSI 参考模型的协议堆栈

协议堆栈是一组协议的总称，它们作为通信过程的一部分，这些协议是一层一层重叠在一起的。OSI 参考模型的每一层都有不同的协议和它关联。如果需要多个协议可以完成一种通信，协议就会组合到一个协议堆栈里。协议堆栈的一个例子就是 TCP/IP，它广泛应用于各种操作系统和国际互联网。

协议堆栈的每一层都可以从它的下层接受相应的服务，并同时可以为自己的上一层提供服务。为了使不同的设备和系统之间能顺利地通信和传输数据，每种设备都必须采用相同的协议堆栈，只有这样，两者之间才能顺利地进行通信。

信息和数据传输从发送时经过一系列的协议后由具体的物理传输介质传输到目的设备上，在这里，数据的流动和信息的处理都是在一定协议的控制和协调下的结果。在发送方信息每下移一层(除物理层外)，该层都会在信息中添加相应的信息头。这些信息头包括了可能接收方相对应的层读取和处理的信息。当数据到达目标后，就以相反的方向向上流动直到应用层，每层都会提取相应的信息做必要的处理。

3.2.5　OSI 模型的数据流向

如图 3-2 所示为 OSI 模型的数据流向。发送端的发送进程有数据要发送给接收进程，它把数据交给了应用层，应用程序在数据前要加上应用报头，即 AH(也可以是空的)，再把结果交给表示层。表示层可以有多种方式加以变换，也可以在前面加上个报头，然后把结果交给会话层。下面这一点是十分重要的，即表示层并不知道应用层传递给它的数据中哪一部分是 AH(如果有的话)，哪一部分是真正的用户数据。

这一过程重复进行直到数据抵达物理层，然后被实际传输到接收机。在接收机里，当信息向上传递时，各种报头被一层一层地剥去，最后数据到达接收进程。整个过程中最关键的概念是：虽然数据的实际传输方向是垂直的，但每一层在编程时却好像数据一直是水平传输的。例如，当发送方的传输层从会话层得到报文时，它增加一个传输层报

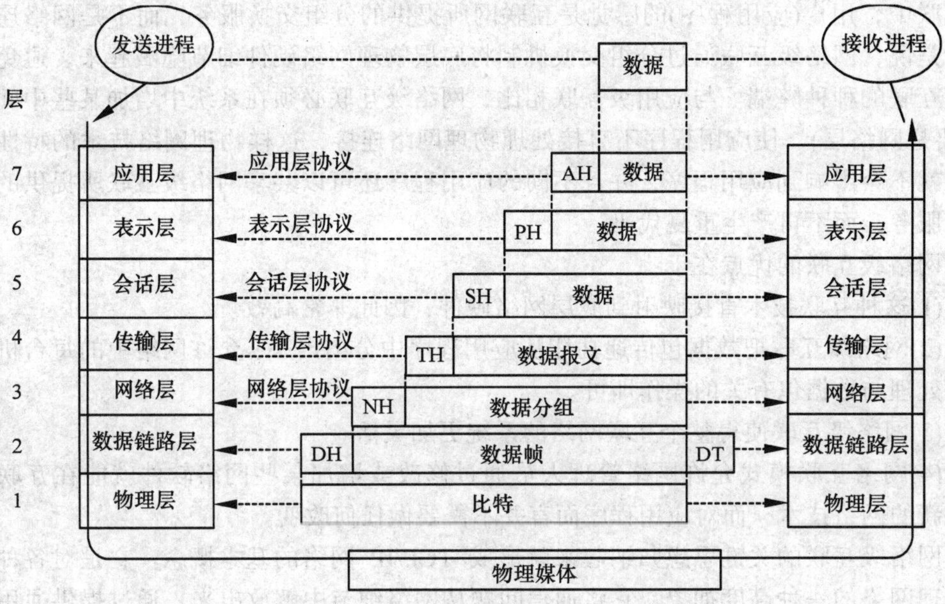

图 3-2　OSI 模型的数据流向示意图

头，并把报文发送给接收方的传输层。从发送方传输层的观点来看，实际上它必须把报文传送给本机内的网络层，这一过程如图 3-2 所示。

3.3　TCP/IP 参考模型与协议

网络互联是指将各种不同的物理网络(如不同的局域网或广域网)连接在一起构成统一的网络，它是计算机网络中的一个非常重要的概念和技术。

3.3.1　网络互联层次

网络互联要解决的是异构网络的通信问题，目的是向高层隐藏底层物理网络技术的细节，为用户提供统一的通信服务。为了完成网络互联以屏蔽底层网络的细节，我们可以在不同的层次上完成异构网络的互联。总体来说，有两种方式可实现网络互联：一种是利用应用程序，即应用级互联；另一种是利用操作系统，即网络级互联。

3.3.1.1　应用级互联

早期的异构网络互联是通过应用程序完成的。从协议转换的观点来说，在这种互联网中，除了应用层协议外，其他各层协议都不相同。应用程序必须了解本机与网络连接的所有内部细节，并直接通过网络与其他应用程序通信。应用级互联是最容易想到的办法。其缺点是：首先，在网络系统中增加新的功能意味着要为网络中的每台机器编写新的应用程序；第二，增加新的硬件意味着要修改旧的应用程序；第三，每个应用程序都必须处理本机与网络连接的细节，导致代码重复。

3.3.1.2　网络级互联

网络级互联提供了一种机制，实时地把用户数据分组从源端发送到目的端。在网络级互联中，用户(应用程序)的感觉是互联网所提供的分组交换服务，而不是网络连接。也就是说，网络级互联通过分组交换机制将底层物理网络硬件细节隐藏起来，避免了应用级互联的种种弊端。与应用级互联相比，网络级互联必须在系统中增加某些中间层次(主要是网络层)，使应用程序不直接处理物理网络连接，这样物理网络技术的特性及其变化就不会影响到应用程序，并且不同的应用程序还可以共享网络级互联所提供的分组交换服务，而不再产生重复代码。

网络级互联的优点在于：

(1)这种互联技术直接映射到底层网络硬件，因此非常高效。

(2)网络级互联把数据包传递功能从应用程序中分离出来，允许网络中的每台机器只需要处理与数据包有关的操作即可。

(3)网络级互联使得整个互联网络的系统更加灵活。

(4)网络互联模式允许网络管理人员通过修改或增加某些网络软件就能在互联网中加入新的网络技术，而对应用程序而言并不需要做任何改变。

网络级互联的关键思想归纳起来就形成 TCP/IP 网络的基本概念。它是对各种不同的物理网络的一种高度抽象，它将通信问题从网络细节中解放出来，通过提供通用网络服务，使底层网络技术对用户或应用程序透明。

3.3.2　TCP/IP 参考模型

TCP/IP 是 20 世纪 70 年代中期美国国防部为其研究性网络 ARPANET 开发的网络体系结构。ARPANET 最初是通过租用的电话线将美国的几百所大学和研究所连接起来。随着卫星通信技术和无线电技术的发展，这些技术也被应用到 ARPANET 网络中，而已有的协议已不能解决这些通信网络的互联问题，于是就提出了新的网络体系结构，用于将不同的通信网络无缝连接。这种网络体系结构后来被称为 TCP/IP(Transmission Control Protocol/Internet Protocol)参考模型。

3.3.2.1　TCP/IP 参考模型

TCP/IP 参考模型是 4 层结构，下面我们将分别讨论这 4 层的功能。TCP/IP 参考模型与 OSI 参考模型的层次对应关系如图 3-3 所示。

OSI	TCP/ IP 协议集	
应用层	应用层	Telent，FTP，SMTP，DNS，HTTP 以及其他应用协议
表示层		
会话层		
传输层	传输层	TCP，UDP
网络层	互联网层	IP，ARP，RARP，ICMP
数据链路层	网络接口层	各种通信网络接口（以太网等）（物理网络）
物理层		

图 3-3　OSI 与 TCP/IP 参考模型的层次对应关系

TCP/IP 协议被组织成四个概念层，其中有三层对应于 OSI 参考模型中的相应层。TCP/IP 协议族并不包含物理层和数据链路层，因此它不能独立完成整个计算机网络系统的功能，必须与许多其他的协议协同工作。TCP/IP 分层模型的四个协议层分别完成以下的功能。

1. 网络接口层

这是 TCP/IP 模型的最低层，负责接收从 IP 层交来的 IP 数据报，并将 IP 数据报通过低层物理网络发送出去，或者从低层物理网络上接收物理帧，抽取出 IP 数据报，交给 IP 层。网络接口有两种类型，第一种是设备驱动程序，如局域网的网络接口；第二种是含自身数据链路协议的复杂子系统，如 X.25 中的网络接口。

2. 互联网层

互联网层对应于 OSI 七层参考模型的网络层。互联网层的主要功能是负责相邻节点之间的数据传送。它的主要功能包括以下三个方面。

(1)处理来自传输层的分组发送请求。将分组装入 IP 数据报，填充报头，选择去往目的节点的路径，然后将数据报发送往合适的网络接口。

(2)处理输入数据报。首先检查数据报的合法性，然后进行路由选择，假如该数据报已到达目的节点(本机)，则去掉报头，将 IP 报文的数据部分交给相应的传输层协议；假如该数据报尚未到达目的节点，则转发该数据报。

(3)处理 ICMP 报文。即处理网络的路由选择、流量控制和拥塞控制等问题。TCP/IP 网络模型的互联网层在功能上类似与 OSI 参考模型中的网络层。

3. 传输层

TCP/IP 参考模型中传输层的作用与 OSI 参考模型中传输层的作用是一样的，即在源节点和目的节点的两个进程实体之间提供可靠的端到端的数据传输。为保证数据传输的可靠性，传输层协议规定接收端必须发回确认，并且假定分组丢失，必须重新发送。传输层还要解决不同应用程序的标识问题，因为在一般的通用计算机中，常常是多个应用程序同时访问互联网。为了区别各个应用程序，传输层在每一个分组中增加识别信源和信宿应用程序的标识。

另外，传输层的每一个分组均附带校验码，以便接收节点检查接收到的分组的正确性。

4. 应用层

应用层对应于 OSI 七层参考模型的应用层、表示层和会话层。因特网的应用层协议包括 Finger、Whois、FTP(文件传输协议)、Gopher、Telent(远程终端协议)、SMTP(简单邮件传送协议)、IRC(因特网中继会话)等。

随着互联网的发展，后来又出现了一些新的应用层协议，如用于将网络中的主机的名字地址映射成网络地址的域名服务协议(Domain Name Serviee，DNS)，用于传输网络新闻的协议(Netword News Transfer Protocol，NNTP)和用于从 WWW 网上读取页面信息的超文本传输协议(Hyper Text Transfer Protocol，HTTP)等。

3.3.2.2　TCP/IP 参考模型的特点

TCP/IP 是目前最成功、使用最频繁的互联网协议。虽然现在已经有很多协议适用于互联网，但只有 TCP/IP 最突出，在网络互联中用的最为广泛。

TCP/IP 分层模型中有两大重要边界：一个是地址边界，它将 IP 逻辑地址与底层网络的硬件地址分开；一个是操作系统边界，它将网络应用与协议软件分开，如图 3-4 所示。

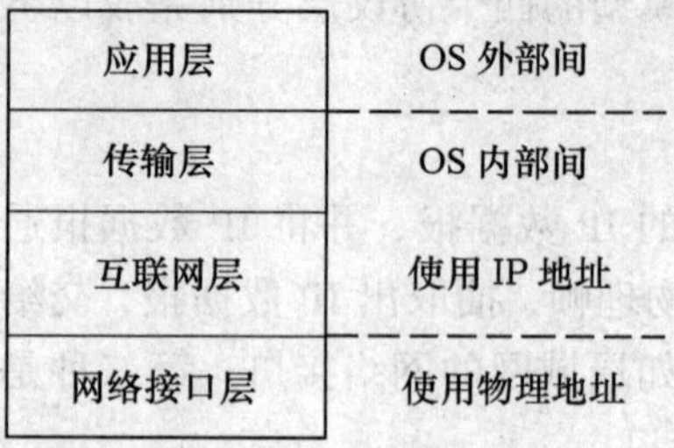

图 3-4　TCP/IP 的两大边界

IP 层作为通信子网的最高层，向上层(主要是 TCP 层)提供统一的 IP 报文，使得各种网络帧或报文格式的差异性对高层协议不复存在。这种统一的意义不容小视，因为这是 TCP/IP 互联网首先希望实现的目标。IP 层是 TCP/IP 实现异构网互联最关键的一层。

在 TCP/IP 网络中，IP 采用无连接的数据报机制，即只管将报文尽力传送到目的主机，无论传输正确与否，不做校验，不发确认，也不保证报文的顺序。而传输层协议之一的 TCP 协议提供面向连接的服务(传输层的另一个协议 UDP 是无连接的)。因为传输层是端到端的，所以 TCP/IP 的可靠性被称为端到端的可靠性。

TCP/IP 将不同的底层物理网络、拓扑结构隐藏起来，向用户和应用程序提供通用的、统一的网络服务。这样从用户角度看，整个 TCP/IP 互联网就是一个统一的整体，它独立于具体的各种物理网络技术，能够向用户提供一个通用的网络服务，如图 3-5 所示。

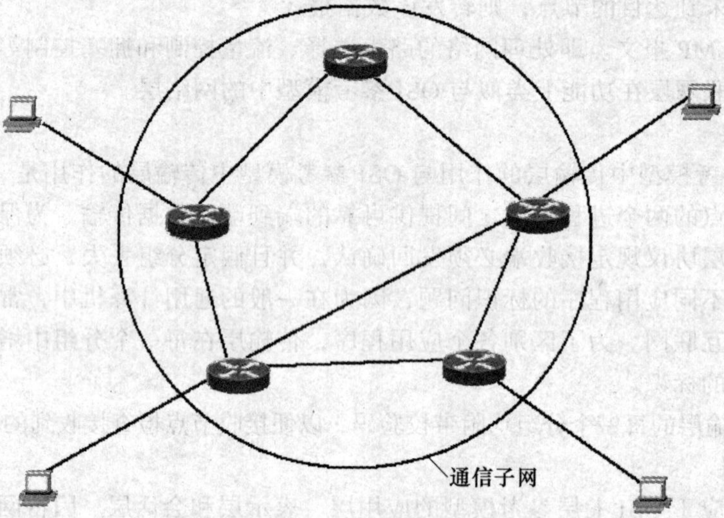

图 3-5　TCP/IP 模型

在某种意义上，可以把这个单一的网络看做一个虚拟网：在逻辑上它是独立的、统一的，在物理上它是由不同的网络互联而成的。将 TCP/IP 互联网看做单一网络的观点，极大的简化了细节，使用户极容易建立起 TCP/IP 互联网的概念。

TCP/IP 互联网还有一个基本思想：任何一个能传输数据分组的通信系统，均可被看做是一个独立的物理网络。这些通信系统均受到互联网协议的平等对待。大到广域网、小到局域网，甚至两台机器之间的点到点专线以及拨号电话线路都被当做网络，这就是互联网的网络对等性。网络对等性为协议设计者提供了极大的方便，简化了对异构网的处理。

TCP/IP 网络完全撇开了底层物理网络的特性，是一个高度抽象的概念，正是这一抽象的概念，为 TCP/IP 网络赋予了巨大的灵活性和通用性。

3.4　其他网络通信协议

局域网常用的三种通信协议分别是 TCP/IP 协议、NetBEUI 协议和 IPX/SPX 协议。TCP/IP 协议毫无疑问是这三大协议中最重要的一个，作为互联网的基础协议，没有它就根本不可能上网，任何和互联网有关的操作都离不开 TCP/IP 协议。不过 TCP/IP 协议也是这三大协议中配置起来最麻烦的一个，单机上网还好，而通过局域网访问互联网的话，就要详细设置 IP 地址、网关、子网掩码、DNS 服务器等参数。

3.4.1　TCP/IP 协议

TCP/IP(Transmission Control Protocol/Internet Protocol 的简写，中文译名为传输控制协议/互联网络协议)协议是 Internet 最基本的协议，简单地说，就是由底层的 IP 协议和 TCP 协议组成的。TCP/IP 协议的开发工作始于 20 世纪 70 年代，是用于互联网的第一套协议。

3.4.1.1　网际协议 IP

Internet 上使用的一个关键的底层协议是网际协议，通常称 IP 协议。我们利用一个共同遵守的通信协议，从而使 Internet 成为一个允许连接不同类型的计算机和不同操作系统的网络。要使两台计算机彼此之间进行通信，必须使两台计算机使用同一种“语言”。通信协议正像两台计算机交换信息所使用的共同语言，它规定了通信双方在通信中所应共同遵守的约定。

计算机的通信协议精确地定义了计算机在彼此通信过程的所有细节。例如，每台计算机发送的信息格式和含义，在什么情况下应发送规定的特殊信息，以及接收方的计算机应做出哪些应答等。

网际协议 IP 协议提供了能适应各种各样网络硬件的灵活性，对底层网络硬件几乎没有任何要求，任何一个网络只要可以从一个地点向另一个地点传送二进制数据，就可以使用 IP 协议加入 Internet 了。

如果希望能在 Internet 上进行交流和通信，则每台连上 Internet 的计算机都必须遵守 IP 协议。为此，使用 Internet 的每台计算机都必须运行 IP 软件，以便时刻准备发送或接收信息。IP 协议对于网络通信有着重要的意义：网络中的计算机通过安装 IP 软件，使许许多多的局域网络构成了一个庞大而又严密的通信系统，从而使 Internet 看起来好像是真实存在的，但实际上它是一种并不存在的虚拟网络，只不过是利用 IP 协议把全世界上所有愿意接入 Internet 的计算机局域网络连接起来，使得它们彼此之间都能够通信。

3.4.1.2　传输控制协议 TCP

尽管计算机通过安装 IP 软件，从而保证了计算机之间可以发送和接收资料，但 IP 协议还不能解决资料分组在传输过程中可能出现的问题。因此，若要解决可能出现的问题，连上 Internet 的计算机还需要安装 TCP 协议来提供可靠的并且无差错的通信服务。

TCP 协议被称作一种端对端协议。这是因为它为两台计算机之间的连接起了重要作用：当一台计算机需要与另一台远程计算机连接时，TCP 协议会让它们建立一个连接、发送和接收资料以及终止连接。

传输控制协议 TCP 协议利用重发技术和拥塞控制机制，向应用程序提供可靠的通信连接，使它能够自动适应网上的各种变化。即使在 Internet 暂时出现堵塞的情况下，TCP 也能够保证通信的可靠。

众所周知，Internet 是一个庞大的国际性网络，网络上的拥挤和空闲时间总是交替不定的，加上传送的距离也远近不同，所以传输资料所用时间也会变化不定。TCP 协议具有自动调整“超时值”的功能，能很好地适应 Internet 上各种各样的变化，确保传输数值的正确。

因此，从上面我们可以了解到：IP 协议只保证计算机能发送和接收分组资料，而 TCP 协议则可提供一个可靠的、可流控的、全双工的信息流传输服务。

综上所述，虽然 IP 和 TCP 这两个协议的功能不尽相同，也可以分开单独使用，但它们是在同一时期作为一个协议来设计的，并且在功能上也是互补的。只有两者的结合，才能保证 Internet 在复杂的环境下正常运行。凡是要连接到 Internet 的计算机，都必须同时安装和使用这两个协议，因此在实际中常把这两个协议统称作 TCP/IP 协议。

3.4.2　IPX/SPX 协议

IPX/SPX 协议的全称为 Internetwork Packet Exchange/ Sequences Packet Exchange(网际数据包/顺序包交换)。它是 Novell 公司为了适应网络的发展而开发的通信协议，具有很强的适应性，安装方便，同时还具有路由功能，可以实现多网段间的通信。其中，IPX 协议负责数据包的传送，SPX 负责数据包传输的完整性。在微软的 NT 操作系统中，一般使用 NWLink IPX/SPX 兼容协议和 NWLink NetBIOX 两种 IPX/SPX 的兼容协议，即 NWLink 协议，该兼容协议继承了 IPX/SPX 协议的优点，更适应 Windows 的网络环境。

IPX/SPX 协议一般可以应用于大型网络(比如 Novell)和局域网游戏环境中(比如反恐精英、星际争霸)。不过，如果不是在 Novell 网络环境中，一般不使用 IPX/SPX 协议，而是使用 IPX/SPX 兼容协议，尤其是在 Windows 9X/2000 组成的对等网中。

IPX/SPX 协议的工作方式比较简单，不需要任何配置，它可通过“网络地址”来识别自己的身份。Novell 网络中的网络地址由两部分组成：标明物理网段的“网络 ID”和标明特殊设备的“节点 ID”。其中网络 ID 集中在 NetWare 服务器或路由器中，节点 ID 即为每个网卡的 ID 号(网卡卡号)。所有的网络 ID 和节点 ID 都是一个独一无二的“内部 IPX 地址”。正是由于网络地址的唯一性，才使 IPX/SPX 具有较强的路由功能。在 IPX/SPX 协议中，IPX 是 NetWare 最底层的协议，它只负责数据在网络中的移动，并不保证数据是否传输成功，也不提供纠错服务。IPX 在负责数据传送时，如果接收节点在同一网段内，就直接按该节点的 ID 将数据传给它；如果接收节点是远程的(不在同一网段内，或位于不同的局域网中)，数据将交给 NetWare 服务器或路由器中的网络 ID，继续数据的下一步传输。SPX 在整个协议中负责对所传输的数据进行无差错处理，所以我们将 IPX/SPX 也叫做“Novell 网络协议集”。

3.4.3 NetBEUI 协议

NetBEUI 协议的全称是 NetBios Enhanced User Interface ，即用户扩展接口。它是由 IBM 公司于 1985 年开发的，是一种体积小、效率高、速度快的通信协议，同时也是微软最为喜爱的一种协议。它主要适用于早期的微软操作系统，如 DOS、LAN Manager、Windows 3.X 和 Windows for Workgroup 等，但是现有的操作系统联网时它还是必不可少的协议之一，如在 WIN9X 和 WINME 组网进入 NT 网络时一定不能仅用 TCP/IP，还必需加上 NetBEUI 协议，否则就无法实现网络连通。

因为它的出现比较早，也就有它的局限性。NetBEUI 是专门为几台到百多台计算机所组成的单段网络而设计的，它不具有跨网段工作的能力，也就是说它不具有“路由”功能，如果您在一服务器或工作站上安装了多个网卡作网桥时，将不能使用 NetBEUI 作为通信协议。

NetBEUI 通信协议的特点就是体积小，因原来应用于像 DOS、LAN Manager 等较低版本的操作系统，故它对系统的要求不高，运行后占用系统资源最少；由于它的主要服务对象是较低版本的操作系统，因此它不具有路由功能，不能实现跨网络通信；因为简单，对系统要求低，也就适合初学组网的人员学习使用。

3.5 IP 地址管理和子网划分初步

基于 IP 协议的因特网，目前已经发展成为当今世界上规模最大、拥有用户最多、资源最广泛的通信网络。 IP 协议也因此成为事实上的业界标准，以 IP 协议为基础的网络已经成为通信网络的主流。

3.5.1 IP 地址分类

IP 地址是用来标识网络中的一个通信实体，比如一台主机，或者是路由器的某一个端口。而在基于 IP 协议网络中传输的数据包，也都必须使用 IP 地址来进行标识，如同我们写一封信，要标明收信人的通信地址和发信人的地址，邮政工作人员通过该地址来决定邮件的去向。

在计算机网络里，每个被传输的数据包也要包括一个源 IP 地址和一个目的 IP 地址。当该数据包在网络中进行传输时，这两个地址要保持不变，以确保网络设备总能根据确定的 IP 地址，将数据包从源通信实体送往指定的目的通信实体。

目前，应用最广泛的 IP 地址(IPv4)是由 32 位二进制组成，分成四部分，每部分一个字节，可以用十进制、二进制或十六进制来表示，比如 192.168.0.50(十进制)、11000000.10101000.00000000.00110010(二进制)和 C0.A8.0.32(十六进制)表示的都是同一地址。为方便记忆，通常使用以点号划分的十进制来表示，如 202.112.14.1。

一个 IP 地址主要由两部分组成，一部分是用于标识该地址所从属的网络号，另一部分用于指明该网络上某个特定主机的主机号。网络号唯一的标识一个网络，同一个网络上每台机器 IP 地址的网络号部分是相同的。主机号分配给该网络上的每台机器，并唯一的标识这台机器，所以这部分地址必须是唯一的。其实可以这样理解 IP 地址：网络号相当于某一个地区的电话区号(如郑州是 0371)，主机号相当于各家各户的电话号码。

为了给不同规模的网络提供必要的灵活性，IP 地址的设计者将 IP 地址空间划分为五个不同的地址类别，如图 3-6 所示，其中 A、B、C 三类最为常用。

IP 地址类型	第一字节十进制范围	二进制固定最高位	二进制网络位	二进制主机位
A 类	0 ~ 127	0	8 位	24 位
B 类	128 ~ 191	10	16 位	16 位
C 类	192 ~ 223	110	24 位	8 位
D 类	224 ~ 239	1110	组播地址	
E 类	240 ~ 255	1111	保留试验适用	

图 3-6　IP 地址类别

网络号由因特网权力机构分配，主机地址由各个网络的管理员统一分配。因此，网络地址的唯一性与网络内主机地址的唯一性确保了 IP 地址的全球唯一性。

3.5.1.1　A 类 IP 地址

用前面 8 位来标识网络号，其中规定最前面一位为“0”，24 位标识主机地址，即 A 类地址的第一段取值(也即网络号)可以是“00000001 ~ 01111111”之间任一数字，转换为十进制后即为 1 ~ 127。主机号没有做硬性规定，所以它的 IP 地址范围为“1.0.0.0 ~ 127.255.255.255”。A 类地址是为大型政府网络提供的，因为 A 类地址中 10.0.0.0 ~ 10.255.255.254 和 127.0.0.0 ~ 127.255.255.254 这两段地址有专门用途，所以全世界总共只有 126 个可能的 A 类网络。每个 A 类网络最多可以连接 16777214 台计算机，这类地址数是最少的，但这类网络所允许连接的计算机是最多的。A 类地址的格式如图 3-7 所示。

0	网络号	主机号

图 3-7　A 类地址的格式

3.5.1.2　B 类 IP 地址

用前面 16 位来标识网络号，其中最前面两位规定为“10”，16 位标识主机号，也就是说 B 类地址的第一段的取值在“10000000 ~ 10111111”之间，转换成十进制后即为 128 ~ 191。第一段和第二段合在一起表示网络地址，它的地址范围为“128.0.0.0 ~ 191.255.255.255”。B 类地址适用于中等规模的网络，全世界大约有 16000 个 B 类网络，每个 B 类网络最多可以连接 65534 台计算机。其中 172.16.0.0 ~ 172.31.255.254 地址段有专门用途。B 类地址的格式如图 3-8 所示。

1	0	网络号	主机号

图 3-8　B 类地址的格式

3.5.1.3　C 类 IP 地址

用前面 24 位来标识网络号，其中最前面三位规定为“110”，8 位标识主机号。这样 C 类地址的第一段取值在“11000000～11011111”之间，转换成十进制后即为 192～223。第一段、第二段、第三段合在一起表示网络号，最后一段标识网络上的主机号，它的地址范围为“192.0.0.0～223.255.255.255”。C 类地址适用于校园网等小型网络，每个 C 类网络最多可以有 254 台计算机。这类地址是所有的地址类型中地址数最多的，但这类网络所允许连接的计算机是最少的。这类 IP 地址可分配给任何有需要的人。其中 192.168.0.0～192.168.255.255 为企业局域网专用地址段。C 类地址的格式如图 3-9 所示。

1	1	0	网络号	主机号

图 3-9　C 类地址的格式

3.5.1.4　D 类 IP 地址

D 类 IP 地址第一个字节以“1110”开始，它是一个专门保留的地址。它并不指向特定的网络，目前这一类地址被用在多点广播(Multicast)中。多点广播地址用来一次寻址一组计算机，它标识共享同一协议的一组计算机。D 类地址的格式如图 3-10 所示。

1	1	1	0	多目地址

图 3-10　D 类地址的格式

3.5.1.5　E 类 IP 地址

这是一个通常不用的实验性地址，保留作为以后使用。E 类地址的最高位为 11110，第一段八位二进制为“11110000～11110111”，转换成十进制即为 240～247。E 类地址的格式如图 3-11 所示。

1	1	1	1	0	备用

图 3-11　E 类地址的格式

3.5.2　几类特殊用途的 IP 地址介绍

3.5.2.1　0.0.0.0

严格说来，0.0.0.0 已经不是一个真正意义上的 IP 地址了。它表示的是这样一个集合：所有不清楚的主机和目的网络。这里的“不清楚”是指在本机的路由表里没有特定条目指明如何到达。对本机来说，它就是一个“收容所”，所有不认识的“三无”人员一律送进去。如果你在网络设置中设置了缺省网关，那么 Windows 系统会自动产生一个目的地址为“0.0.0.0”的缺省路由。

3.5.2.2　255.255.255.255

这是限制广播地址。对本机来说，这个地址指本网段内(同一广播域)的所有主机。

如果翻译成人类的语言，应该是这样："这个房间里的所有人都注意了！"这个地址不能被路由器转发。

3.5.2.3 127.0.0.1

这是本机地址，主要用于测试。用汉语表示，就是"我自己"。在 Windows 系统中，这个地址有一个别名"Localhost"。寻址这样一个地址，是不能把它发到网络接口的。除非出错，否则在传输介质上永远不应该出现目的地址为"127.0.0.1"的数据包。

3.5.2.4 224.0.0.1

这是组播地址，注意它和广播的区别。从 224.0.0.0 到 239.255.255.255 都是这样的地址。224.0.0.1 特指所有主机，224.0.0.2 特指所有路由器。这样的地址多用于一些特定的程序以及多媒体程序。如果你的主机开启了 IRDP(Internet 路由发现协议，使用组播功能)功能，那么你的主机路由表中应该有这样一条路由。

3.5.2.5 169.254.x.x

如果你的主机使用了 DHCP 功能自动获得一个 IP 地址，那么当你的 DHCP 服务器发生故障，或响应时间太长而超出了一个系统规定的时间时，Windows 系统会为你分配这样一个地址。如果你发现你的主机 IP 地址是一个诸如此类的地址，很不幸，十有八九是你的网络不能正常运行了。

3.5.2.6 10.x.x.x、172.16.x.x～172.31.x.x、192.168.x.x

这是私有地址，这些地址被大量用于企业内部网络中。一些宽带路由器也往往使用 192.168.1.1 作为缺省地址。私有网络由于不与外部互联，因而可能使用随意的 IP 地址。保留这样的地址供其使用是为了避免以后接入公网时引起地址混乱。使用私有地址的私有网络在接入 Internet 时，要使用地址翻译(NAT)，将私有地址翻译成公用合法地址。在 Internet 上，这类地址是不能出现的。

3.5.3 划分子网

在 IP 互联网中，A 类、B 类和 C 类 IP 地址是经常使用的 IP 地址。但是，每类网络的每个网络号能容纳一定数量的主机，如 A 类网络的每个网络号能容纳 800 多万台主机，B 类网络的每个网络号能容纳 6 万多台主机，C 类网络的每个 IP 地址也能容纳 254 台主机，这对一些网络在一定程度上是一种浪费。因此，许多企业和单位因管理和技术等因素经常将某个网络划分成若干个子网，而不是获得一系列的 Internet 网络号。

3.5.3.1 子网的编制方法

标准的 IP 地址由网络号和主机号两部分组成，网络号是向 IP 地址管理机构申请获得的，用户组织是不可改变的。而主机号是管理员分配的，因此要创建子网，得从主机号部分借位并把它们指定为子网号部分。

划分子网的基本思路如下：

(1)一个拥有许多物理网络的单位，可将所属的物理网络划分为若干个子网。划分子网纯属一个单位内部的事情。本单位以外的网络看不见这个网络是由多少个子网组成，因为这个单位对外仍然表现为一个没有划分子网的网络。

(2)划分子网的方法是从网络的主机号借用若干个比特作为子网号，而主机号也就相应减少了若干个比特。于是两级的 IP 地址在本单位内部就变为三级的 IP 地址。子网组成格式如图 3-12 所示。例如，将子网与 IP 地址的三级层次结构(见图 3-13)划分为 3 个子网的结构(见图 3-14)。

标准 IP 地址格式

网络号	主机号

有子网的 IP 地址格式

网络号	子网号	主机号

图 3-12　子网组成格式

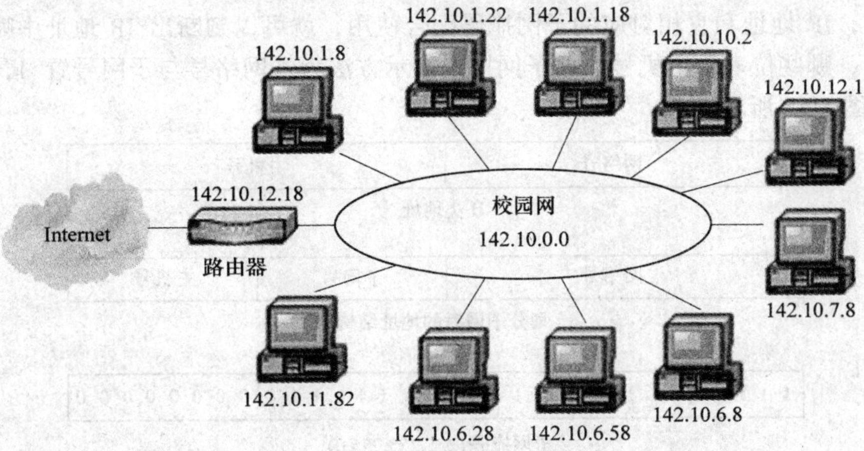

图 3-13

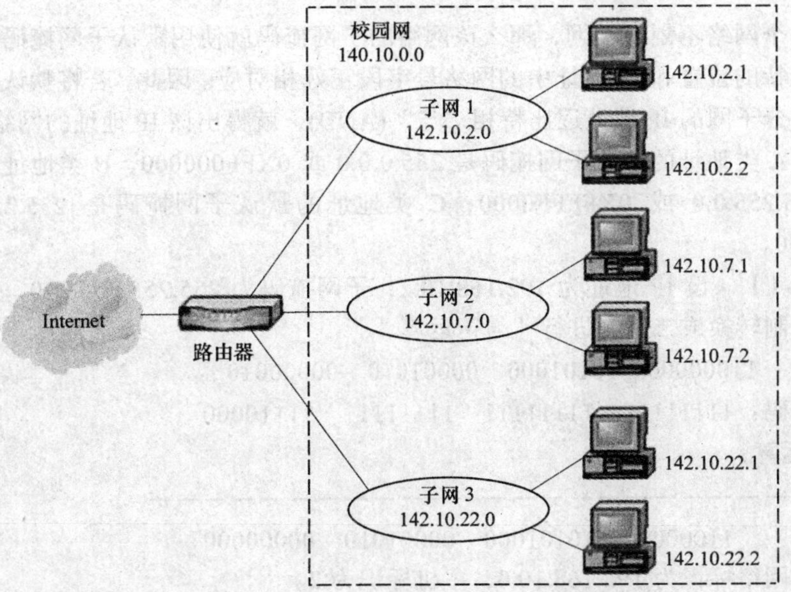

图 3-14

(3)凡是从其他网络发送给本单位某个主机的 IP 数据报，仍然是根据 IP 数据报的目的网络号找到连接在本单位网络上的路由器。但此路由器在收到 IP 数据报后，再按目的网络号和子网号找到目的子网，将 IP 数据报交付给目的主机。

注意： 主机号位数借位给子网号，主机号应至少剩余 2 位。

3.5.3.2 子网掩码

对于标准的 IP 地址而言，网络号和主机号可以通过网络的类别进行判断。而对于子网编址，计算机如何知道 IP 地址中哪些位是子网，哪些位表示主机呢?

为了解决这个问题，子网使用了子网掩码(或称子网屏蔽码)，子网掩码采用了和 IP 地址一样的 32 位二进制数值。IP 协议规定，在子网掩码中，与 IP 地址中网络号和子网号两部分相对应的位用“1”来表示，与 IP 地址中的主机号部分相对应的位用“0”来表示。这样，IP 地址和它相对应的子网掩码配合使用，就可以判断出 IP 地址中哪些位表示子网号，哪些位表示主机号。即子网掩码表示方法为：网络号与子网号置 1，主机号置 0。如图 3-15 所示。

网络号	主机号

B 类地址

网络号	子网号	主机号

划分子网后的地址结构

1 1 1 1 1 1 1 1 1 1 1 1 1 1 1 1 1 1 1 1 1 1 1 1	0 0 0 0 0 0 0 0

子网掩码(255.255.255.0)

图 3-15 子网掩码表示方法

如果一个网络不划分子网，那么该网络的子网掩码就使用默认子网掩码。默认子网掩码中 1 比特的位置和 IP 地址中的网络号字段正好相对应。因此，若将默认的子网掩码和某个不划分子网的 IP 地址逐比特相“与”(AND)，就得出该 IP 地址的网络地址来。

显然，A 类地址的默认子网掩码是 255.0.0.0 或 0XFF000000，B 类地址的默认子网掩码是 255.255.0.0 或 0XFFFF0000，C 类地址的默认子网掩码是 255.255.255.0 或 0XFFFFFF00。

【例 3-1】 设 IP 地址为 192.168.10.2，子网掩码为 255.255.255.240，用“与”运算，将十进制转换成二进制进行“与”运算。

IP 地址：11000000 10101000 00001010 00000010

子网掩码：11111111 11111111 11111111 11110000

AND 运算：

——————————————————————————————

11000000 10101000 00001010 00000000

可得其网络标识为 192.168.10.0，主机标识为 2。

【例 3-2】 设 IP 地址为 192.168.10.5，子网掩码为 255.255.255.240，用“与”运

算，将十进制转换成二进制进行“与”运算。

IP 地址：11000000　10101000　00001010　00000101

子网掩码：11111111　11111111　11111111　11110000

AND 运算：

——————————————————————————

11000000　10101000　00001010　00000000

可得其网络标识为 192.168.10.0，主机标识为 5。

从以上两个例子可以得出，只要有一个 IP 地址和以上的子网掩码运算后得到 192.168.10.0，那么这些 IP 地址就在同一个子网中。

如表 3-1 ~ 表 3-3 所示的是 A 类、B 类、C 类子网划分表。根据这些表，我们试着找到一个合适的子网掩码。

表 3-1　A 类 IP 地址子网划分

借用位数	子网掩码	子网数	每个子网的主机数
2	255.192.0.0	2	4194302
3	255.224.0.0	6	2097150
4	255.240.0.0	14	1048574
5	255.248.0.0	30	524286
6	255.252.0.0	62	262142
7	255.254.0.0	126	131070
8	255.255.0.0	254	65534

表 3-2　B 类 IP 地址子网划分

借用位数	子网掩码	子网数	每个子网的主机数
2	255.255.192.0	2	16382
3	255.255.224.0	6	8190
4	255.255.240.0	14	4094
5	255.255.248.0	30	2046
6	255.255.252.0	62	1022
7	255.255.254.0	126	510
8	255.255.255.0	254	254

表 3-3　C 类 IP 地址子网划分

借用位数	子网掩码	子网数	每个子网的主机数
2	255.255.255.192	2	62
3	255.255.255.224	6	30
4	255.255.255.240	14	14
5	255.255.255.248	30	6
6	255.255.252.252	62	2

3.5.3.3 子网地址

含子网号的 IP 地址由网络号、子网号和主机号三部分组成，那么含子网号的 IP 地址如何编址呢？

根据 RFC950 规定，如果已经知道一个地址的主机域所占位数，就能够计算出在网络或子网中设备的数量。公式为 2^n-2，在这个公式中，n 代表子网或主机域的位数，减 2 说明从计算出的地址总数中减去两个保留地址，这个算法同样适用于子网数的计算。

【例 3-3】 学院新建 4 个机房，每个房间有 25 台机器，给定一个网络地址空间：192.168.10.0，现在需要将其划分为 4 个子网。

分析：192.168.10.0 是一个 C 类的 IP 地址，标准掩码为：255.255.255.0，如图 3-16 所示。

要划分为 4 个子网必然要向最后的 8 位主机号借位，那借几位呢？

我们来看要求：4 个机房，每个房间有 25 台机器，那就是需要 4 个子网，每个子网下面最少 25 台主机。考虑扩展性，一般机房能容纳机器数量是固定的，建设好之后向机房增加机器的情况较少，增加新机房(新子网)情况较多。(当然对于我们这题，考虑主机或子网最后的结果都是相同的，但如果要组建较大规模网络的时候，这点要特别注意。)我们依据子网内最大主机数来确定借几位。

使用公式 $2^n-2\geqslant$最大主机数

$$2^n-2\geqslant 25$$

$$2^5-2=30\geqslant 25$$

所以主机位数 n 为 5，相对应的子网需要借 3 位，如图 3-17 所示。

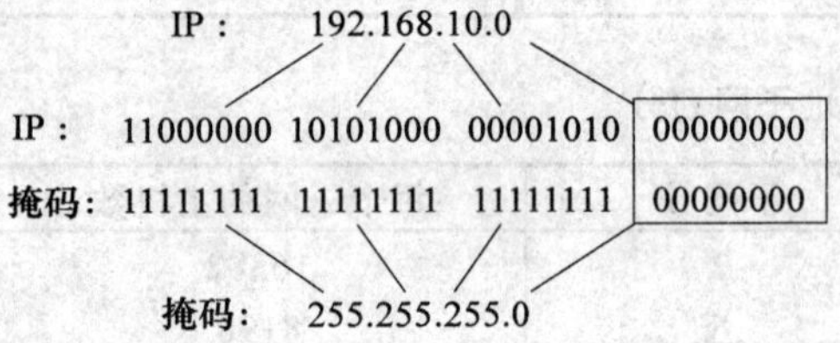

图 3-16

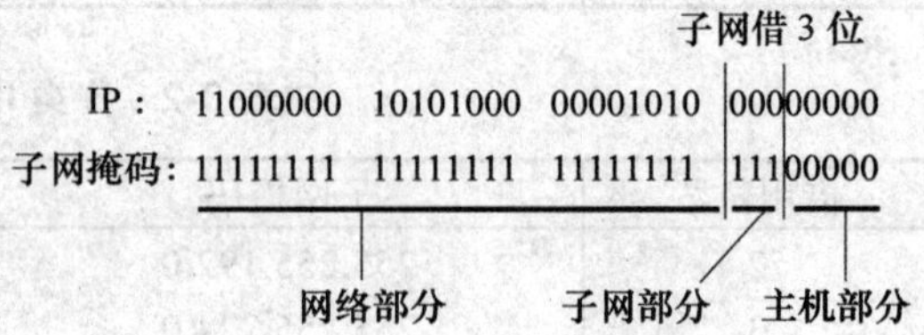

图 3-17

确定了子网部分，后面就简单了，前面的网络号部分不变，看最后的这 8 位，得到 6 个可用的子网地址，如图 3-18 所示。

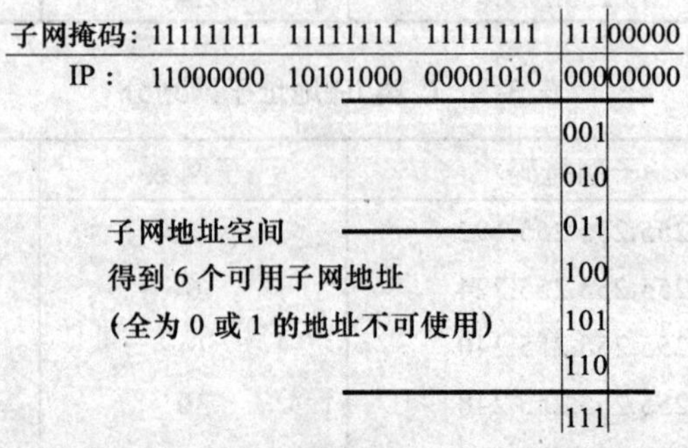

图 3-18

全部转换为点分十进制表示：

11000000 10101000 00001010 00100000 = 192.168.10.32

11000000 10101000 00001010 01000000 = 192.168.10.64

11000000 10101000 00001010 01100000 = 192.168.10.96

11000000 10101000 00001010 10000000 = 192.168.10.128

11000000 10101000 00001010 10100000 = 192.168.10.160

11000000 10101000 00001010 11000000 = 192.168.10.192

子网掩码：11111111 11111111 11111111 11100000 = 255.255.255.224

这就得出了所有子网的网络地址，那么子网的主机地址呢？

注意在一个网络中主机地址全为 0 的 IP 是网络地址，全为 1 的 IP 是网络广播地址，不可用，所以我们的子网地址和子网主机地址如下：

子网 1：192.168.10.32　　子网掩码：255.255.255.224

主机 IP：192.168.10.33 ~ 62

子网 2：192.168.10.64　　子网掩码：255.255.255.224

主机 IP：192.168.10.65 ~ 94

子网 3：192.168.10.96　　子网掩码：255.255.255.224

主机 IP：192.168.10.97 ~ 126

子网 4：192.168.10.128　　子网掩码：255.255.255.224

主机 IP：192.168.10.129 ~ 158

子网 5：192.168.10.160　　子网掩码：255.255.255.224

主机 IP：192.168.10.161 ~ 190

子网 6：192.168.10.192　　子网掩码：255.255.255.224

主机 IP：192.168.10.193 ~ 222

只要取出前面的 4 个子网就可以完成题目了。

再来讨论一下第二种情况。

全新的网络，需要自己来指定整个网络地址，这就需要先考虑选择 A 类、B 类或 C 类 IP 的问题，就像例 3-3 中的网络地址空间 192.168.10.0 不给定，任由自己选择。可以考虑直接选择 A 类地址，有 24 位的主机位来随便借位。但这会浪费更多的地址，在局域网内当然可以随便设置，但在广域网里就没有这么大的地址被分配，所以从开始就要养成好的习惯。

那如何选择呢？和划分子网的时候一样，通过公式计算(2^n–2)，可以知道划分的子网越多浪费的地址就越多。在例 3-3 中每个子网里面都有两个 IP 不能用(主机位全为 0 或全为 1)，每次划分子网一般都有两个子网的地址要浪费掉(子网部分全为 0 或全为 1)。所以，如果需要建设一个拥有 4 个子网，每个子网内有 25 台主机的网络，那一共需要有 (4+2)×(25+2)=162 个 IP 数的网络来划分。

一个 C 类地址的网络可以拥有 254 个主机地址，所以选择 C 类的地址来作为整个网络的网络号。

如果现在有 6 个机房，每个机房里有 50 台主机呢？

$$(6+2)\times(50+2)=416$$

显然，需要用到 B 类地址的网络。后面划分子网的步骤和上面一样。

3.6 新一代网络协议 IPv6

3.6.1 IPv4 的不足

IPv4 自从 1981 年颁发后，为全球网络的互联及应用立下了汗马功劳。32 位 IP 地址在当时似乎足够满足 Internet 的需求，但随着网络技术的发展，Internet 用户的急速膨胀，现在已难以满足要求，IPv4 主要面临以下问题。

3.6.1.1 IP 地址的消耗，引起 IP 空间的不足

IPv4 协议中每一个网络接口的长度为 32 位的 IP 地址标识，大约理论上可以容纳 43 亿个主机，这一地址空间难以满足未来移动设备和消费类电子设备对 IP 地址的巨大需求量。加之存在地址分配的大量浪费，有预测表明，以目前 Internet 发展速度计算，所有 IPv4 地址将在 2005 ~ 2010 年间分配完。

20 世纪 90 年代，研究人员已经意识到了 IP 地址空间以及分配存在的问题，并开发了一些新技术来改善地址分配和减缓 IP 地址的需求量，比如 CIDR 和 NAT。这些技术一定程度上缓解了地址空间被耗尽的危机，但为基于 IP 的网络增加了复杂性，并且破坏了一些 IP 协议的核心特性，比如端到端原则，因此不能从根本上解决 IPv4 面对的困难。

3.6.1.2 IPv4 缺乏安全性

IPv4 源于早期的互联网，对安全性考虑并不多，在参考模型的低层没有考虑安全性，因此协议安全性选项不多。当今多媒体和视频的应用、便携式军事技术和卫星技术的出现等都使设备的任意连接出现问题，IPv4 不能满足当今网络的安全性要求。

3.6.1.3 IPv4 协议配置复杂

早期的配置基本上是静态的，需要用户对计算机网络协议进行频繁的配置，而对于一般用户，迫切需要增强即插即用的自动配置功能。

3.6.2 IPv6 的特点

3.6.2.1 扩大了地址空间

IP 地址的长度由 32 位扩充为 16 个字节(128 位)，其表示方法采用十六进制数加“:”，“:”是网络号和主机号等的分隔符。IPv6 支持单地址、多地址和广播地址。

3.6.2.2 增加了安全认证机制

IPv6 利用数据包头的扩展部分可以提供路由器级的安全性。IPv6 的强制安全性包括两方面的内容。一方面，IPv6 数据包的接收者可以要求发送者首先利用 IPv6 认证头(数据包头的扩展部分)进行“登录”，然后才接收数据包，这种登录是算法独立的，可以有效地阻止网络“黑客”的攻击。另一方面，利用 IPv6 的封闭安全头(数据包头的扩展部分)加密数据包，这种加密也是算法独立的，这意味着可以安全地在 Internet 上传输敏感数据，不用担心被第三方截取。

另外，IPv6 定义了 ISAKMP-OAKLEY 协议，其基础是 Diff-Hellman 算法。规定首先进行证书交换，用以确认对方的地址真伪，然后进行带验证过程的密钥交换，防止密钥交换被中介拦截。协议中也定义了相应的手段允许协商加密参数，以及 AH 和 ESP 的用法。

3.6.2.3　提高了路由器的转发效率

IPv6 规定，仅由源端系统进行数据的分段，途径的所有路由器不必再对数据进行分段，提高了路由器的工作效率。

3.6.2.4　增强了协议的可扩充性

通过引入 LSA 扩散范围的概念，进一步明确了对未知 LSA 的处理，使得协议可以在不识别 LSA 的情况下根据需要做出恰当处理，大大提高了协议对未来扩展的适应性。

3.6.3　IPv6 的表示

IPv4 地址以“.”分隔的十进制格式表示，32 位地址每 8 位一组，再将每组的 8 位转换成等价的十进制数，并用“.”分隔。而对于 IPv6，128 位地址采用每 16 位一组，再将每个 16 位块转换成 4 位十六进制数字，每组间用“：”分隔，结果用所谓的“冒号十六进制数字”来表示。

【例 3-4】　下面是二进制格式的 IPv6 地址：

00100001110110100000000011010011000000000000000000101111001110110000001
0101010100000000011111111111111100010100010011100010 11010

以 16 位边界划分 128 位地址，如下所示：

0010000111011010　0000000011010011　0000000000000000　0010111100111011
0000001010101010　0000000011111111　1111111000101000　1001110001011010

每个 16 位块转换成十六进制，用冒号分隔，结果是：

21DA：00D3：0000：2F3B：02AA：00FF：FE28：9C5A

删除每个 16 位块中的前导 0，可以进一步简化 IPv6 表示。但是，每个信息块至少要有一位。随着前导零的删除，地址表示变为：

21DA：D3：0：2F3B：2AA：FF：FE28：9C5A

3.6.4　IPv6 对 IPv4 的兼容

全球有难以计数的计算机正在使用 IPv4，这使 IPv4 到 IPv6 的转变不可能在短期内完成。因此，IPv4 和 IPv6 必须在相当长一段时间内共存，IPv6 协议还设计成能够识别 IPv4 协议，IPv6 对 IPv4 的兼容至关重要。为了解决这些问题，IPv6 地址结构允许覆盖 IPv4 的地址类型。

习　题

一、选择题

1. TCP 在等效于 OSI(　　)层的通信层上运行。

A. 数据链路　　B. 网络

C. 应用　　D. 传输

2. 一个 A 类网络已经有了 60 个子网，若再添加 2 个子网，并且要求每个子网有最多主机数，该子网掩码为(　　)。

A. 255.240.0.0　　B. 255.248.0.0

C. 255.252.0.0　　D. 255.254.0.0

二、简答题

1. TCP/IP 包括哪些层？简要说明各个层的功能。

2. TCP/IP 和 OSI 参考模型有何异同？

3. 写出 IP 地址的分类情况和地址范围。

4. 172.16.1.0/24 标识的 IP 地址是哪些？并写出它们的子网掩码。

5. 请将 162.10.0.0 划分为 16 个子网，并写出子网掩码、各个子网地址范围、网络地址和广播地址。

第 4 章　计算机局域网技术

4.1　局域网介绍

局域网是我们生活中常见的网络类型，小到家庭、宿舍，大到一个企业、公司，我们都能见到局域网的身影，本章对局域网做一下详细的介绍。

4.1.1　局域网的定义

局域网的英文缩写是 LAN(Local Area Network)，LAN 的定义有两种方式：一种是功能性定义，另一种是技术性定义。

4.1.1.1　功能性定义

按功能性定义，LAN 定义为一组台式计算机和其他设备，在物理地址上彼此相隔不远，以允许用户相互通信和共享资源的方式互联在一起的系统。

4.1.1.2　技术性定义

按技术性定义，LAN 定义为由特定类型的传输媒体(如电缆、光缆和无线媒体)和网络适配器互联在一起的计算机，并受网络操作系统监控的网络系统。

这两种定义前者强调的是外界的行为和服务，后者强调的是构成 LAN 所需的物质基础和构成方法。美国电气和电子工程协会(IEEE)于 1980 年 2 月成立局域网标准化委员会(简称 802 委员会)专门对局域网的标准进行研究，并提出了 LAN 的定义。LAN 是允许中等地域内的众多独立设备通过中等速率的物理信道直接互联通信的数据通信系统。

4.1.2　局域网的特点

局域网具有以下特点。

(1)地理分布范围较小。一般为数百米至数千米，可覆盖一幢大楼、一所校园或一个企业。

(2)数据传输速率高。一般为 1～100 Mbps，目前新型的光纤局域网速率高达 1000 Mbps，可交换各类数字和非数字(如语音、图像、视频等)信息。

(3)传输质量好，误码率低。一般在 10^{-11}～10^{-8} 以下。这是因为局域网通常采用短距离基带传输，可以使用高质量的传输媒体，从而提高了数据传输质量。

(4)支持的传输介质种类多。可用同轴电缆、双绞线、光纤等多种传输介质。

(5)协议简单、结构灵活、建网成本低、周期短、便于管理和扩充。

4.1.3　局域网的分类

局域网的分类方法有很多，这里只介绍两种常见的分类方法。

4.1.3.1 按照传输模式分

1. 以太网

以太网(Ethernet)最早是由 Xerox(施乐)公司创建的，在 1980 年由 DEC、Intel 和 Xerox 三家公司联合开发为一个标准。以太网是应用最为广泛的局域网，包括标准以太网(10 Mbps)、快速以太网(100 Mbps)、千兆以太网(1000 Mbps)和 10 G 以太网，它们都符合 IEEE802.3 系列标准规范，也是我们常用的网络类型。

2. 令牌环网

令牌环网是 IBM 公司于 20 世纪 70 年代发展的，现在这种网络比较少见。令牌环网的传输方法在物理上采用了星形拓扑结构，但逻辑上仍是环形拓扑结构。节点间采用多站访问部件(MAU)连接在一起。MAU 是一种专业化集线器，它是用来围绕工作站计算机的环路进行传输。由于数据包看起来像在环中传输，所以在工作站和 MAU 中没有终结器。

3. FDDI 网

FDDI 的英文全称为 Fiber Distributed Data Interface，中文名为光纤分布式数据接口，它是于 20 世纪 80 年代中期发展起来的一项局域网技术。它提供的高速数据通信能力要高于当时的以太网(10 Mbps)和令牌网(4 Mbps 或 16 Mbps)的能力，并具管理、控制和可靠性措施，支持长达 2 km 的多模光纤。FDDI 网络的主要缺点是造价同前面所介绍的以太网相比高出许多，且因为它只支持光缆和 5 类电缆，所以使用环境受到限制，从以太网升级更是面临大量移植问题。

4. ATM 网

ATM 的英文全称为 Asynchronous Transfer Mode，中文名为异步传输模式。它是一种较新型的单元交换技术，同以太网、令牌环网、FDDI 网络等使用可变长度包技术不同，ATM 使用 53 字节固定长度的单元进行交换。它是一种交换技术，没有共享介质或包传递带来的延时，非常适合音频和视频数据的传输。

5. 无线局域网

无线局域网(Wireless Local Area Network，WLAN)是目前最新，也是最为热门的一种局域网。它与传统局域网的主要不同之处就是传输介质不同，传统局域网都是通过有形的传输介质进行连接的，如同轴电缆、双绞线和光纤等，而无线局域网则是采用空气作为传输介质的。正因为它摆脱了有形传输介质的束缚，所以这种局域网的最大特点就是自由，只要在网络的覆盖范围内，可以在任何一个地方与服务器及其他工作站连接，随时随地连接上无线网络，甚至 Internet，而不需要重新铺设电缆。

4.1.3.2 按照局域网中计算机的地位和关系的不同分

1. 对等网

对等网指的是网络中没有专用的服务器，每一台计算机的地位是平等的，也就是说每一台计算机既可充当服务器又可充当客户机。

对等网中的每台计算机不但有单机的所有自主权限，还可以共享网络中各计算机的处理能力和存储容量，并能进行信息交换。硬盘容量较小、计算机处理速度较慢的情况下，对等网具有独特的优势。但对等网的缺点也是很明显的，比如网络中存放的文件分散，不利于数据的保密，同时网络的数据带宽受到限制，不易于升级。

但由于对等网组建简单、成本较低、易于维护，因此适用于微机数量较小、布置较集中的单位。一般应用在微机数量在十台至几十台左右的单位、办公室、宿舍等小型局域网的组建中。

2. 客户机/服务网

客户机/服务网与对等网不同，网络中必须至少有一台计算机采用网络操作系统来管理、控制网络的运行，如 Windows NT/2000 Server、Linux、Unix 等。所有工作站均可共享文件服务器中的软、硬件资源。

客户机/服务器网运行稳定、信息管理安全、网络用于扩展方便、易于升级，与对等网相比有着突出的优点。但缺点是需专用文件服务器和相应的网络连接设备，建网成本较高，管理上也较复杂。

4.1.4　局域网的功能

4.1.4.1　文件管理：共享文件和传输文件

网络上各计算机之间的信息共享、传输和安全保护一般称为文件管理。使用局域网的一个主要目的就是提供一种通用的存储区域供许多用户访问相同的文件。提供共享文件或者目录的计算机称为文件服务器。

文件共享可以保证大家使用的文件都具有同样的版本，所有使用共享文件的人使用的都是最新的信息。如果有人不想在网络中共享某些文件，但希望其他一些人在这些文件的支持下工作，可以把这些文件传输给相应的用户，只需把这些文件从自己的硬盘上移到其他用户的硬盘上，或者给他们发送一份电子邮件就可以了。在网络上把文件设置为共享模式不会自动使所有网络用户都具有对其访问的权限。在现代网络操作系统中，用户可以使用口令系统或者用户账户系统限制对共享文件或目录的访问。

4.1.4.2　共享 Internet 上网

局域网允许通过一条 WAN 口实现让所有局域网中的计算机同时上网，不需要每个计算机都拥有上网的账号或权限，而是采用共享的方式登录 Internet。现今流行的局域网大多数都是通过局域网的这一功能来登录 Internet，这种方式能够大大节约上网费用，提高网络利用率。

4.1.4.3　共享应用软件

局域网的一个最大优点是可以使网络中的用户共同使用一个应用软件，也可以同时共享由网络软件使用或产生的数据。尽管不是所有的应用软件都能在网络上运行，但在许多情况下，可将应用软件安装在文件服务器上，并让用户在自己的工作站上使用它们。

这样做有两种优点。首先，由于众多的应用程序安装在服务器上而不是用户个人计算机上，因此不需要占用个人计算机的硬盘空间。目前流行的各种办公软件如果完全安装需要很大的硬盘容量，因此这是一种可观的节约。目前的大容量硬盘日益流行，用户也不必要在每台网络计算机上都安装大容量硬盘。其次，如果应用程序安装在一个集中的位置，则安装和升级都会更容易，特别是可以避免随意安装盗版软件而引起恶性事故的发生。虽然不是所有的应用程序都可以这样做，但如果应用程序允许共享，使用这种办法就可以节省相当大的时间和精力。

4.1.4.4　共享外部设备

外部设备是指连在计算机主机以外的设备。它们包括打印机、磁带机、扫描仪、声卡、光盘驱动器、传真机、调制解调器以及游戏操纵杆等。局域网允许网络用户共享这些不同类型的硬件设备，特别是一些具有特殊功能或高性能的外设(包括高性能计算机)，其目的是让专用的、贵重的计算机设备供更多的人使用，以减少投资，提高设备的利用率。例如，通过共享，可以避免人们都在连接了打印机的计算机前排队，人们只需要把自己的打印作业发送到相应的计算机上打印,然后在方便的时候把打印作业取回就行了。网络上最常用的共享硬件主要有硬盘、打印机、通信设备和线路。

通过外部设备的共享，既可以节省网络用户的时间，又可以节省支出。

4.1.4.5　工作调度和日程安排

办公室的规模日益增大，在发生一些重要事件时通知有关的人们并且把人们召集起来变得越来越困难。局域网可以使用电子邮件和办公系统软件帮助人们进行协作和日程安排。如果没有相关的工具软件，组织一次部门会议相当困难，因为组织者必须从每个与会者的日程安排中找出时间，确定会议的合适日期。办公系统软件会使这些安排更容易，每个与会者都把自己的日程表输入一个日历程序，只有特定的人可以查看自己的日程表，而具体时间信息存储在中央数据库中。当有人想举行一次会议时，可以输入与会者的名单，然后选择一个时间。如果名单中列出的人们在该时间都空闲，调度软件就会通知举办会议的人。如果不是这样，调度软件会通知举办者时间冲突的情况及与何人的时间冲突，并且提出一个所有与会者都空闲的时间。一旦时间确定下来，举办者就可以使用调度软件给每名与会者发送电子邮件，通知他们会议的时间和日期。这样既节省人力、物力，同时也提高了办公效率。

4.1.5　局域网的应用范围

局域网内的计算机由于距离近，不用担心长距离信号衰减的问题，多半利用高速的短距离网络设备相互连接，其范围为几米至 10 km，一般局域网组建在一个小区、一栋楼房、一个公司内部等。许多小型局域网相互连接，可形成大型的局域网，不过前提是距离不能太远，否则会影响到数据传送速度。

4.1.6　局域网的操作系统

组建局域网的软件环境需要有网络操作系统支持，目前常见的网络操作系统主要分以下四类。

4.1.6.1　Windows 类

微软公司(Microsoft)的 Windows 系统不仅在个人操作系统中占有绝对优势，在网络操作系统中也是具有非常强劲的力量。这类操作系统配置在整个局域网配置中是最常见的，但由于它对服务器的硬件要求较高，且稳定性能不是很高，所以微软的网络操作系统一般只是用在中低档服务器中。在局域网中，微软的网络操作系统主要有 Windows NT 4.0 Serve、Windows 2000 Server/Advance Server，以及最新的 Windows 2003 Server/

Advance Server 等。工作站系统可以采用任一 Windows 或非 Windows 操作系统，包括个人操作系统，如 Windows 9X/Me/XP 等。

4.1.6.2 NetWare 类

NetWare 操作系统虽然远不如早几年那么风光，在局域网中早已失去了当年雄霸一方的气势，但是 NetWare 操作系统仍以对网络硬件的要求较低(工作站只要是 286 机就可以了)而受到一些设备比较落后的中、小型企业，特别是学校的青睐。且因为它兼容 DOS 命令，其应用环境与 DOS 相似，经过长时间的发展，具有相当丰富的应用软件支持，技术完善、可靠。目前，常用的版本有 3.11、3.12 和 4.10、V4.11、V5.0 等中英文版本。NetWare 服务器对无盘站和游戏的支持较好，常用于教学网和游戏厅。目前，这种操作系统的市场占有率呈下降趋势，这部分市场主要被 Windows NT/2000 和 Linux 系统占领了。

4.1.6.3 Unix 系统

目前常用的 Unix 系统版本主要有 Unix SUR4.0、HP-UX 11.0、SUN 的 Solaris8.0 等。它支持网络文件系统服务，提供数据等应用，功能强大，由 AT&T 和 SCO 公司推出。这种网络操作系统稳定和安全性能非常好，但由于它多数是以命令方式来进行操作的，不容易掌握，特别是初级用户。正因如此，小型局域网基本不使用 Unix 作为网络操作系统，Unix 一般用于大型的网站或大型的企、事业局域网中。Unix 网络操作系统历史悠久，其良好的网络管理功能已为广大网络用户所接受，拥有丰富的应用软件的支持。目前 Unix 网络操作系统的版本有 AT&T 和 SCO 的 Unix SVR3.2、SVR4.0 和 SVR4.2 等。Unix 本是针对小型机主机环境开发的操作系统，是一种集中式分时多用户体系结构。因其体系结构不够合理，Unix 的市场占有率呈下降趋势。

4.1.6.4 Linux 系统

这是一种新型的网络操作系统，它的最大特点就是源代码开放，可以免费得到许多应用程序。目前也有中文版本的 Linux，如 REDHAT(红帽子)、红旗 Linux 等，在国内得到了用户充分的肯定，主要体现在它的安全性和稳定性方面，与 Unix 有许多类似之处。但目前这类操作系统目前仍主要应用于中、高档服务器中。

4.2 局域网传输介质

4.2.1 局域网中的双绞线

双绞线的英文名字叫 Twist-Pair，是综合布线工程中最常用的一种传输介质。双绞线采用了一对互相绝缘的金属导线互相绞合的方式来抵御一部分外界电磁波干扰。把两根绝缘的铜导线按一定密度互相绞在一起，可以降低信号干扰的程度，每一根导线在传输中辐射的电波会被另一根线上发出的电波抵消。“双绞线”的名字也由此而来。

生活中我们常说的网线叫做双绞线电缆(简称双绞线)，是将一对或一对以上的双绞线封装在一个绝缘外套中而形成的一种传输介质，是目前局域网中最常用到的一种布线材料。

4.2.1.1 双绞线的分类

双绞线分为屏蔽双绞线和非屏蔽双绞线两类。

屏蔽双绞线(STP)有 3 类、5 类和超 5 类等多种，如图 4-1 所示。

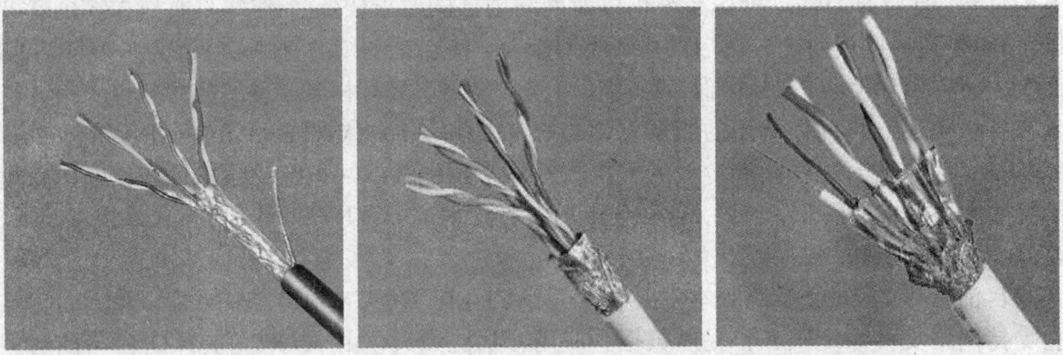

图 4-1 常见的屏蔽双绞线

非屏蔽双绞线(UTP)有 3 类、4 类、5 类和超 5 类等多种，如图 4-2 所示。

图 4-2 常见的非屏蔽双绞线

屏蔽双绞线结构在电缆的外层有一层铝箔包裹用以减少辐射，价格比非屏蔽双绞线贵。这几类双绞线中最为常见的是非屏蔽 5 类双绞线(也称数据级双绞线)，它的造价低、传输速度也很快，达到了 100 Mbps，传输距离为 100 m。

4.2.1.2 制作网线接头

1. 准备工具

(1)压线钳。常见的压线钳都包含了切线器、剥线器、压线器，如图 4-3 所示。

(2)RJ-45 连接头。RJ-45 连接头比一般家用的电话线接头大，而且内部有 8 个连接点，如图 4-4 所示。

(3)测线器。测线器用来检测制作好的 RJ-45 接头是否连接正常，主要看对应的 8 组灯是否对应，常见的测线器如图 4-5 所示。

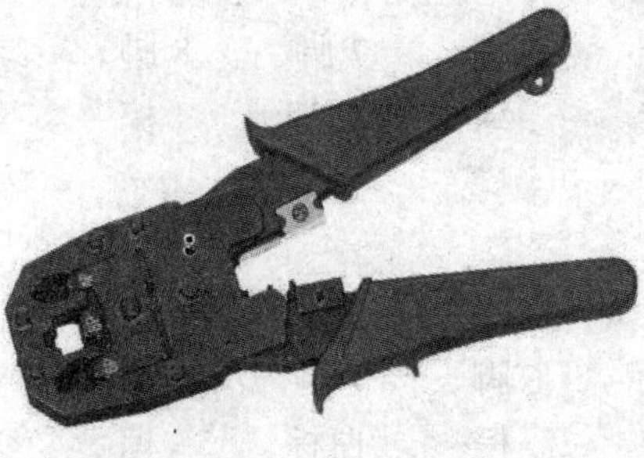

图 4-3　压线钳

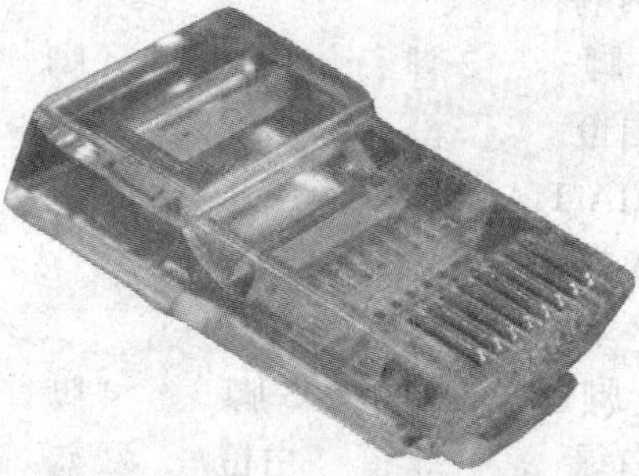

图 4-4　RJ-45 连接头

图 4-5　测线器

2. 制作 RJ-45 接头

准备好工具后按照以下步骤操作。

(1)确定双绞线长度，然后用切线器剪断网线，如图 4-6 所示。

(2)将网线套入剥线器中，大约 2 cm 左右，接着把剥线器转动两圈，剥掉双绞线外皮，如图 4-7 所示。

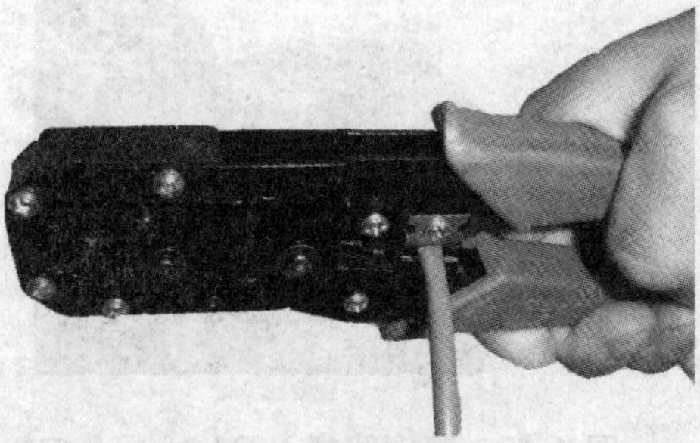

图 4-6　剪切网线

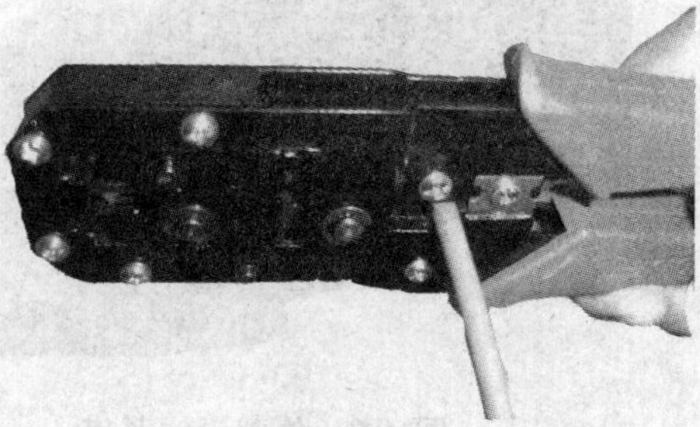

图 4-7　剥线

(3)排列好双绞线内部的 4 对线，如图 4-8 所示。线序可以按照 EIA/TIA 568A 和 EIA/TIA 568B 两种标准排线，两种线序如下：

EIA/TIA 568B 线序：

两端：

1 脚	2 脚	3 脚	4 脚	5 脚	6 脚	7 脚	8 脚
白橙	橙	白绿	蓝	白蓝	绿	白棕	棕

EIA/TIA 568A 线序：

A 端：与 568B 一样。

B 端：

1 脚	2 脚	3 脚	4 脚	5 脚	6 脚	7 脚	8 脚
白绿	绿	白橙	蓝	白蓝	橙	白棕	棕

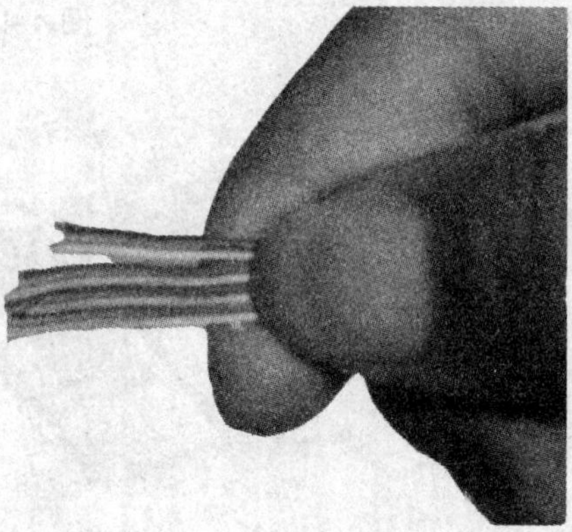

图 4-8　排列线序

(4)排列好线序后，修整铜线长度，大约留 1.5 cm 的长度，用切线器剪下，如图 4-9 所示。

(5)将 RJ-45 接头的连接点朝上，然后将铜线插入 RJ-45 接头中，注意插入时不要将线序弄乱，如图 4-10 所示。

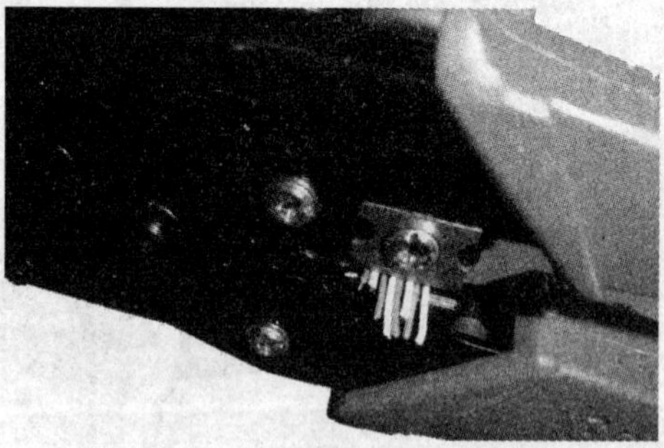

图 4-9　修整铜线长度

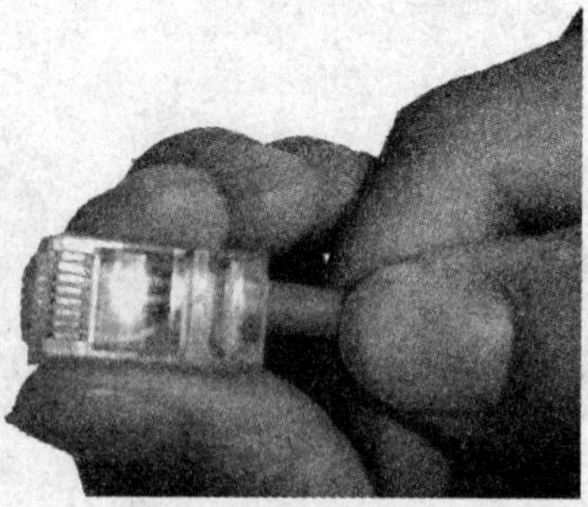

图 4-10　将铜线插入 RJ-45 接头内

(6)将插好的接头小心地放入压线器的 RJ-45 压槽中，用力夹紧(通常会听到啪的一声)，如图 4-11 所示，然后拿出接头。

(7)用同样的方法制作另一端的 RJ-45 接头，然后将接头的两端分别插入测线器的 RJ-45 插槽中，按下电源按钮，检测连通性，如图 4-12 所示。

图 4-11　夹紧接头

图 4-12　检测双绞线的连通性

4.2.2　局域网中的同轴电缆

同轴电缆(Coaxial)是指有两个同心导体，而导体和屏蔽层又共用同一轴心的电缆。最常见的同轴电缆由绝缘材料隔离的铜线导体组成，在里层绝缘材料的外部是另一层环形导体及绝缘体，然后整个电缆由聚氯乙烯护套包住，如图 4-13 所示。

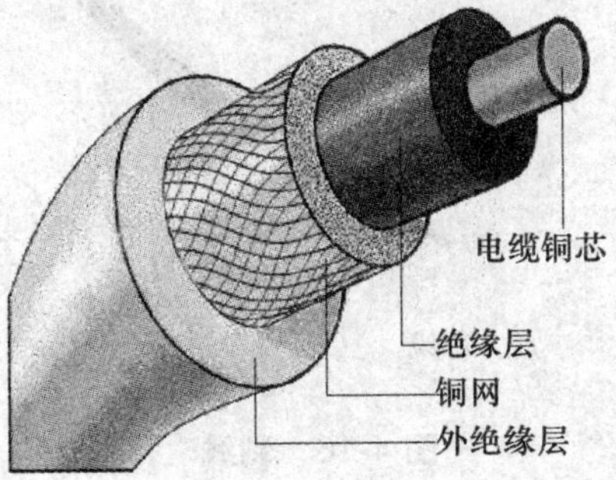

图 4-13　同轴电缆结构

4.2.2.1　同轴电缆的分类

根据传输频带的不同，可以分为基带同轴电缆和宽带同轴电缆。

根据电缆直径的不同，可以分为粗缆和细缆。粗缆使用于比较大的局域网的布线，遵循 10Base-5 标准，每段总线长度可达 500 m。而比较常用的是细缆，它的造价比较低并且容易安装，遵循 10Base-2 标准，每段总线长度可达 180 m。

在用细缆组网时，接头使用 BNC 头、T 型分接头和 50 Ω终结头，如图 4-14 所示。

图 4-14　BNC 头、T 型分接头与 50 Ω终结头

BNC 头用于连接主机，T 型分接头用于串接总线并与连接主机的 BNC 头相连，50 Ω终结头用于总线的两端。

4.2.2.2 制作同轴电缆

1. 准备工具

(1)BNC 头、T 型头、50 Ω终结头。

(2)压线钳、剥线钳、斜口钳、电烙铁。

(3)细同轴电缆。

2. 制作步骤

(1)确定电缆长度，用斜口钳剪断，如图 4-15 所示，剪断后再将金属外环套在电缆线上。

(2)用同轴电缆专用剥线钳将细缆外皮剥除，露出芯线长约 3 mm，白色保护层约 4 mm，屏蔽层约 8 mm，如图 4-16 所示。

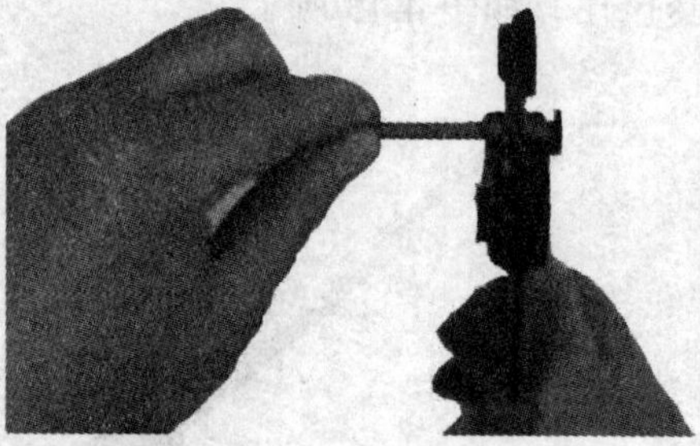

图 4-15　剪断电缆

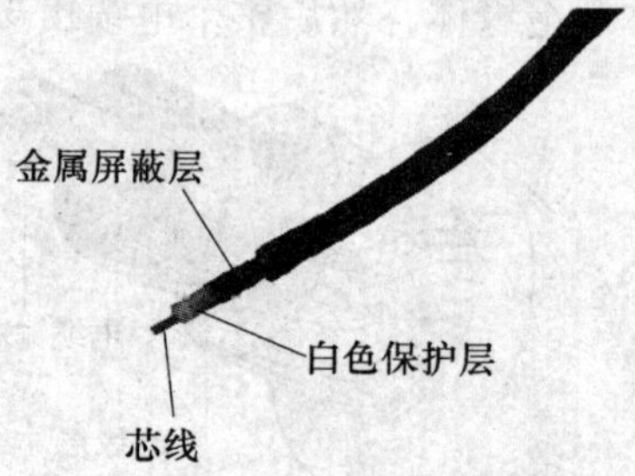

图 4-16　剥线

(3)将探针套入网线的芯线上，一直插到底，然后再把套上探针的芯线插入到同轴电缆专用压线钳中间的小圆孔中，压紧，使探针与网线芯线紧连，然口用电烙铁焊死，如图 4-17 所示。

(4)将 BNC 连接头的金属套环套入压好的同轴细缆中，然后将网线连接探针的一端插入 BNC 连接头中，如图 4-18 所示。

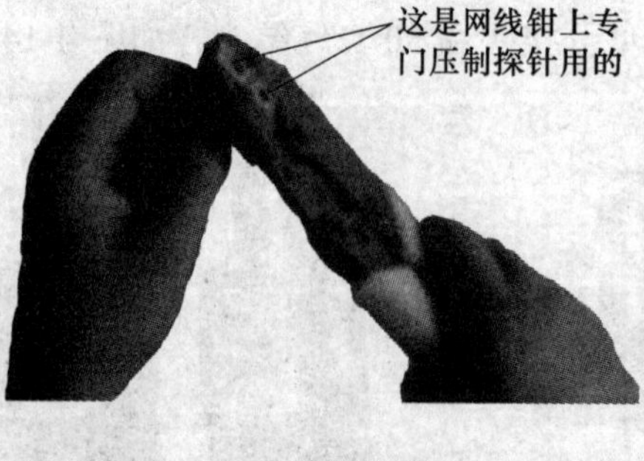

图 4-17　压紧探针

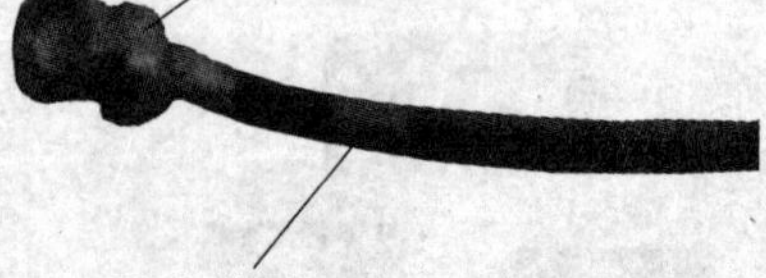

图 4-18　插入 BNC

(5)用万用表测试镀金针头与接地导体外壳是否短路，如果电阻为无穷大，则说明不存在短路，连接正常。

(6)测试无短路后，用压线钳将金属套环与 BNC 接头压紧，将金属套环往 BNC 接头方向推到底，同时将接地导体网顺时针包住，用压线钳的六角缺口固定好套环位置，然后压紧，如图 4-19 所示。

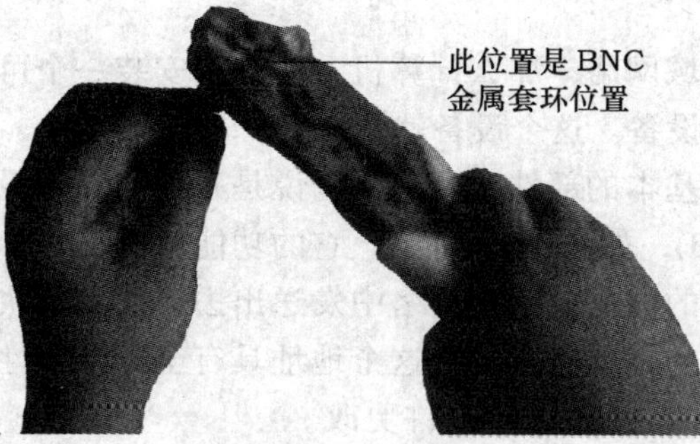

图 4-19 压紧套环

(7)用同样的方法制作另一端的 BNC 接头。

4.2.3 局域网中的光纤

光纤和同轴电缆相似，只是没有网状屏蔽层。中心是光传播的玻璃芯。常见的光纤分为单模光纤和多模光纤，在多模光纤中，芯的直径是 15～50 μm，大致与人的头发的粗细相当，而单模光纤芯的直径为 8～10 mm。芯外面包围着一层折射率比纤芯低的玻璃封套，以使光纤保持在芯内。在外面的是一层薄的塑料外套，用来保护封套。光纤通常被扎成束，外面有外壳保护。 纤芯通常是由石英玻璃制成的横截面积很小的双层同心圆柱体，它质地脆，易断裂，因此需要外加一层保护层。常见的光纤如图 4-20 所示。

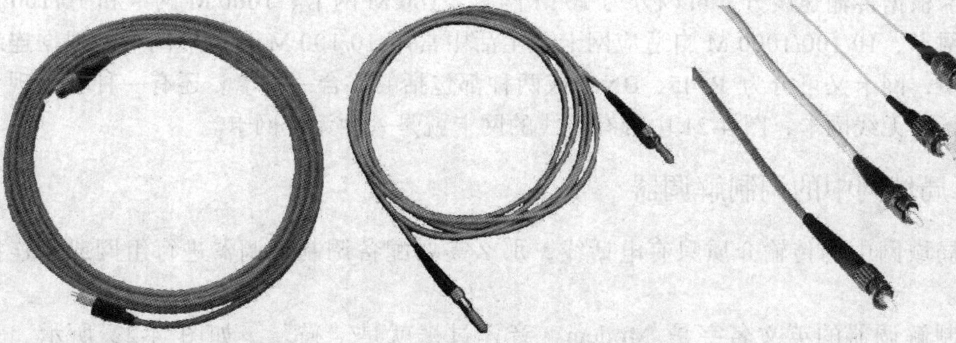

图 4-20　光纤

采用光纤通讯具有信息容量大、频带宽、保密性好、重量轻、体积小、无中继段距离长等诸多优点，现代通信网络当中采用光纤作为传输介质的越来越多，光纤网络也正在普及化。

4.3　局域网中的连接设备

4.3.1　局域网中的网卡

如果想建立一个局域网络，那么计算机上就必须安装一个可以处理网络数据，并让计算机能够发送数据的设备。这个设备就是网卡。

网卡是局域网中最基本的部件，几乎可以说是必备的一个设备，它又称网络接口卡(Network Interface Card)，如图 4-21 所示。它的功能就是整理计算机发往网线上的数据并将数据分成适当大小的数据包后向网络中发送出去。而且每块网卡都有一个网络节点地址，也就是我们常说的 MAC 地址，这个地址具有全球唯一性，它是厂家在制作网卡的时候烧录到网卡的 ROM 中的，不允许更改。

图 4-21　网卡

网卡根据传输速度分，可以分为 10 M 网卡、100 M 网卡、1000 M 网卡和 10/100 M 自适应网卡、10/100/1000 M 自适应网卡，生活中常用 10/100 M 自适应网卡。根据连线接口类型，网卡又可分为 RJ45、BNC 或两种都包括的二合一网卡，还有一种就是现今比较流行的无线网卡，图 4-21 中带有天线的网卡就是一种无线网卡。

4.3.2　局域网中的调制解调器

当局域网中的传输介质只有电话线，那么需要配备调制解调器进行组网或者连接 Internet。

调制解调器的英文名字是 Modem，音译过来就是“猫”，如图 4-22 所示，是 Modulater(调制)和 Demodulater(解调)两个单词的缩写。从它的名称上我们就可以知道调制解调器的功能就是对数据信号的调制和解调，它能把计算机的数字信号翻译成可沿普通电话线传送的脉冲信号，而这些脉冲信号又可被线路另一端的另一个调制解调器接收，并译成计算机可懂的语言。

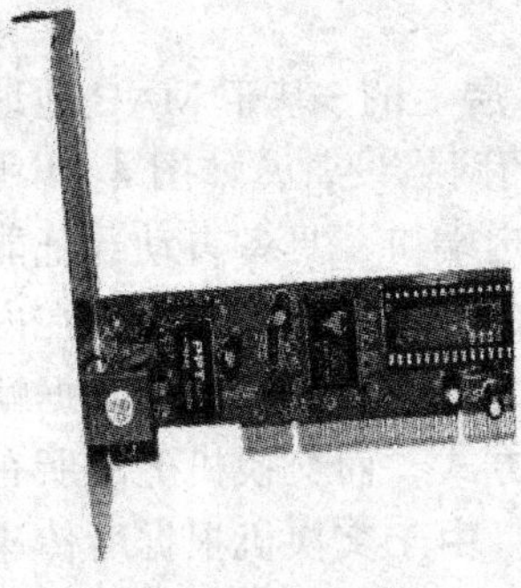

图 4-22　常见的调制解调器

调制解调器根据安装位置可以分为内置式和外置式两种，图 4-22 中的第一个调制解调器就是内置式的，直接插在计算机的插槽中，而另外两个都是外置式的。根据调制方式又可分为窄带调制解调器和 ADSL 调制解调器。

通常所说的“猫”就是窄带调制解调器，但由于它的速度慢、干扰大、带宽小，已经很少有人使用了，取而代之的是现在应用非常广泛的“宽带猫”——ADSL 调制解调器(图 4-22 中最后一个)。ADSL(Asymmetric Digital Subscriber Line，非对称数字用户线)技术的主要特点是可以充分利用现有的铜缆网络(电话线网络)，在线路两端加装 ADSL 设备即可为用户提供高宽带服务，并且它可以与普通电话共存于一条电话线上，在一条普通电话线上接听、拨打电话的同时进行 ADSL 传输而又互不影响。

4.3.3　局域网中的中继器

从前面的介绍可以知道，在局域网中采用的传输介质的传输距离都是有限的，比方说最常用的 5 类双绞线，它的传输距离为 100 m，这样就限制了局域网的范围，所以当局域网需要更长的传输距离时，可以用中继器来连接。它可以将传送信号放大，从而使它在网络上传输得更远。先进的中继器通过放大和再生信号可以扩展介质的传输距离，而常用的集线器(又称 HUB)就是一种多端口的中继器，如图 4-23 所示。

图 4-23　中继器

4.3.4　局域网中的交换机

在一个局域网中，有时候需要将数十台甚至更多的计算机互联起来，这时经常用到

的设备就是交换机

交换机(Switch)也叫交换式集线器，是一种工作在 OSI 第二层上的、基于 MAC 地址(网卡的介质访问控制地址)识别、能完成封装转发数据包功能的网络设备，如图 4-24 所示。它通过对信息进行重新生成，并经过内部处理后转发至指定端口，具备自动寻址能力和交换作用。交换机不懂得 IP 地址，但它可以“学习”MAC 地址，并把其存放在内部地址表中，通过在数据帧的始发者和目标接收者之间建立临时的交换路径，使数据帧直接由源地址到达目的地址。集线器采用的是共享带宽的工作方式，而交换机上的所有端口均独享信道带宽，以保证每个端口上数据的快速有效传输。由于交换机根据所传递信息包的目的地址，将每一信息包独立地从源端口送至目的端口，而不会向所有端口发送，避免了和其他端口发生冲突。因此，交换机可以同时互不影响的传送这些信息包，并防止传输冲突，提高了网络的实际吞吐量。

图 4-24　交换机

4.3.5　局域网中的路由器

在大多数的局域网中，存在很多不同的小型网络，称之为一个网段，如果想让各个网段实现通信，就需要采用路由器。同时，如果用户的局域网需要通过小区宽带上网的话，也需要路由器实现。

路由器是互联网络的枢纽，是连接多个网络或网段的网络设备，如图 4-25 所示。它可以通过路由功能，识别数据包中的 IP 地址，将数据从一个地方传送到另一个地方，同时还可以通过各种协议控制数据传输。

图 4-25　路由器

路由器按其传输介质可以分为有线路由器和无线路由器。从功能上划分，可将路由器分为“骨干级路由器”、“企业级路由器”和“接入级路由器”。

骨干级路由器是实现企业级网络互联的关键设备，它数据吞吐量较大，非常重要。对骨干级路由器的基本性能要求是高速度和高可靠性。为了获得高可靠性，网络系统普遍采用诸如热备份、双电源、双数据通路等传统冗余技术，从而使得骨干路由器的可靠性一般不成问题。

企业级路由器连接许多终端系统，连接对象较多，但系统相对简单，且数据流量较小，对这类路由器的要求是以尽量便宜的方法实现尽可能多的端点互联，同时还要求能够支持不同的服务质量。

接入级路由器主要应用于连接家庭或 ISP 内的小型企业客户群体，通常用户使用的也是这种接入级路由器。

4.4 常见局域网的组建方法

4.4.1 三台以内的计算机互联

4.4.1.1 通过双绞线和网卡直接互联

如果只有较少的计算机需要组建局域网，我们可以使用网卡直接互联。这种局域网属于对等网，我们在这里例举两个例子来说明连接方法。

1. 双机直接互联

两台计算机可以通过普通网卡直接连接实现互联，如图 4-26 所示。

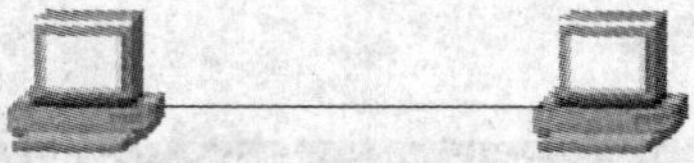

图 4-26　双机直接互联示意图

操作步骤如下：

(1)准备两台 PC(装有 10/100 M 自适应网卡，相同的操作系统，建议为 Windows XP)、双绞线。

注意：使用的双绞线的线序必须是反线(交叉线)，也就是采用前面介绍的 EIA/TIA 568A 线序。

(2)将制作好的双绞线分别连接到两台 PC 上。

(3)软件设置。选择一台计算机，右键单击“网上邻居”图标，选择“属性”命令，打开“网络连接”对话框，如图 4-27 所示。

右键单击“本地连接”图标，选择“属性”命令，在出现的对话框列表中，双击“Internet 协议(TCP/IP)”选项，如图 4-28 所示。

在出现的对话框中将其 IP 地址设置为“192.168.0.1”(也可以是其他 IP)，子网掩码设置为“255.255.255.0”，DNS 和网关可保持为空，如图 4-29 所示。

用同样的方法设置其他计算机，但需要注意的是其计算机的 IP 地址必须在同一个网段中。例如，一台计算机的 IP 为“192.168.0.1”，那么其他计算机的 IP 应设置为“192.168.0.X”(X 应为 2～254 间的任意整数)，并且每台计算机的 IP 地址应保持互不相同。

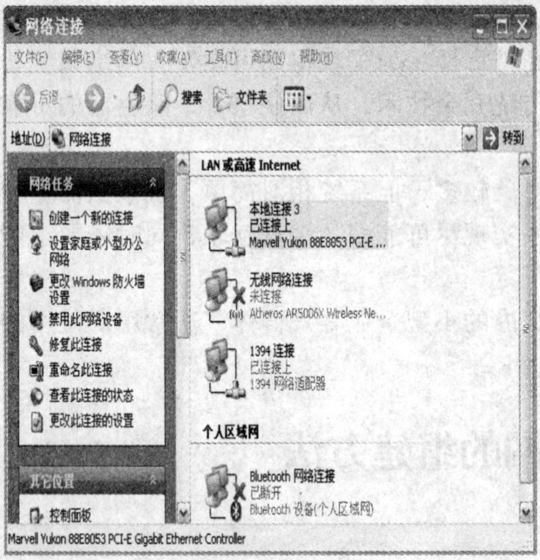

图 4-27 网络连接

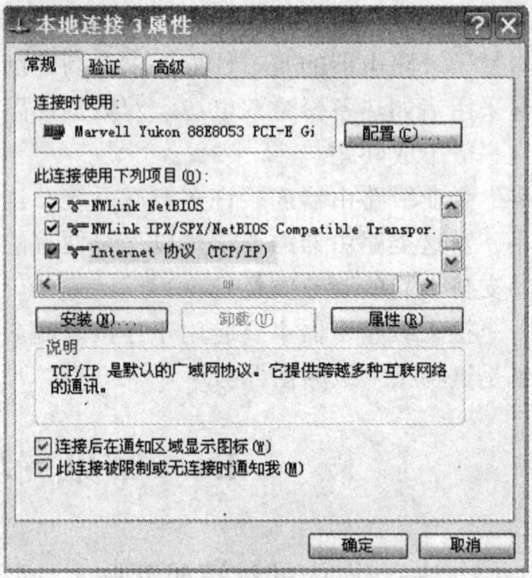

图 4-28 “属性”对话框

(4)测试连通性。单击“开始”，选择“运行”命令，在“运行”对话框中输入“ping”命令，格式为“ping ipaddress”，如图 4-30 所示。

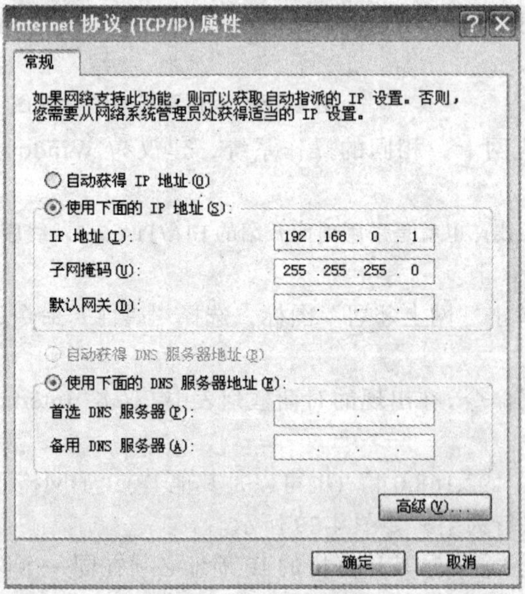

图 4-29 配置 IP

图 4-30 “ping”命令

如果看到如图 4-31 所示的提示语，则说明网络正常连通。

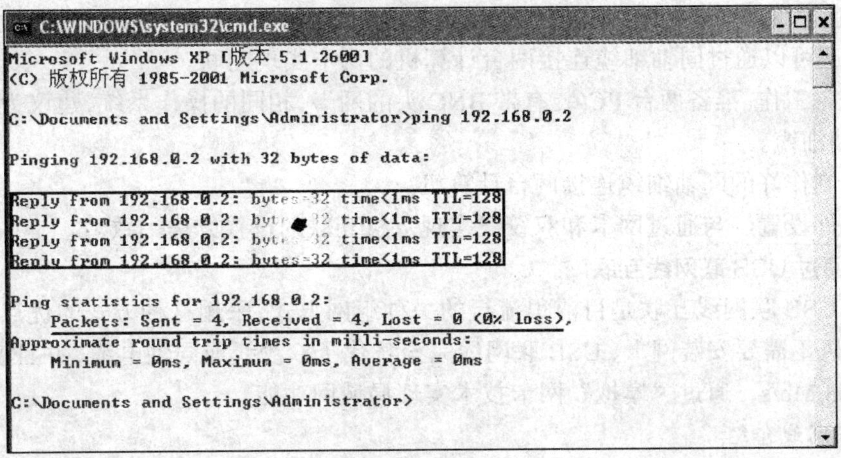

图 4-31　提示语

2. 三台计算机的连接

当网络中存在多台计算机时，仍可以采用直连的方式，这里以三台为例，那么其中一台计算机必须装有双网卡作为一个“网桥”，其他计算机再通过双绞线连接到这台“网桥计算机上”。

操作步骤如下：

(1)准备工作。准备三台 PC(装有 10/100 M 自适应网卡，相同的操作系统，建议为 Windows XP)、双绞线。

注意：使用的双绞线的线序也需为 EIA/TIA 568A 线序。

(2)将制作好的双绞线分别连接到三台 PC 上。

(3)软件设置。假设安装了双网卡的计算机为 PC1，右键单击 PC1 中的“网上邻居”图标，选择“属性”命令，打开“网络连接”对话框。选中两个“本地连接”图标，右键单击，选择“桥接”命令，如图 4-32 所示，系统会自动创建一个网络桥，在“网桥”的属性中配置 TCP/IP 协议、IP 地址和子网掩码即可，方法同上。

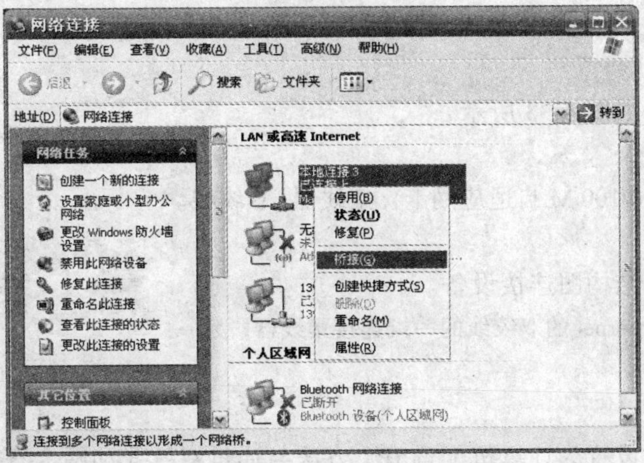

图 4-32　桥接

4.4.1.2　通过网卡和同轴细缆直接互联

我们还可以通过同轴细缆连接两台计算机的网卡实现互联。

(1)准备工作。准备两台 PC(装有带 BNC 头的网卡，相同的操作系统，建议为 Windows XP)、同轴细缆。

(2)用制作好的同轴细缆连接两台计算机。

(3)软件设置。与通过网卡和双绞线实现双机互联的设置方法一致。

4.4.1.3　通过 USB 联网线互联

使用 USB 联网线互联是目前很流行的一种组网方式，采用这种方式的优点是局域网中的计算机不需要安装网卡，USB 联网线完全替代了双绞线或同轴电缆，并且速度很快，能够达到 8 Mb/s，通过“模拟”网卡技术实现局域网功能。

1. 联网线介绍

USB 联网线有两种，一种只有拷贝功能，习惯上称之为连机线；一种既具有拷贝功能，又具有网络功能，作用相当于两块网卡，习惯上称之为联网线，通常我们选择这种线，它的价格也比较高一些。由于两种 USB 线的外观是一样的，所以在选择的时候需要注意，不要混淆，区别方法很简单，如果是第二种的话，计算机会提示你发现新网卡，这说明 USB 线带有网络功能。

2. 安装 USB 联网线驱动程序

将 USB 联网线插入计算机，系统会提示发现新的硬件，将驱动光盘插入计算机，点击“SETUP”程序，根据提示点击“下一步”安装即可。

3. 软件设置

与通过网卡和双绞线实现双机互联的设置方法一致。

4.4.2　小型局域网的组建

4.4.2.1　利用集线器(HUB)组建局域网

1. 组建条件

成本要求低，计算机数量较少，登入 Internet 的方式只支持小区宽带接入，并且小区宽带接入的方式为动态 IP 方式，适合学校宿舍、家庭、办公室。

2. 网络拓扑结构

网络拓扑结构如图 4-33 所示。

3. 准备工作

计算机(装有 10/100 M 自适应网卡)，集线器，双绞线。

4. 连接设备

按照网络拓扑结构图连接设备。

注意：连接到 Internet 的双绞线的一端连接集线器，另一端连接到宽带端口中。

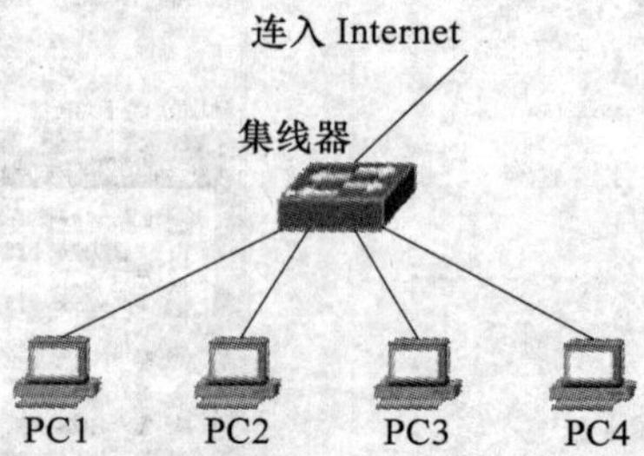

图 4-33　网络拓扑结构

5. IP 设置

可以通过手动设置为计算机配置 IP，方法与通过双绞线和网卡直接互联的配置方法一致，只是需要配置的计算机多一些。但如果需要登入 Internet，必须将计算机的 TCP/IP

协议配置成自动获取的方式，方法如下：

(1)选择一台计算机，右键单击“网上邻居”图标，选择“属性”命令，打开“网络连接”对话框，如图 4-27 所示。

(2)右键单击“本地连接”图标，选择“属性”命令，在出现的对话框列表中，双击“Internet 协议(TCP/IP)”选项，如图 4-28 所示。

(3)在出现的对话框中将其 IP 设为“自动获得 IP 地址”，如图 4-34 所示。

(4)用同样的方法设置其他计算机。

6. 设置网上邻居

在组建好的局域网中，往往需要将计算机规划到一个工作组当中以实现资源的共享和设备的共享，下面介绍以下添加网上邻居的方法。

(1)打开“控制面板”，在“性能与维护”中选择“系统”，如图 4-35 所示。

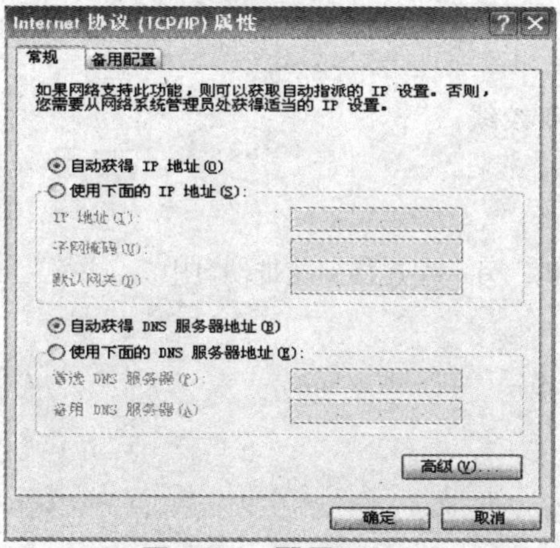

图 4-34　配置 IP

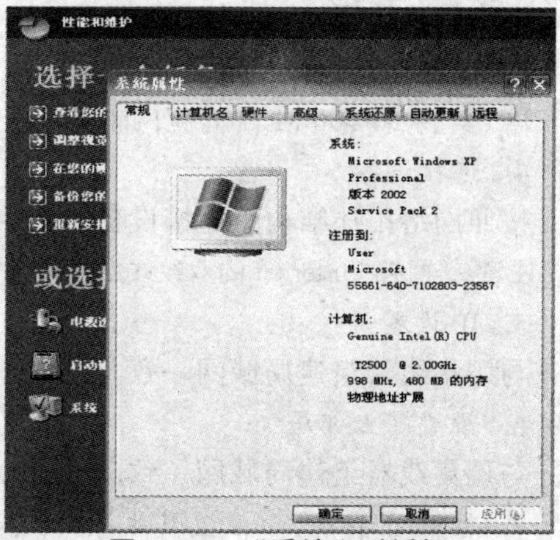

图 4-35　“系统”对话框

(2)在“系统”对话框中选择“计算机名”选项卡，如图 4-36 所示。

(3)在“更改”中填写计算机名称和工作组名，如图 4-37 所示，如果想让局域网中

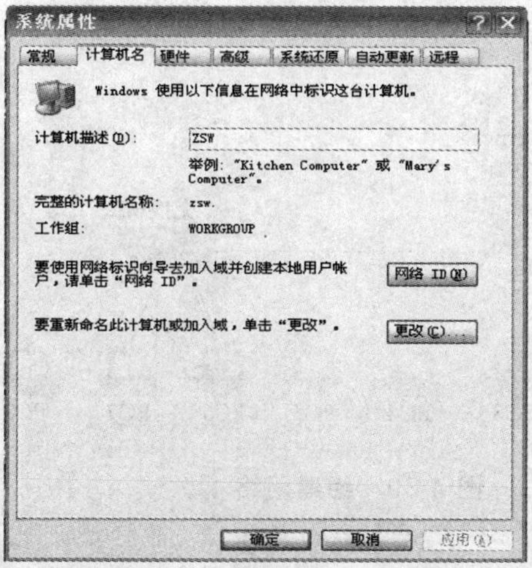

图 4-36　“计算机名”选项卡

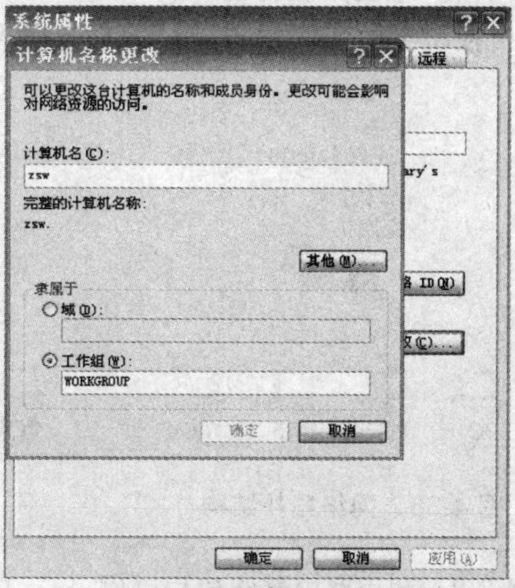

图 4-37　修改计算机名及工作组名

的计算机在同一个工作组的话，它们的工作组名称必须一致，并且计算机名不能重复。修改完后重新启动计算机。

(4)按照同样的方法修改其他计算机，这样所有的计算机就都处在一个工作组中，可以方便的实现文件的共享、打印机等设备的共享等功能了。

4.4.2.2　利用交换机组建局域网

1. 组建条件

交换机是现在组建局域网中比较流行的设备，它最大的优点就是每个端口都独享带宽，而不是像集线器那样共享带宽，所以用交换机组建的局域网要比集线器组建的局域网速度快很多。由于交换机的种类很多，应用的范围也很广，可以使用小交换机去组建宿舍、办公室、家庭等小型网络，也可以使用大型交换机堆叠去组建网吧、校园网等。

2. 网络拓扑结构

网络拓扑结构如图 4-38 所示。

3. 准备工作

PC(安装 10/100 M 自适应网卡)，交换机，双绞线。

4. 连接设备

按照网络拓扑结构图连接设备。

注意：连接到 Internet 的双绞线的一端连接交换机，另一端连接到宽带端口中。

5. IP 设置

与用集线器组建局域网一致。

6. 设置网上邻居

与用集线器组建局域网一致。

7. 按照同样的方法配置其他计算机。

当网络中需要更多计算机，一台交换机提供不了足够的端口数量时，还可以通过交换机级联的方式让局域网能够容纳更多的计算机。可以按照如图 4-39 所示的网络结构组建网络。组建方法与前面的一致，只需要注意在两台交换机连接过程中，用双绞线将两台交换机上的级联端口连接在一起就可以了。

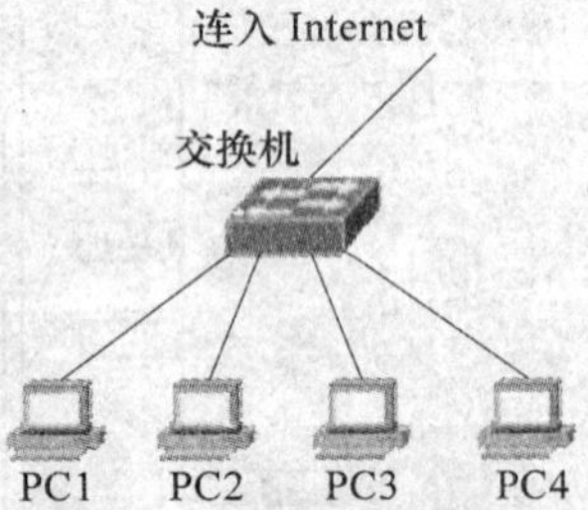

图 4-38　网络拓扑结构

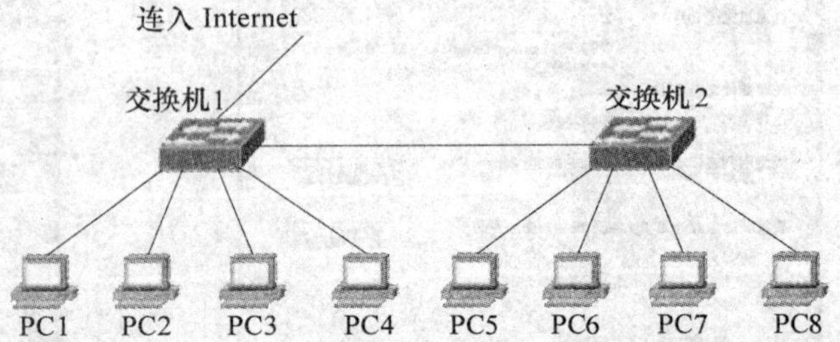

图 4-39　组建网络

4.4.2.3　利用路由器组建局域网

路由器有别于集线器和交换机，它能够实现路由功能，也就是说路由器能够识别 IP

地址，根据 IP 地址传输数据，系统运行更加稳定。用路由器组建的局域网络能够实现的功能更多，可以方便的对局域网络进行控制。如果局域网需要连入 Internet，而连入 Internet 的方式不是自动获取 IP 地址的方式，那么采用前两种方法组建局域网就不再适合，必须用路由器才能够实现。

1. 组建条件

路由器虽然功能强大，但是所提供的端口不是很多，所以用路由器组建的局域网适合计算机数量较小的场合。多数情况下，采用路由器主要是为了解决上网问题，当连入 Internet 的方式不是自动获取 IP 而是其他方式(例如静态 IP、宽带拨号等)时，需要用路由器组建局域网。

2. 网络拓扑结构

网络拓扑结构如图 4-40 所示。

3. 准备工作

计算机(装有 10/100 M 自适应网卡)，路由器，双绞线。

4. 连接设备

按照网络拓扑结构图连接设备。路由器中提供的端口分两种，一种是 LAN 口，一种是 WAN 口，WAN 口是连入到 Internet 的端口，所以在连接宽带端口时，应将宽带口连接到路由器的 WAN 口中，否则将实现不了上网功能。

5. 配置上网

配置路由器需要登录到路由器的控制台，每个路由器在出厂时都有一个默认的 IP 地址、用户名和密码，一般会在路由器的背面标明，如图 4-41 所示，也可在其说明书中找到。

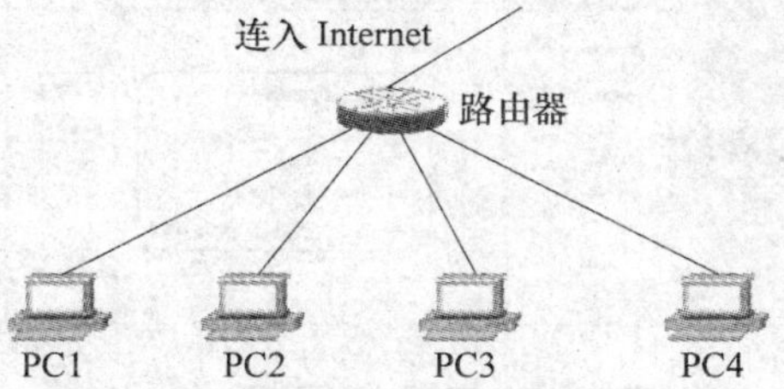

图 4-40　网络拓扑结构

图 4-41　默认 IP、用户名和密码

(1)打开浏览器，在地址栏中输入路由器 IP 地址，然后回车，这时会弹出一个登录对话框，如图 4-42 所示。

(2)输入用户名和密码后，点击确定，进入到路由器的操作界面，如图 4-43 所示。

(3)选择“WAN 设置”选项，在“上网方式”中选择连入 Internet 的方式，如果为宽带拨号方式，假设登录账号为 045188980083，密码为 WAGXHEB。在用户名中输入账号“045188980083”，密码栏中输入“WAGXHEB”，如图 4-44 所示，其他栏中均为默认值。

图 4-42　登录路由器

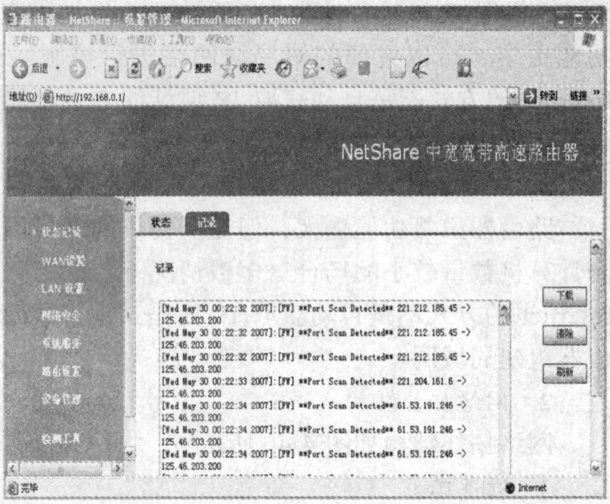

图 4-43　路由器的操作界面

如果是静态 IP 方式登录，在“上网方式”中选择“静态地址”，假设运营商提供的 IP 为 192.168.9.13，网关为 192.168.9.254，DNS 服务器为 192.168.80.1，在对应的位置填入 IP，如图 4-45 所示。

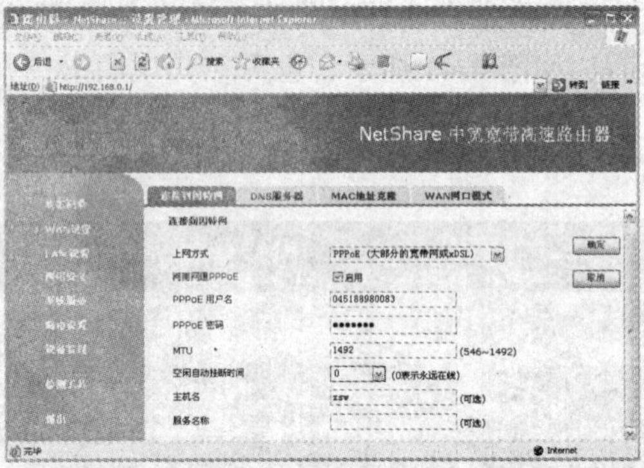

图 4-44　输入账号、密码

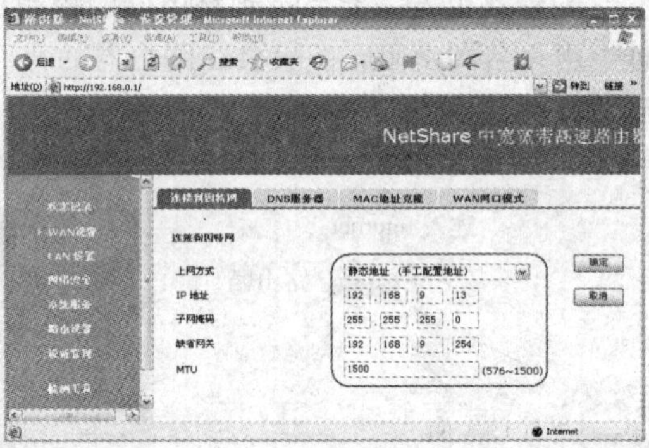

图 4-45　静态 IP 设置

如果是动态 IP 登录，我们只需在“上网方式”中选择“动态地址”即可，如图 4-46 所示。

6. 配置计算机 IP 地址

路由器既支持计算机的动态 IP，也支持静态 IP，我们可以按照自己的需要为计算机配置 IP，配置静态 IP 的方法同用网卡和双绞线互联配置 IP 的方法一致，只是在网关中需填写路由器的 IP 地址，例如本例中的路由器地址为 192.168.0.1。配置动态 IP 时，同用集线器组网配置 IP 的方法一致，但需要注意，如果配置计算机为自动获取 IP 地址，那么路由器必须支持此功能，我们需要登录路由器在“LAN 设置”中开启 DHCP 服务器，如图 4-47 所示。

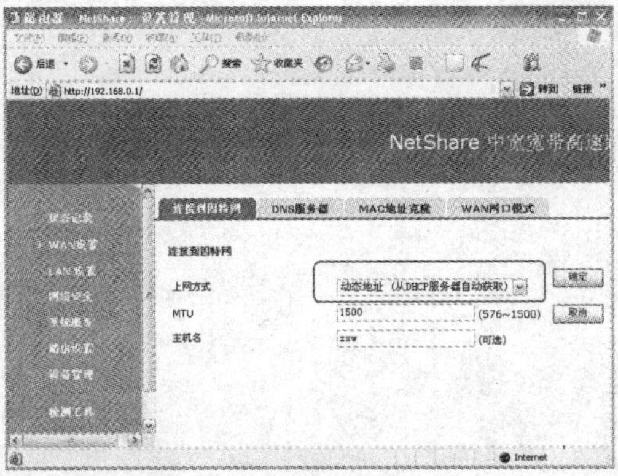

图 4-46　动态 IP 设置

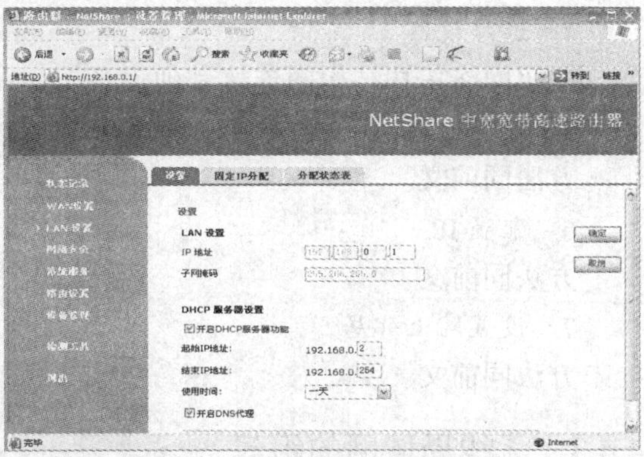

图 4-47　开启 DHCP 服务器

7. 设置网上邻居

方法与利用集线器组建局域网的配置网上邻居方法相同。

按照同样的方法配置其他计算机。

4.4.2.4　利用调制解调器同交换机/集线器/路由器组建局域网

这里所指的调制解调器是 ADSL Modem，也就是常说的“宽带猫”，用它的目的主要是实现局域网的上网功能，因为有些时候周围的环境没有宽带接入口，而只有电话线，这时如果想解决局域网上网的问题，就必须采用“宽带猫”结合交换机/集线器/路由器的方式组建局域网络。

1. 组建条件

上网方式为 ADSL，网络中的计算机数量较少，适合宿舍、家庭、办公室等范围较小的网络。

2. 网络拓扑结构

网络拓扑结构如图 4-48 所示。

3. 连接调制解调器

调制解调器后有两个接口，分别是电话线接口和网线接口，如图 4-49 所示，将电话线插入电话线接口中，用双绞线连接调制解调器和交换机。

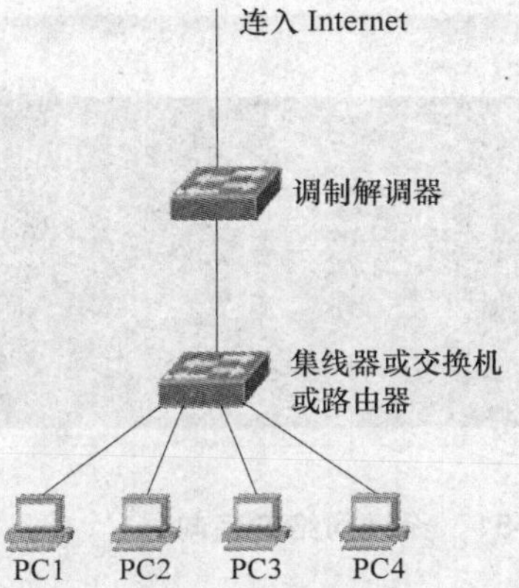

图 4-48　网络拓扑结构

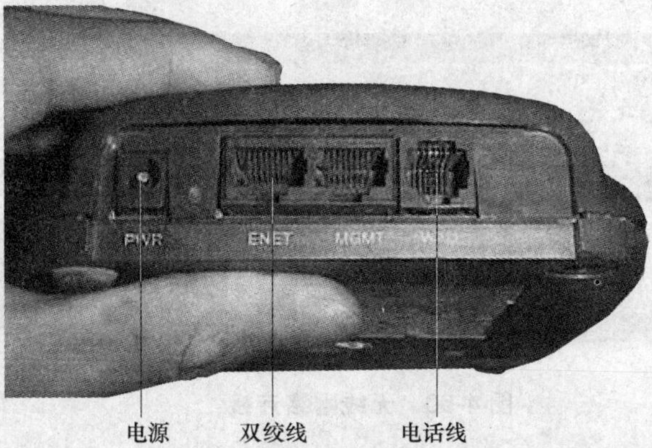

图 4-49　调制解调器接口

4. 连接设备

按照网络拓扑结构图连接其他设备。

5. 配置上网

方法同前文。

6. 配置 IP

方法同前文。

7. 设置网上邻居

方法同前文。

4.4.3　无线局域网的组建

无线局域网络(Wireless Local Area Network，WLAN)，顾名思义，就是使用无线电波作为传输介质的局域网，它适用于难以布线或布线成本较高的地方，也可以用在接入网络的终端变化较快的场所。WLAN 利用电波在空气中发送和接收数据，无需线缆介质。目前主流的 WLAN 的数据传输速率可以达到 11～108 Mb/s，传输距离可远至 20 km 以上。

4.4.3.1　组建无线网卡互联局域网

1. 准备工作

计算机(安装有无线网卡)。

2. 安装无线网卡

与其他计算机的硬件设备一样，当计算机插入无线网卡时，系统会提示发现新硬件，并要求你安装驱动程序，将无线网卡的驱动程序光盘插入电脑，运行光盘中的“SETUP”安装程序，按照提示完成安装，这时你可以看到在控制面板中的“网络连接”窗口中多出了一个无线上网连接的图标，说明你已经成功地安装了网卡，如图 4-50 所示。

3. 配置网络

步骤如下：

(1)使用系统自带的无线网络安装向导设置网络，在“控制面板”窗口中双击运行“无线网络安装向导”图标，如图 4-51 所示。

图 4-50　无线网络连接

图 4-51　无线网络安装向导

(2)在出现的向导界面中，单击“下一步”按钮继续，如图 4-52 所示。

(3)在“网络名”中输入英文的网络名称，假设为“zsw”，如图 4-53 所示。为了保证网络的安全性，手动添加一个验证码(密钥)，也可以让系统自动生成，通常选择自动，如图 4-53 所示，然后单击“下一步”。

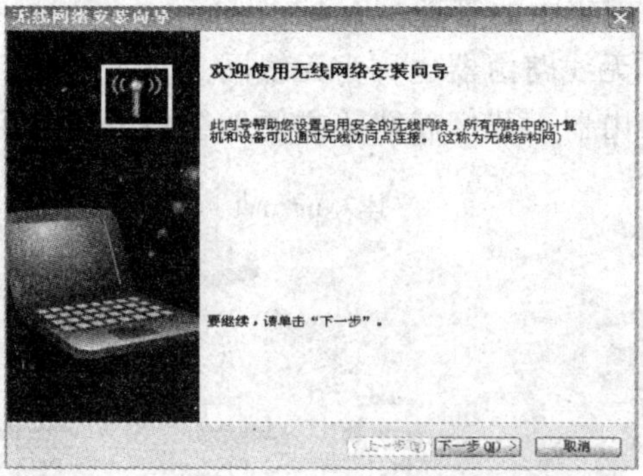

图 4-52　单击“下一步”

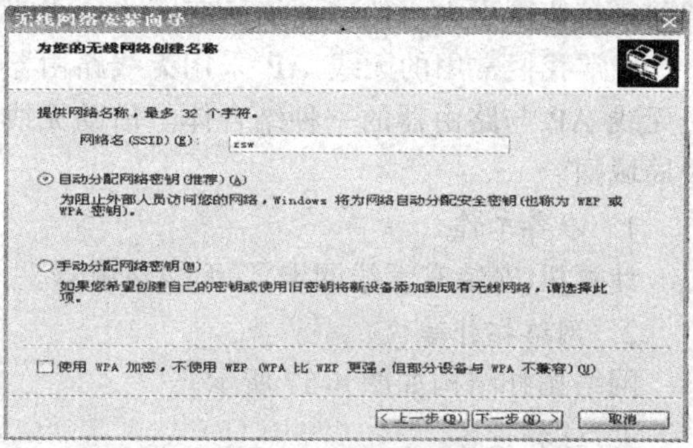

图 4-53　设置网络名

(4)如果网络中每台机器的设置方法相同，可以选择“使用 U 盘保存设置”，否则选择“手动设置网络”项，如图 4-54 所示，然后单击“下一步”。

(5)在“网络连接”窗口中，右键单击“无线网络连接”，选择“属性”，在弹出的对话框中点击切换到“无线网络配置”选项卡设置界面，此时可以看到多出了一个首选网络名：zsw，如图 4-55 所示。

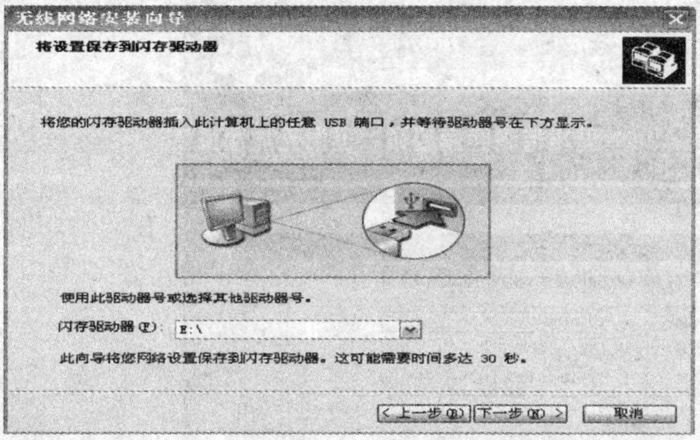

图 4-54　保存配置

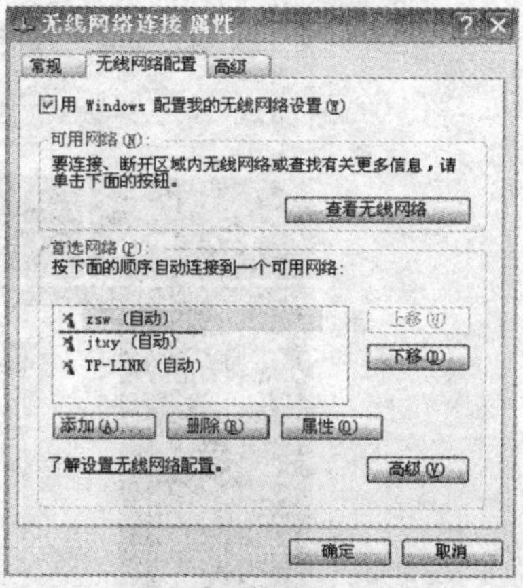

图 4-55　多出的首选网络名

(6)单击“高级”按钮，在弹出的对话框中勾选“仅计算机到计算机(特定)”选项，如图 4-56 所示，然后点击“确定”。

(7)按照同样的方法配置其他计算机，并确保所有的计算机都在同一个工作组中且计算机名不能相同。

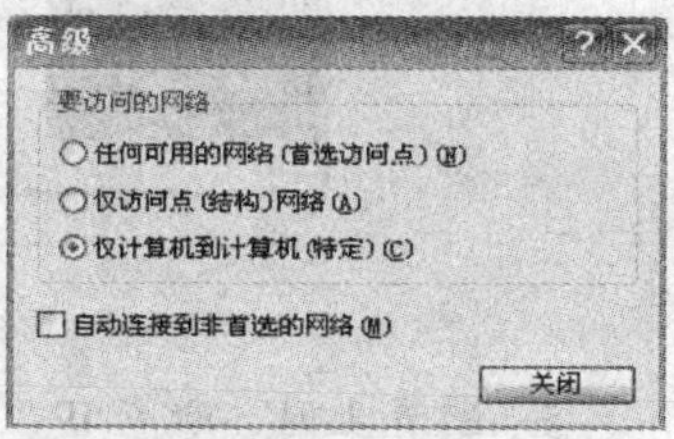

图 4-56　勾选“仅计算机到计算机”选项

4.4.3.2　组建无线 AP 局域网

无线 AP 也叫无线接入点(Access Point)，其作用类似于以太网中的集线器的功能。当网络中存在一个无线 AP 后，无线 AP 将负责频段管理及漫游等指挥工作，它可以扩大网络的覆盖范围，并提供更稳定的信号，理论上，可以支持多达 80 台计算机的接入。所以，用无线 AP 组建的局域网要比用无限网卡组建的局域网覆盖范围更大、信号更加稳定，并且能够实现集中的管理。

通常我们常用的无线 AP 采用无线路由器。无线路由器也称为无线网关，实际上就是无线 AP 与路由器的一种结合体。借助无线路由器，我们就能够方便地组建小型的无线局域网。

1. 准备工作

计算机(安装有无线网卡)，无线路由器。

2. 网络拓扑结构

网络拓扑结构如图 4-57 所示。

3. 连接设备

根据网络拓扑结构图连接设备。

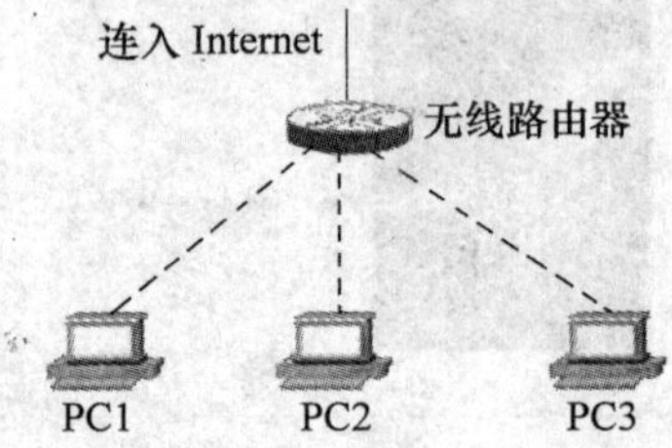

图 4-57　网络拓扑结构

注意：将无线路由器的 WAN 口用双绞线与宽带接口相连。

4. 配置 WLAN 口

由于无线路由器采用无线传输，需要对无线参数进行设置，以使无线路由器与计算机上的无线网卡工作在相同的频段和模式下。假设计算机使用的是 54 Mbps 的网卡，那么路由器的工作模式也应为 54 Mbps。打开路由器操作界面，选择“无线参数设置”，在模式中选择“54 Mbps”，如图 4-58 所示。

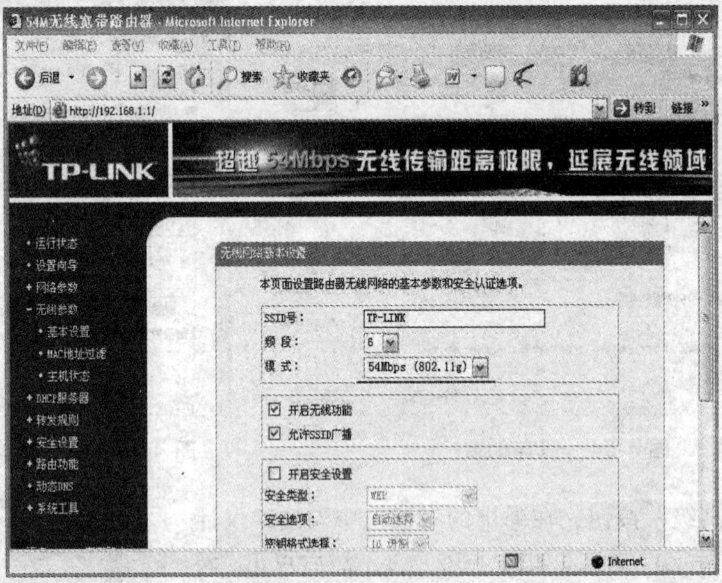

图 4-58　无线设置

5. 配置上网、配置 IP、设置网上邻居

配置方法与有线局域网相同。

按照相同的方法配置其他计算机。

习　题

1. 局域网的定义是什么？
2. 简述局域网的应用范围。
3. 屏蔽双绞线与非屏蔽双绞线有何区别？通常我们使用的双绞线属于哪种类型？
4. 制作双绞线采用的两种线序是什么？每种线序的排列方法是什么？
5. 分别说明 BNC 头、T 型分接头和 50 Ω终结头的功能。
6. 简述配置 IP 的方法。
7. 简述配置路由器的方法。
8. 画出利用调制解调器同交换机/集线器/路由器组建的局域网的网络拓扑结构图。

第 5 章　Internet 基础与应用

目前，Internet 已经广泛应用于人类社会生活的各个领域，也已深入到人们日常生活的各个角落，世界上越来越多的人使用它来进行通信并获得各种有用的信息。Internet 的运行和使用为全球信息高速公路的建立和发展奠定了基础。

本章将介绍 Internet 的基本概念，IE 浏览器的使用，电子邮件的使用，接入 Internet 的方法，常用的软件以及 Internet 的应用。

5.1　Internet 概述

Internet 是全球最大的计算机互联网络，连接了几乎所有的国家和地区，不计其数的计算机连接到 Internet 上。Internet 的发展不断改变人们的生活方式和思想观念，已经成为现代社会工作、学习、生活的重要组成部分。

5.1.1　Internet 的历史

5.1.1.1　Internet 的概念

Internet 是通过网络互联设备把全球不同地方的多个网络或网络群体连接起来的巨大的网络，我国推荐的中文名称是因特网，也称作网际网或互联网。

5.1.1.2　Internet 的产生过程

20 世纪 70 年代末期，计算机网络开始热门起来，一些大学、科研机构和企业研究并建立了许多局域网和广域网。但一个很严重的问题是各种网络之间互相不兼容，各种 LAN 技术之间、各种 WAN 技术之间、LAN 技术与 WAN 技术之间基本都不兼容，因此各个网络之间是无法连接的。

20 世纪 60 年代末期，美国高级研究计划署 ARPA(Advanced Research Projects Agency)向军队投资，进行多种技术联网的研究。到了 20 世纪 70 年代末，ARPA 已经有好几个计算机网络在运行，其中就包括了一个称为 ARPANET 的广域网。ARPA 的研究考察了怎样将一个大的企业或组织内的所有计算机都互联起来，其中一个关键思想就是用一种新的方法将 LAN 和 WAN 连接起来。很快 ARPANET 变得越来越普遍，许多使用它的人们意识到它的潜力，开始将各自的网络互联起来，即成为网际网(Internetwork)。Internetwork 术语通常缩略为 Internet。这一术语既指 ARPA 的项目本身，又指 ARPA 所建立的原型网络。为了区别，一般提及通常的网际网时，用小写的 internet，而在提及实验原型时，使用 Internet。

ARPA 的 Internet 项目中产生了使网络更通用和更有效的许多革新，其中最重要的就是 TCP/IP 协议组，到 1982 年，Internet 的原型已经就绪，而且 TCP/IP 技术也已经过测试。一些学术界和工业界的研究机构已经经常性的使用 TCP/IP，于是美国军方开始在其网络上使用 TCP/IP。1983 年初，ARPA 扩充了 Internet，将所有与 ARPANET 相连的军事基地都包括到 Internet 中，表明 Internet 开始从一个实验性网络向一个实用型网络转变。

20 世纪 70 年代末期，美国国家科学基金会 NSF(National Science Foundantion)决定资助建立计算机科学网(Computer Science Network)的项目。该项目同时也得到 ARPA 的资助，就是后来的 CSNET。CSNET 鼓励科研机构运行 TCP/IP 软件并且连到 Internet 上，几年之后，CSNET 开始向大学的计算机科学系提供 Internet 连接。到了 80 年代中期，许多计算机科学家可以访问 Internet。

20 世纪 80 年代中期，美国国家科学基金会(NSF)认识到 Internet 对科学的重要性，决定利用其资金建立一个新的 Internet。NSF 选择了来自三个组织的一个联合方案：计算机制造商 IBM、长途电话公司 MCI 和密歇根洲一个建立和管理了一所网络互联学校的组织 MERIT。这三个组织建立的新广域网在 1988 年夏季成为 Intcrnct 主干网(NSFNET)。到了 1991 年年底，由于 Internet 发展太快，NSFNET 将在不久达到极限。为了解决问题，IBM、MERIT、MCI 组建了高级网络和服务公司 ANS(Advanced Networks and Services)。1992 年，ANS 建立了一个新的广域网，即目前的 Internet 主干网 ANSNET。

当 NSF 将所有的科学家和工程人员互联起来时，Internet 得以惊人的速度增长。1983 年，Internet 连接了 562 台计算机。10 年以后，Internet 连接的计算机超过 1200000 台，并且仍在快速增长，到 1994 年，达到 2217000 台以上。

目前，Internet 连接了世界上大部分的国家和地区。Internet 上的服务也由最初的文件传输、电子邮件等发展成包括信息浏览、文件查找、图形化信息服务等。所涉及的领域包括政治、军事、经济、新闻、广告、艺术等各个领域，已经发展成为一种传输信息的新载体。

5.1.1.3　Internet 在中国的发展

Internet 在我国的发展相对要晚一些。1992 年，中科院高能物理研究所建立了与西欧的连接。从那时开始，Internet 在我国出现了突飞猛进的发展。尤其是从 1996 年以后，随着我国信息产业的发展和不断扩大，Internet 在国内得到了迅速的普及。目前，国内主要有中国科技网(CSTNET)、中国公用计算机互联网(CHINANET)、中国教育和科研计算机网(CERNET)、中国联通互联网(UNINET)、中国网通公用互联网(CNCNET)、中国国际经济贸易互联网(CIETNET)、中国移动互联网(CMNET)、中国长城互联网(CGWNET)、中国卫星集团互联网(CSNET)等骨干网络。据 CNNIC 统计，截至 2002 年 7 月，我国上网计算机数达到 1613 万台，上网用户人数达 4580 万，国际出口带宽的总量达到 10576.5 M，连接美国、加拿大、澳大利亚、英国、德国、法国、日本、韩国等国家。

5.1.1.4　Internet 的特点

Internet 之所以获得如此迅猛的发展，主要归功于如下的特点：

(1)它是一个全球计算机互联网络。

(2)它是一个巨大的信息资料库。

(3)最重要的是 Internet 是一个大家庭，有几千万人参与，共同享用着人类自己创造的财富。

5.1.2 浏览器的使用

5.1.2.1 浏览器

进入 Internet 之后，通常需要一个专门的客户服务程序来浏览 WWW，这个程序称为浏览器。最早的浏览器软件是美国国家超级计算中心(NCSA)开发的 Mosaic，美国网景公司的 Netscape 也曾风靡一时，目前使用最多的浏览器是微软公司的 Internet Explorer(简称 IE)。

5.1.2.2 IE 浏览器的设置

运行 IE 后，单击“查看”菜单下的“Internet 选项”，可以打开“Internet 选项”对话框。它包括了六个选项，其相应的配置分别如下。

1. “常规”标签

它主要用来对 IE 的多媒体、颜色、链接、工具栏和字体进行设置。如图 5-1 所示。

在图 5-1“地址”栏中可以输入想要作为默认初始页面的 Web 站点或页面的 URL。“Internet 临时文件”下的“删除文件”按钮用于删除“Temporary Internet Files”文件夹中的所有内容，该文件夹中保存了用户使用 IE 下载的每个文件，包括 HTML 文档、图像、音频文件、视频文件、Cookie 文件以及其他文档的缓存。删除这些文档可以腾出更多的硬盘空间，但由于所有的缓存资料被清除，因此在去那些曾经去过的站点时，仍需要花费和以前一样的时间。单击其下的“设置”按钮，可以打开“设置”对话框，在该对话框中可以指定要以哪种方式对缓存的 Web 页面进行检查，以便及时查看它们是否发生了变化。也可以通过移动“可用的磁盘空间”下的滑块来指定“Temporary Internet Files”文件夹所使用的磁盘空间数量。

“历史记录”用于指定想要在“IE 历史”列表中保存项目的天数。如果在 Web 上访问了许多网页，那么这个历史列表可能会大规模地增长，此时可以按“清除历史记录”键来清除相关内容。单击“颜色”、“字体”或“语言”按钮，可以从弹出的对话框中自定义 IE 的显示方式。如果需要查阅有不同语言的网页，可以在“语言”对话框中确定当一个网页包含了多种语言时，IE 将要显示的语言。“访问选项”则用来控制 IE 在访问网页时所采用的编排格式和样式表选项。

2. “安全”选项卡

Internet 的安全问题对很多人来说并不陌生，但是真正了解它并引起足够重视的人却不多。其实在 IE 浏览器中就提供了对 Internet 进行安全设置的功能，用户使用它就可以对 Internet 进行一些基础的安全设置，如图 5-2 所示。

在该选项卡中用户可为 Internet 区域、本地 Intranet(企业内部互联网)、受信任的站点及受限制的站点设定安全级别。

若用户要对 Internet 区域及本地 Intranet(企业内部互联网)设置安全级别，可选中“请为不同区域的 Web 内容指定安全设置”列表框中相应的图标。

在“该区域的安全级别”选项组中单击“默认级别”按钮，拖动滑块即可调整默认的安全级别。

注意：若用户调整的安全级别小于其默认级别，则弹出“错误”对话框，如图 5-3 所示。

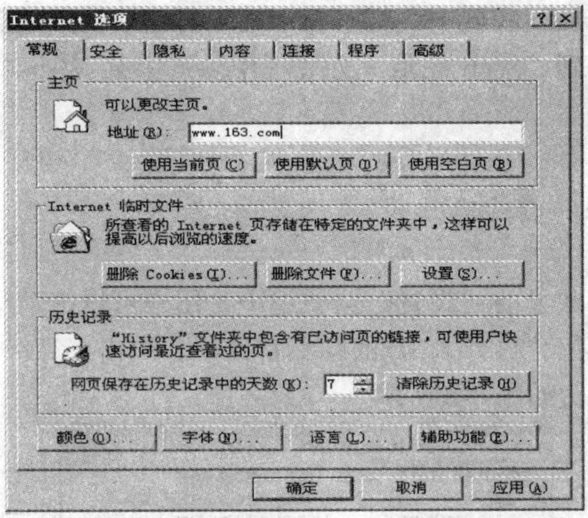

图 5-1　IE 浏览器的“常规”选项卡

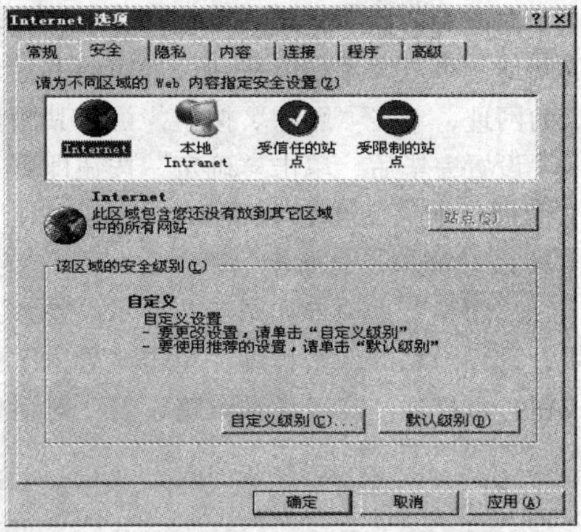

图 5-2　IE 浏览器的“安全”选项卡

若用户要自定义安全级别，可在“该区域的安全级别”选项组中单击“自定义级别”按钮，将弹出“安全设置”对话框，如图 5-4 所示。

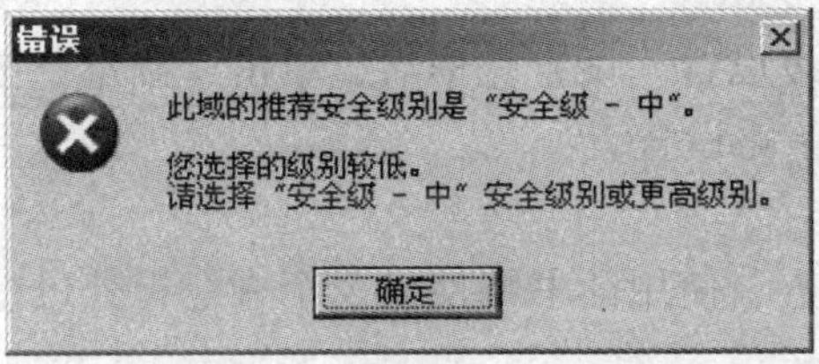

图 5-3　“错误”对话框

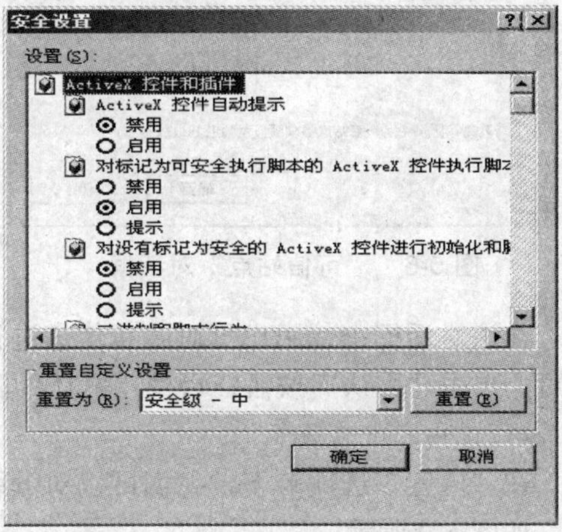

图 5-4　“安全设置”对话框

在该对话框中的“设置”列表框中，用户可对各选项进行设置。在“重置自定义设置”选项组中的“设置为”下拉列表中选择安全级别，单击“重置”按钮，即可更改为重新设置的安全级别。这时将弹出“警告”对话框，如图 5-5 所示。

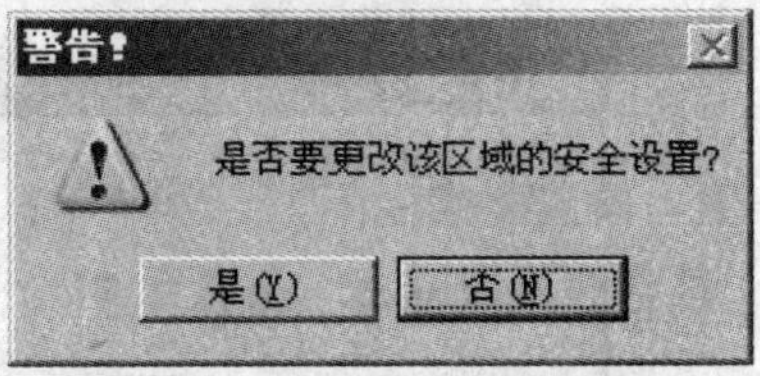

图 5-5　“警告”对话框

若用户确定要更改该区域的安全设置，单击“是”按钮即可。

若用户要设置受信任的站点和受限制的站点的安全级别，可单击“请为不同区域的 Web 内容指定安全设置”列表框中相应的图标。单击“站点”按钮，将弹出“可信站点”或“受限站点”对话框，如图 5-6 所示。

在该对话框中，用户可在“将该网站添加到区域中”文本框中输入可信或受限站点的网址，单击“添加”按钮，即可将其添加到“Web 站点”列表框中。选中某 Web 站点的网址，单击“删除”按钮，可将其删除。

设置完毕后，单击“确定”按钮即可。

注意：同一站点类别中的所有站点，均使用同一安全级别。

3. “隐私”选项卡

“隐私”选项卡如图 5-7 所示。在该选项卡的“设置”选项组中，用户可以拖动滑块，设置隐私的保密程度。单击“导入”按钮，可导入 IE 的隐私首选项；单击“高级”按钮，可打开“高级隐私策略设置”对话框，如图 5-8 所示。

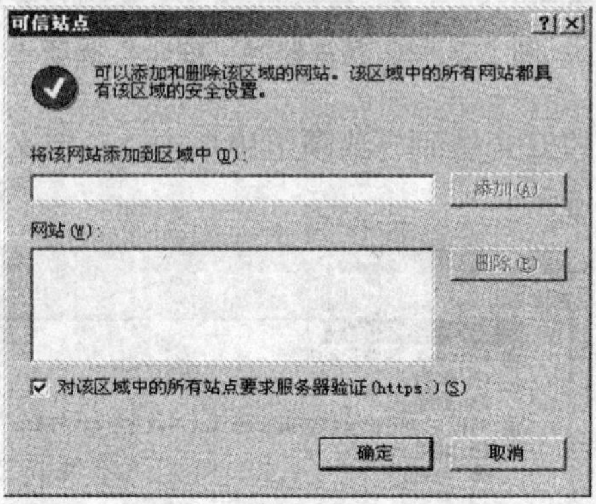

图 5-6　“可信站点”对话框

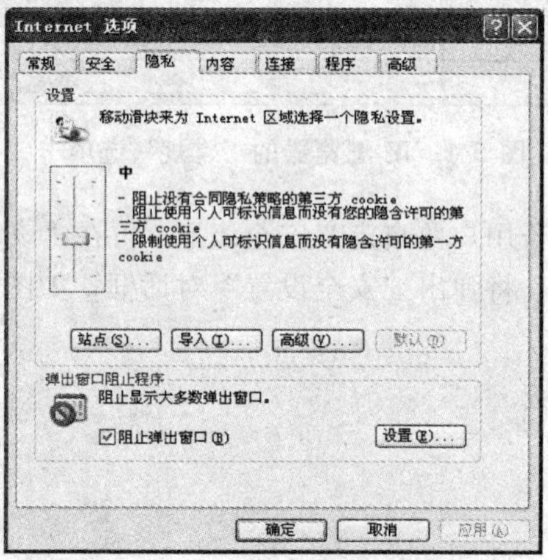

图 5-7　“隐私”选项卡

在该对话框中，用户可对隐私信息进行高级设置。设置完毕后，单击“确定”按钮即可。单击“默认”按钮，可使用默认的隐私策略设置。

4. “内容”选项卡

在“内容”选项卡下，我们可以对分级审查、使用证书特性以及个人登记处进行设置，如图 5-9 所示。

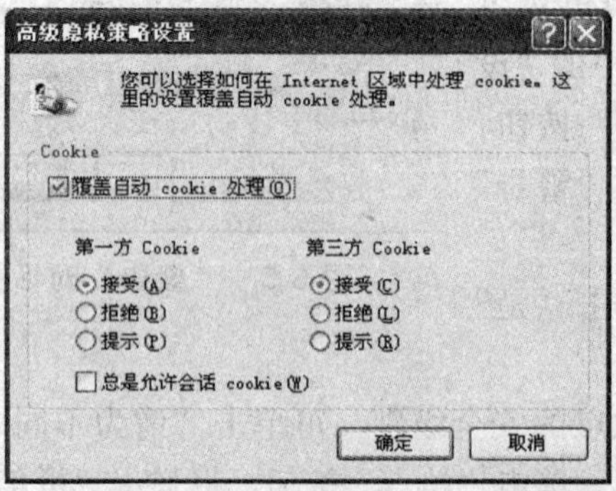

图 5-8　“高级隐私策略设置”对话框

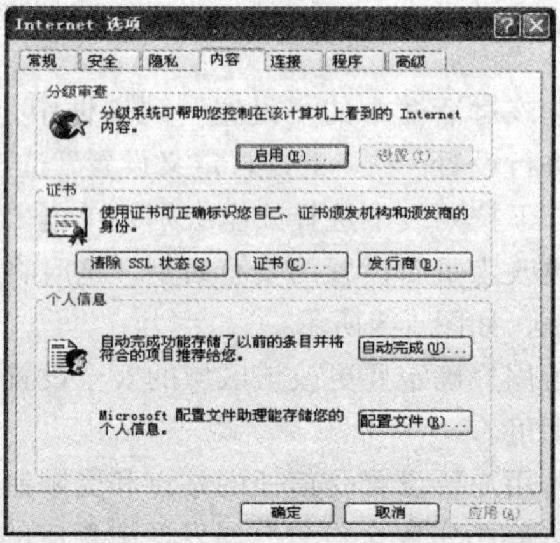

图 5-9　“内容”选项卡

“分级审查”主要用于控制上网的用户在网页上浏览时所看到的内容。单击“分级审查”下的“启用”按钮，在“创建监护人密码”对话框中设置密码，然后在“分级审查”对话框的“分级”标签下单击“类别”窗口中的任一类型，然后用鼠标拖动“等级”滑块来设定该项类别的级别。在“证书”选项区域中可以指定证书设置以便识别自己、站点以及发行商的身份。“个人信息”允许用户自己设置 Windows XP 地址簿目录，包括姓名、地址、电子邮件和其他个人信息。

5. “连接”选项卡

该选项卡包含了如何将 IE 连接到 Internet 上的信息，如图 5-10 所示。

单击“建立连接”按钮可以启动“Internet 连接向导”，在它的指引下可以一步步地完成连接工作。如果要为连接配置代理服务器，可单击右侧的“设置”按钮，打开“拨号设置”对话框对其进行设置。在“代理服务器”窗口中单击“高级”按钮可以打开“代理服务器设置”对话框，一般局域网用户多用到此设置，其具体内容可以向网络管理员咨询。

6. “程序”选项卡

在此选项卡下可以对邮件、新闻、会议、日历、联系人列表等程序进行设置，前提是必须在计算机中安装了可以支持这些程序的软件，否则每个程序后的下拉列表选项框都将是空的。如图 5-11 所示。

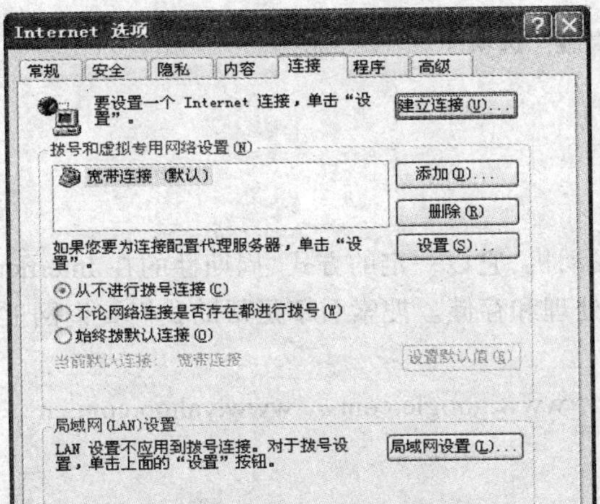

图 5-10 “连接”选项卡

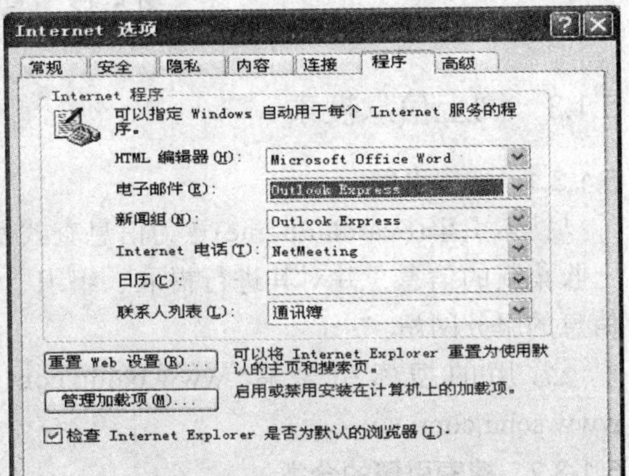

图 5-11 “程序”选项卡

7. “高级”选项卡

此选项卡包含了一些设置可以用来配置如何更改 Internet Explorer 的行为方式。如果对新的设置不满意，可以单击“恢复默认设置”来恢复安装 Windows XP 时的默认设置。如图 5-12 所示。

设置完成后，单击“确定”按钮可返回浏览器窗口。

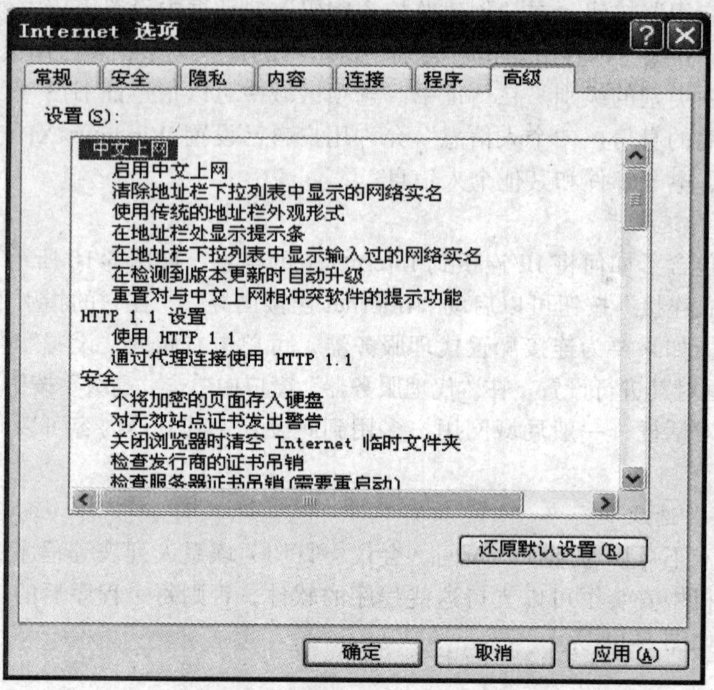

图 5-12　“高级”选项卡

5.1.3　网上信息搜索

5.1.3.1　搜索引擎

搜索引擎(Search Engine)意为信息查找发动机，它以一定的方式、周期性的在 Internet 上收集新的信息，并对其进行提取、组织、处理和存储。搜索引擎是帮助我们查询网上信息的服务网站。

常用的搜索引擎有 www.baidu.com、www.google.com、www.yahoo.com.cn、www.sohu.com。

5.1.3.2　搜索引擎的分类

搜索引擎按其工作方式主要可分为三种，分别是全文搜索引擎(Full Text Search Engine)、目录索引类搜索引擎(Search Index/Directory)和元搜索引擎(Meta Search Engine)。

1. 全文搜索引擎

全文搜索引擎是名副其实的搜索引擎，国外具代表性的有 Google、Fast/AllTheWeb、AltaVista、Inktomi、Teoma、WiseNut 等，国内著名的有百度(Baidu)。它们都是通过从互联网上提取的各个网站的信息(以网页文字为主)所建立的数据库中，检索与用户查询条件匹配的相关记录，然后按一定的排列顺序将结果返回给用户，因此他们是真正的搜索引擎。百度和 Google 搜索引擎的主页分别如图 5-13、图 5-14 所示。

图 5-13　百度搜索引擎的主页

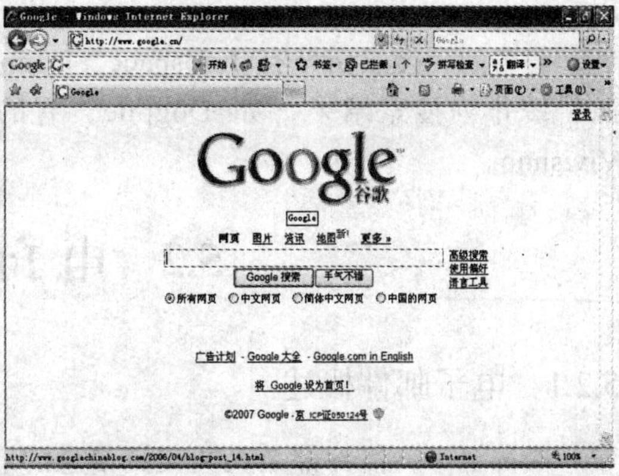

图 5-14　Google 搜索引擎的主页

2. 目录索引类搜索引擎

目录索引类搜索引擎是把搜索到的信息资源按照一定的主题分门别类，建立多级目录。用户查找信息时，可以采取逐层浏览、打开目录、逐步细化的方法，从而查找到所需要的信息。

搜狐搜索(dir.sohu.com)网站的目录型搜索引擎如图 5-15 所示。例如，在搜狐搜索中查找有关作家金庸的网页，可以逐步搜索“文学→小说→武侠小说→金庸”即可，如图 5-16 所示。

图 5-15　目录型搜索引擎

图 5-16　搜狐搜索的目录型引擎

3. 元搜索引擎

目前网上的中文搜索引擎大多是单搜索引擎。搜索信息时，如果在第一个搜索引擎没有找到满意的结果，就要到第二、第三个……搜索引擎进行搜索，既费时又费力。为了使用户可以快速、全面、准确地搜索到自己所需要的信息，集成化的搜索引擎应运而生。集成搜索引擎也称为元搜索引擎，将多个单搜索引擎汇集在一起，提供一个统一的搜索界面，用户只需要进行一次搜索，元搜索引擎将用户的搜索要求进行适当的处理后提交给不同的搜索引擎搜索，然后将返回的搜索结果进行整理，合并为一个页面返回给用户。

著名的元搜索引擎有 Infospace、Dogpile 等。在搜索结果排列方面，有的直接按来源引擎排列搜索结果，如 Dogpile，有的则按自定的规则将结果重新排列组合，如 Vivisimo。

5.2 电子邮件的应用

5.2.1 电子邮件概述

从古至今，信件都是人类交流信息的最常用的手段。随着社会的发展，传递信件的方式也在不断变化着。从早期的邮递马车，到现在的轮船、汽车、火车、飞机，信件往来越来越方便，越来越快。但是自从有了因特网，信件的传递方式发生了质的变化，可以在计算机上收发信件。通过因特网，一封信只要几秒就可以传递到天涯海角。

5.2.1.1 电子邮件概念

使用计算机，通过因特网寄出去的信就叫电子邮件，英文是 Electronic mail，简称 E-mail。电子邮件是唯一集电话的便利和信件的永久性于一体的通信方式。

日常寄信的时候，首先要知道对方的地址，在因特网上也不例外。日常寄信地址的写法有多种方式，如家庭住址、单位地址、信箱地址等，而在因特网上通信则统一用信箱来表示。

5.2.1.2 邮件服务器

为用户提供电子邮件收发服务的计算机主机称为邮件服务器(Mail Server)。邮件服务器的功能就像一个邮局，信件投递到邮局后，由邮局寄出。收信时邮件也是先到达邮局，再由邮局投递给用户。邮件服务器通常由 ISP 提供。

邮件服务器分为邮件发送服务器(Simple Mail Transfer Protocol，简称 SMTP)和邮件接收服务器(Post Office Protocol，简称 POP 或 POP3)，前者负责电子邮件的发送，后者负责邮件的接收。有时这两种服务由同一主机负责，但要分开设置，只是设置为同一主机地址。

5.2.1.3 电子邮件(E-mail)地址

和寄发普通邮件一样，电子邮件也要填写收件人的地址对方才能收到。电子邮件地址的形式为：用户名+ @ +邮件服务器域名，如 sunny@163.com。

5.2.2 申请免费电子邮箱

Internet 提供电子邮箱服务的网站很多，提供的电子邮件服务各有特色，电子邮箱的容量也不尽相同，但基本服务项目没有大的差异。但应注意，国外网站大多只提供英文邮件服务。

目前的电子信箱有付费和免费信箱两种，对于普通用户，申请免费信箱即可。下面以申请网易免费信箱为例，介绍申请邮箱的步骤。

(1)登录到网站主页，如图 5-17 所示。

(2)单击“免费邮箱”，进入网易邮件中心，如图 5-18 所示。

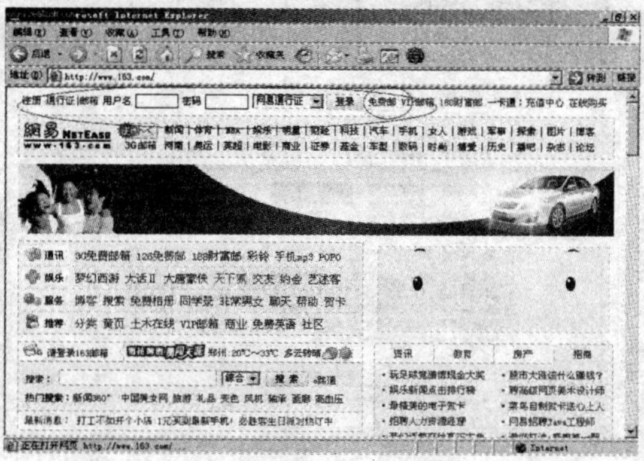

图 5-17　免费电子信箱服务网站主页

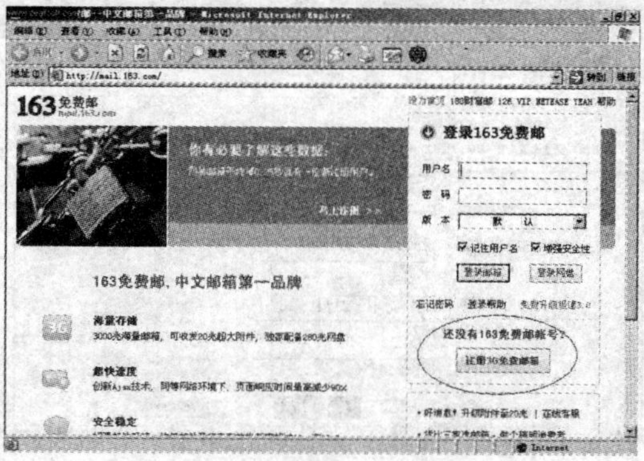

图 5-18　邮件中心网页

(3)单击“注册 3G 免费邮箱”按钮，开始免费邮箱的申请，如图 5-19 所示界面。

(4)在文本框中输入用户名，单击“下一步”按钮。网站首先对用户提交的用户名进行校验，如果已经有用户选择了同样的用户名，则提示重新进行选择，如图 5-20 所示。

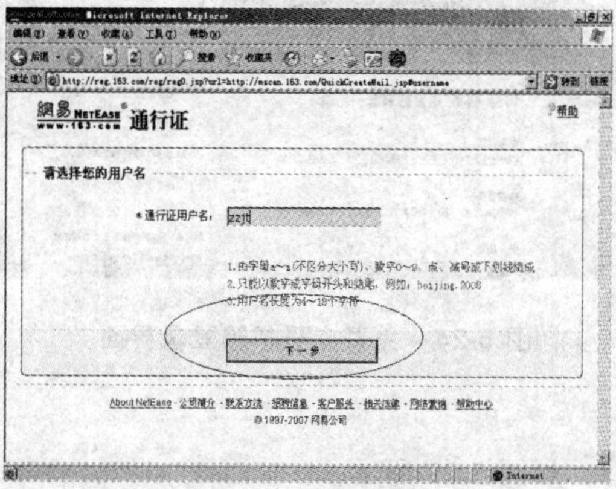

图 5-19　选择用户名

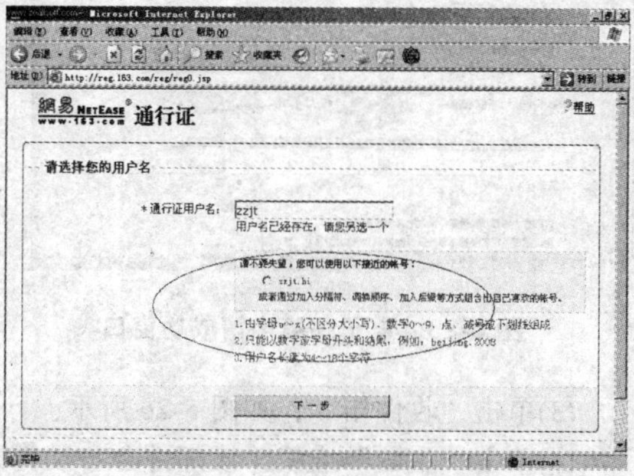

图 5-20　用户名被占用窗口

(5)在文本框中重新输入用户名，单击“下一步”按钮，如果被占用仍然会返回如图 5-20 所示的窗口，如果该用户名没有被占用，显示如图 5-21、图 5-22 所示。

(6)用户应如实填写个人资料，然后阅读服务条款，只有在接受情况下才可以申请成功。单击“我接受并注册账号”按钮，出现注册成功提示，如图 5-23 所示。

5.2.3　登录免费邮箱

(1)进入网易邮件中心，输入用户名和密码，单击“登录”按钮，如图 5-24 所示。

(2)如果输入的用户名和密码正确，就会进入用户的电子邮箱，如图 5-25 所示。

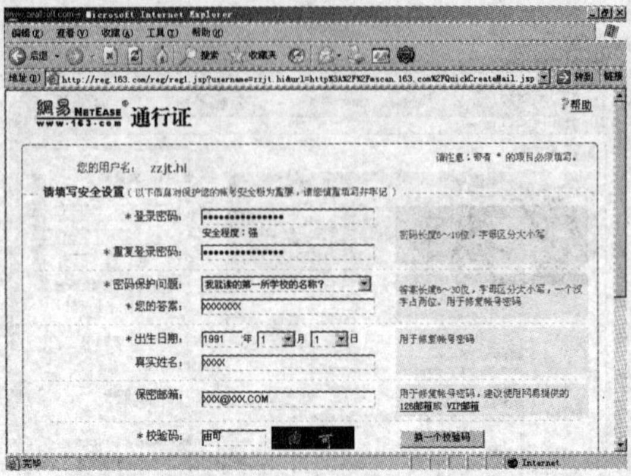

图 5-21 填写用户资料窗口(1)

图 5-22 填写用户资料窗口(2)

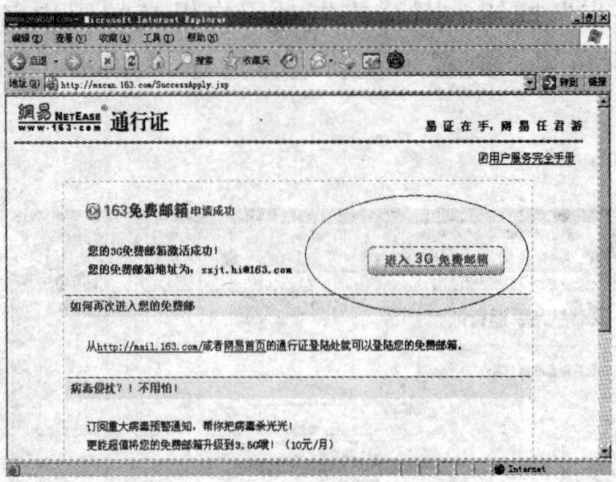

图 5-23 电子邮箱申请成功窗口

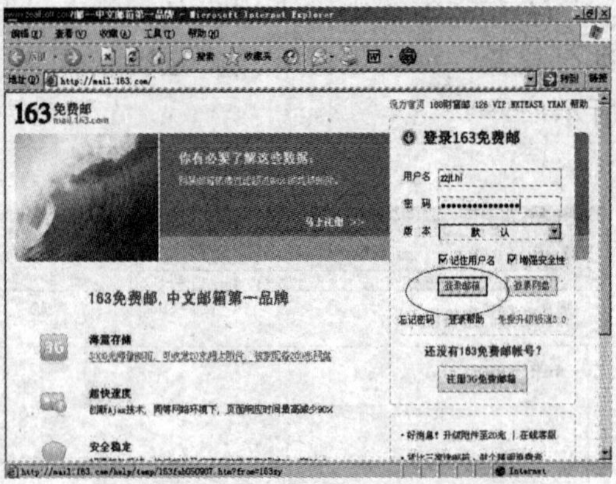

图 5-24 免费电子邮箱登录界面

(3)单击“收件箱”，如图 5-26 所示。

(4)单击“主题”连接，该邮件会自动打开，如图 5-27 所示。

5.2.4 撰写和发送邮件

在网站上直接撰写和发送邮件非常简单，进入邮箱后只需要单击“写信”按钮，就会弹出邮件撰写窗口。如图 5-28 所示，用户依次输入收件人的邮件地址、主题、邮件正文。

如果阅读完邮件想回复该邮件，可在图 5-27 上直接点击“回复”按钮。

撰写完成，可以单击“发送”按钮，弹出“邮件发送成功”对话框，如图 5-29 所示。

如果需要添加附件，可以单击图 5-28 中的“添加附件”按钮，出现如图 5-30 所示对话框。

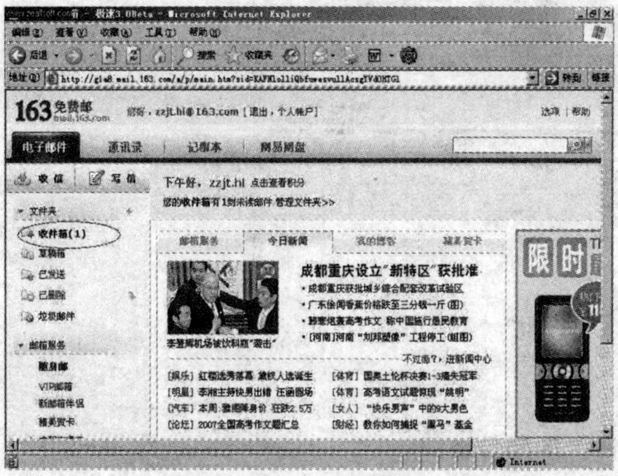

图 5-25　个人电子邮箱界面

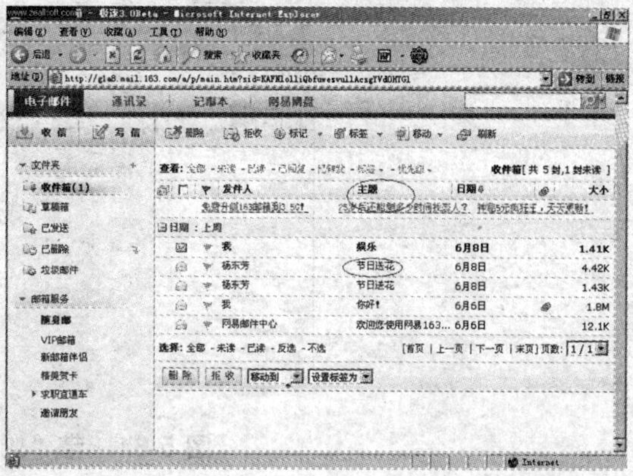

图 5-26　收件箱界面

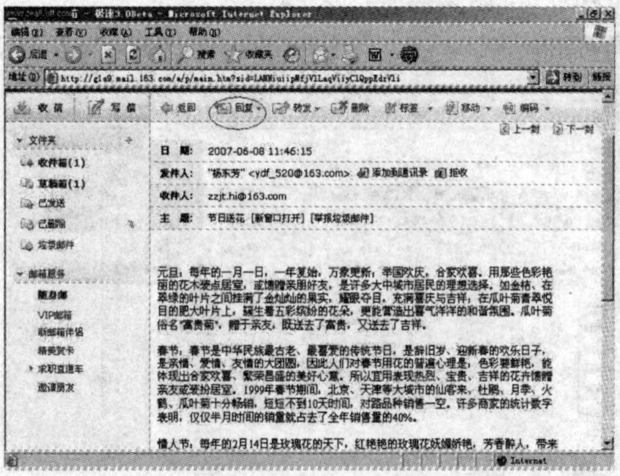

图 5-27　阅读新邮件

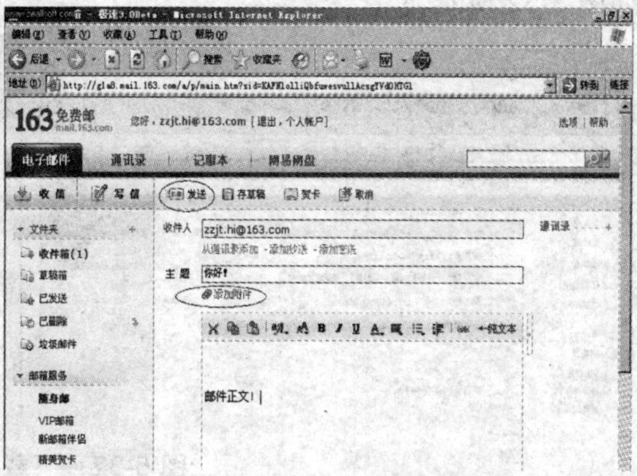

图 5-28　撰写新邮件

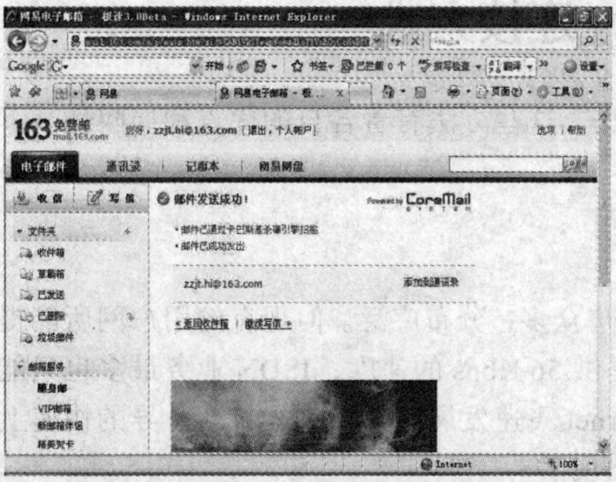

图 5-29　新邮件发送成功

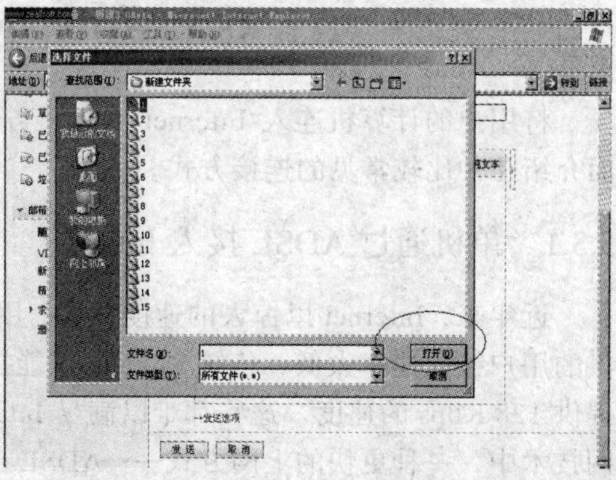

图 5-30　添加“附件”窗口

在查找范围内选择所添加的文件的路径，选中某个文件点击“打开”按钮，出现如图 5-31 所示窗口。

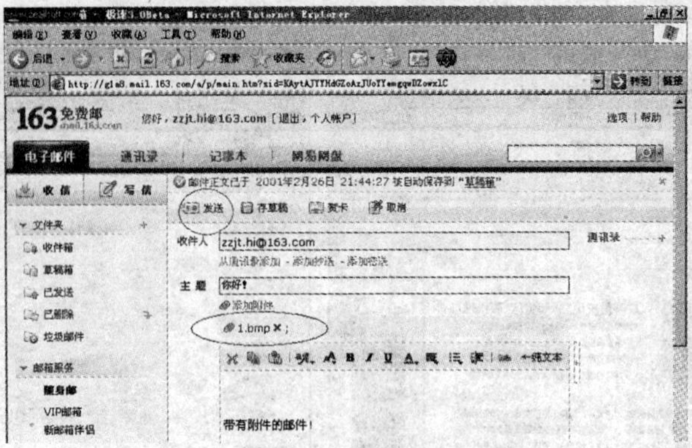

图 5-31 带“附件”的邮件窗口

要打开带“附件”的邮件，只需要进入邮箱把“附件”下载并保存下来就可以了，如图 5-32 所示。

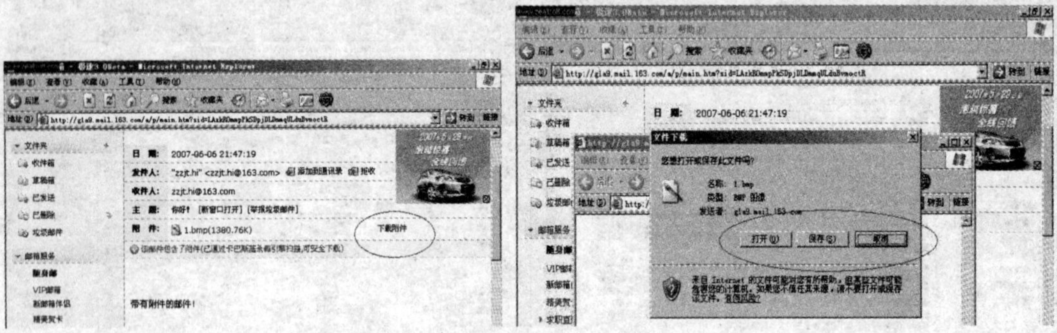

图 5-32 下载“附件”窗口

5.3 Internet 连接方式

将用户的计算机连入 Internet 有很多方法，这些方法有着各自的优点和局限性。下面介绍几种比较常见的连接方式。

5.3.1 单机通过 ADSL 接入 Internet

近年来，Internet 以惊人的速度发展，用户众多，分布广泛。但现有的用户网所能提供的用户接入速率太低，传统 Modem 仅能提供 56 Kbps 的速度，ISDN 业务最多也只能提供 128 Kbps 的速度，这些都难以满足 Internet 飞速发展的需要，在日新月异的快速上网技术中，一种更快的上网方式——ADSL 出现了。

5.3.1.1 什么是 ADSL

ADSL 的全称是 Asymmetric Digital Subscriber Loop，中文意思是“非对称数字用户环路”。用户接入网(从本地电信公司到用户之间的部分)是电信网的重要组成部分，是电信网的窗口，也是信息高速公路的“最后一英里”(the last mile)。为实现用户接入网的数字化、宽带化，用光纤作为用户线是用户网今后发展的必然方向，但由于光纤用户网的成本过高，在今后的十几年甚至几十年内大多数用户网仍将继续使用现有的铜线环路。近年来人们提出了多项过渡性的宽带接入网技术，其中 ADSL(非对称数字用户环路)和 FTTX+LAN 是两种比较成熟的技术。

ADSL 技术能利用现有的市话铜线进行信号传输，其最高速率：下行信号(从端局到用户)为 8 Mbps，上行信号(从用户到端局)为 1 Mbps。现有的市话铜线网的用户数目十分庞大，而 ADSL 能对现有的市话铜线进行充分的利用。

5.3.1.2　ADSL 的发展

其实，ADSL 算不上是什么新的技术。早在 20 世纪 60 年代，由于传统 T1 线路传输方式每隔大约 3 km 就需要一个放大器，这使得成本居高不下。人们都希望能够找到一种廉价的传输方式，于是就出现了 HDSL(High-speed Digital Subscriber Loop，高速数字用户环路)。HDSL 使用两对铜线作为传输介质，可以在不使用放大器的情况下使数字信号传输大约 11 km，后来 T1 线路也就改为使用 HDSL，到了 20 世纪 90 年代就演变出了使用一对铜线的 ADSL。

当初开发 ADSL，是专为视频节目点播 VOD 而设计的。随着 Internet 的急速发展，ADSL 所具有的高带宽越来越受到重视。于是，ADSL 改头换面作为一种高速接入 Internet 的技术出现在人们面前，让用户感到耳目一新，它使在 Internet 网上提供多媒体服务成为可能。它无需修改任何现有协约和网络结构，即可在电讯公司与最终用户间架起一座高速通道。最关键的是，它可以使用遍布全球的超过 6 亿条的铜制双绞线，这样可以极大的节约成本。再加上它的高带宽，使得 ADSL 的优势越来越明显。近几年，国际上众多大的通信及电子设备制造公司，如 3Com、Cisco、Intel、Motorola 等公司越来越看好 ADSL 的发展，纷纷推出自己的 ADSL 设备和器件。

5.3.1.3　ADSL 的原理

ADSL 对于大多数人来说是个新名词，但这并不重要，关键是，当你在的电话线两端分别放置 ADSL MODEM 时，这段电话线上便产生了三个信息通道：一个速率为 1.5~9 Mbps 的高速下行通道，用于用户下载信息；一个速率为 16 Kbps~1 Mbps 的中速双工通道；一个普通的老式电话服务通道。这三个通道可以同时工作(当然，具体的通信速率还依赖环路的质量和长度而定)。这意味着什么？用户可以在下载文件的同时在网上观赏点播的大片，并且通过电话和朋友对大片进行一番评论。注意，最诱人的是这一切都是在一根电话线上同时进行的。ADSL 靠什么实现这一切呢？说起来，ADSL 的内部十分复杂。它采用了高级的数字信号处理技术和新的算法压缩数据，使大量的信息得以在网上高速传输。我们知道，在现有的较长的铜制双绞线(普通电话线)上传送数据，其对信号的衰减是十分严重的，ADSL 在如此恶劣的环境下实现了大的动态范围、分离的通道以及保持低噪声干扰，其难度可想而知，难怪有人说，ADSL 是调制解调技术的一个奇迹。

为了在电话线上分隔有效带宽，产生多路信道，ADSL 调制解调器一般采用两种方法实现，频分多路复用(FDM)或回波消除(Echo Cancellation)技术。FDM 在现有带宽中分配一段频带作为数据下行通道，同时分配另一段频带作为数据上行通道。下行通道通过时分多路复用(TDM)技术再分为多个高速信道和低速信道。同样，上行通道也由多路低速信道组成。而回波消除技术则使上行频带与下行频带叠加，通过本地回波抵消来区分两频带。此技术来源于 V.32 和 V.34 调制解调器中，它非常有效地使用了有限的带宽，但从复杂性和价格来说，其代价较大。当然，无论使用两种技术中的哪一种，ADSL 都会分离出 4 kHz 的频带用于老式电话服务(POTS)。

另外，ADSL 能产生这么高的带宽，要归功于它先进的调制解调技术。目前被广泛应用的 ADSL 调制解调技术有两种：抑制载波幅度相位技术(Carrier-less Amplitude and Phase，CAP)和离散多音复用技术(Discrete Multimode，DMT)，其中 DMT 调制解调技术由于技术先进已经被 ANSI 组织定为标准，是目前最具前景的调制解调技术。

5.3.1.4 ADSL 的特点

与普通 Modem 和 ISDN 相比，ADSL 的优势非常明显。首先是网络传输速率。普通 Modem 的最高速率只有 56 Kbps，ISDN 最高为 128 Kbps，二者仅仅是理论值，实际上还不可能达到。而 ADSL 的速率是下行 8 Mbps 和上行 1 Mbps，其速度优势不言而喻。另外，用普通 Modem 和 ISDN 上网还要支付电话费，话费高昂。而使用 ADSL 上网，数据信号并不通过电话交换机设备，减轻了电话交换机的负载，并且不需要拨号，一直在线，属于专线上网方式。这意味着使用 ADSL 上网并不需要缴付另外的电话费。而且 ADSL 一般都是采用包月的方式，对于经常上网的朋友来说更划算。

其次，与 Cable Modem 相比，ADSL 技术也有着相当大的优势。Cable Modem 是利用有线电视网来实现上网的。它将单向 CATV 有线电视网络改造成双向 HFC(光纤同轴混合)网后才能工作。HFC 从头端到各个光纤节点用模拟光纤连接，构成一个星形网。光纤节点下是同轴电缆组成的树形总线网，这无疑使成本大大增加。另一方面，由于目前的有线电视网是一种单向数据传输网，这也就意味着用户只能用 Cable Modem 下载数据，而上传数据则必须由普通 Modem 或 ISDN 通过电话线送至 ISP，否则就必须对现有的线路、设备进行改造使之可以实现双向数据传输，但这又要增加大量成本。再者，由于通过 Cable Modem 上网是在有线电视网上进行数据传输的，因此它必须兼顾现有的有线电视节目所必需的带宽，同时由于其本身网络结构是一个粗糙的总线型网络，因此用户必须和其邻近的用户分享本已经有限的带宽，当用户数量激增时速度将大大减慢。而 ADSL 的网络拓扑结构是星型结构，较之 Cable Modem 更先进，它的每一个用户通过已有的电话线成为一条单独线路与 ADSL 局端相连，其数据传输带宽由每一个用户独享，不会因为用户数量的增加而降低速率。

可见，与普通 Modem 和 ISDN，以及 Cable Modem 相比，ADSL 更具备发展前途。

5.3.1.5 ADSL 的应用

从上面的介绍可以看出，ADSL 具有以下的优点：提供了高速上网的途径，而且速度可达下行 8 Mbps 和上行 1 Mbps；不需更改和添加线路，直接使用原有的双绞电话线；语音信号和数字信号可以并行，可以同时“上网”和“通话”；充足的带宽为以后的 VOD 服务提供了传输的基础。

因此，ADSL 技术可应用在 Internet 访问、远程 LAN 访问、远程学习、远程金融服务、家庭银行、网络信息、新闻服务、在线图书馆、远程电子购物、VOD 视频点播(电影/电视节目点播)、交互式视频游戏等方面。另外，利用 ADSL 技术将高速数据连接到家庭、小型企业以及远程办公室，为网络服务提供商开创了更多的新商业机会，如 Internet 连接服务、分支机构的连接、远程通信服务和内容发送服务等。同时，ADSL 的另一大好处是使“在家中办公”成为可能。利用 ADSL 的高带宽，职员可以坐在家中办公，上司可以在家中召开网上视频会议，这将大大降低办公室的设备开支，从而极大的节约了成本。

5.3.1.6 ADSL 接入模型

ADSL 是如何接入的呢？它是在用户端安装有一个滤波器，其作用是用来分离数字信号与模拟信号，将用户上网需要的数字信号传输给 ADSL Modem，而将电话的模拟信号传给电话机。同样，在电信局端也装有一个后端滤波器，其作用与客户端滤波器一样，也是用来分离数字信号与模拟信号。正是由于滤波器的作用，才使得 ADSL 能够做到上网与打电话两不误。现在很多 ADSL Modem 都已内置了滤波器，用户不用再次购买。ADSL 接入方式如图 5-33 所示。

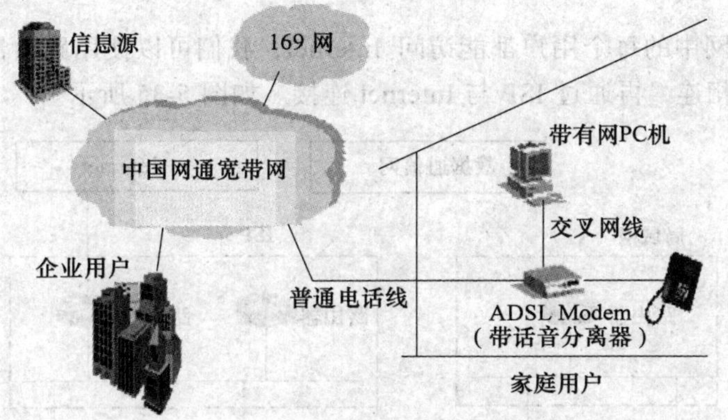

图 5-33 ADSL 接入方式

ADSL 设备和校园局域网连接如图 5-34 所示，安装和设置过程如下：

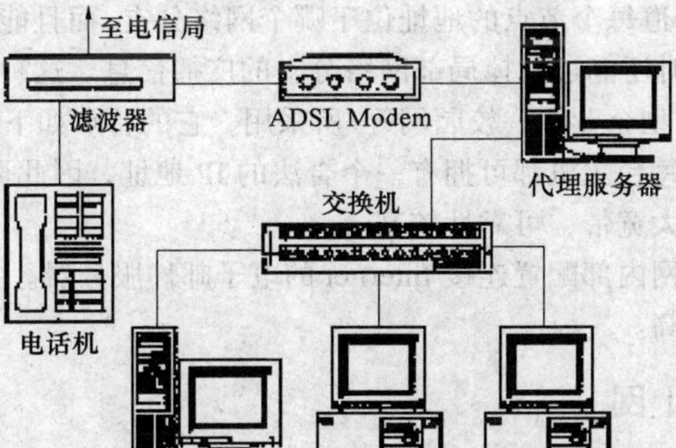

图 5-34 ADSL 设备和校园局域网连接示意图

在校园网中选择一台较高配置的 PC 作为接入 Internet 的代理服务器。该 PC 安装两块快速以太网卡。一块通过 RJ-45 直连网线与外置 ADSL Modem 连接，另一块连接到校园网的交换设备。

外置 ADSL Modem 和滤波器用 RJ-11 铜制电话线连接，滤波器通过电话外线连接到电信局。滤波器用于将低频信号与 ADSL 高频信号分离，如果在滤波器上接入电话机，则上网和打电话两不误，为学校节约了一条电话线路。采用 G.Lite 标准的 ADSL Modem 由于降低了对输入信号的要求，就不需要安装滤波器了，这使得 ADSL Modem 的安装更加简单。

国内电信局往往采用不同品牌的交换设备，这些局端设备与不同品牌的 ADSL Modem 之间极有可能不兼容。因此，学校在选购 ADSL Modem 时应先向当地电信部门咨询。

代理服务器安装 Windows 2000 Server 操作系统，其上运行 Microsoft ISA Server 3.0 实现 Internet 访问的管理与控制，教师机和学生机上安装相应的代理服务客户端软件。

5.3.2 局域网通过路由器接入 Internet

为了使局域网中的每个用户都能访问 Internet，我们可以使用路由器(Router)通过数据通信网与 ISP 相连，再通过 ISP 与 Internet 连接。如图 5-35 所示。

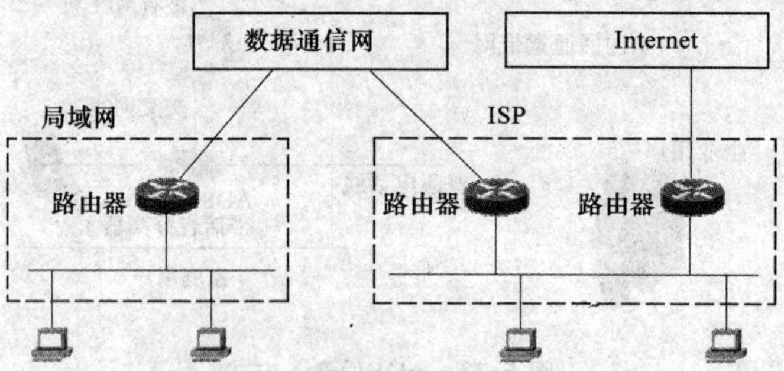

图 5-35　局域网通过路由器上网

路由器不仅知道每个节点的地址位于哪个网络分支，而且能够知道如何选择最佳路径来传递数据，同时还能过滤掉局部网络分支的广播信息。这种方法一般是具有一定规模的局域网(如大中型企业网，校园网等)所采用，它的特点如下：

(1)局域网中的每台主机都可拥有一个合法的 IP 地址，因此可以向外部发布信息。

(2)可以获得较大宽带，可靠性较高。

(3)可以在局域网内部配置连接 Internet 的电子邮件服务器。

(4)接入成本较高。

5.3.3 小区宽带上网

以小区为单位的宽带接入方式称为小区宽带，小区宽带通常采用 FTTB+LAN 宽带网接入技术(简称 FTTB)。

FTTB(Fiber To The Building，即光纤到楼)，是一种基于优化高速光纤局域网技术的宽带接入方式，采用光纤到楼、网线到户的方式实现用户的宽带接入，这是一种合理、实用、经济、有效的宽带接入方法。小区宽带接入是采用单模光纤高速网络实现千兆到社区，局域网百兆到楼宇，十兆到用户。由于小区宽带仿佛是互联网里的一个局域网，所以使用小区宽带不需要拨号，并且小区宽带是专线接入互联网，用户只需开机即可接入 Internet。

小区宽带对硬件要求和普通局域网的要求一样：计算机和 10 Mbps 以太网卡，对用户来说硬件投资非常少。小区宽带高速专线上网用户不但可以享用 Internet 所有业务，通过互联网查询信息、寻求帮助、邮件通信、电子商务、股票、证券操作，而且还可以享用 ISP 另外提供的诸多宽带增值业务，远程教育、远程医疗、交互游戏、广播视频等，并且小区宽带和线缆方式上网相比可以充分保证每个用户的带宽，因为每个用户最终的 10 Mbps 带宽是独享的。

小区宽带作为一种高速的上网方式优点是显而易见的，但是缺点我们也应该看到，ISP 必须投入大量资金敷设高速网络到每个用户家中，因此极大的限制了小区宽带的推广和应用，要真正让多数网民承受得起还需要做很多工作。

提供小区宽带接入服务的 ISP 很多，比较大的 ISP 有中国电信、中国网通、长城宽带等。

5.3.4　无线上网

无线上网的方式有多种，例如卫星上网、GPRS 上网等。尽管采用的技术方法和上网的方式有所不同，但都是利用无线连接设备将用户的终端连接到 Internet。

卫星上网是指用户通过计算机卫星调制解调器、卫星天线和卫星配合接入 Internet。它是一种非对称的接入方式，可以向用户提供 400 Kbps 的互联网下载速度，传输速度最高可达 3 Mbps；可以进行卫星广播式服务，例如大文件投递、多媒体广播等。服务覆盖范围广泛，可覆盖中国大陆所有地区、中国台湾及港澳地区。

GPRS 是分组无线业务(General Packet Radio Service)的英文缩写。它使通信速率从 56 Kbps 上升到 171.2 Kbps，并且支持计算机和移动用户的持续连接。GPRS 基于 GSM(Global System for Mobile)无线通信技术，是互联网在无线应用上的延伸。GPRS 使得可以在手机设备和笔记本电脑上实现 WWW 浏览、E-mail、视频会议等互联网应用。

无线上网的特点在于可以实现真正意义上的移动办公，有效地解决了移动终端接入 Internet 必须依赖网线和电话线的束缚，可以让用户借助笔记本电脑等移动设备灵活地接入互联网或企业网，随时随地轻松接收及发送信息、娱乐或进行移动办公，非常适合商务人士和集团客户移动办公需求。但由于目前无线通信费用较高的原因，无线上网只适合于收发 E-mail 和短时间浏览网页及下载。当然要实现无线上网，你还需要申请移动电话的网络服务功能(电信、联通等电信服务商都开通了此项业务)。

5.4　工具软件

Internet 资源丰富，除了提供各种文字信息外，还有大量的影音文件、图像以及各种软件等。要有效地利用网上的这些资源，通常要将其下载到用户计算机(称本地机)中。下载(Download)是指将文件从 FTP 服务器拷贝到自己计算机，而将用户计算机中的文件拷贝到服务器上就称为上传(Upload)。

5.4.1 下载工具

下载工具是一种可以更快地从网上下载东西的软件，常用的下载工具有网际快车(FlashGet)、迅雷(Thunder)、BT 下载(BitTorrent)、网络蚂蚁(Netants)、影音传送带(Net Transport)。用下载工具下载东西之所以快是因为它们采用了“多点连接(分段下载)”技术，充分利用了网络上的多余带宽；采用“断点续传”技术，随时接续上次中止部位继续下载，有效避免了重复。

5.4.1.1 下载工具介绍

1. 网际快车

网际快车(FlashGet)是全球人使用较多的软件，能高速、安全、便捷地下载电影、音乐、游戏、视频、软件、图片等。FlashGet 可以从不同的服务器下载同一个文件，并且会从较快的一个或几个站点下载，如果一个服务器出了问题会自动切换到其他的镜像站点下载。

FlashGet 主要有三大特点，一是分段下载，二是下载文件的管理，三是软件非常容易使用。

2. 迅雷

迅雷(Thunder)是一款新型的基于多资源超线程技术的下载软件，作为“宽带时期的下载工具”，迅雷针对宽带用户做了特别的优化，能够充分利用宽带上网的特点，带给用户高速下载的全新体验。

3. BitTorrent

BitTorrent(简称 BT，俗称 BT 下载、变态下载)是一个多点下载的源码公开的 P2P 软件，使用非常方便，就像一个浏览器插件，很适合新发布的热门下载。其特点简单的说就是下载的人越多，速度越快。

4. 网络蚂蚁

网络蚂蚁(Netants)也是一种从因特网上下载文件用的软件之一。该工具软件针对国内网络线路差、速度慢、费用高等情况，做了许多特别设计，以满足下载文件时方便、快捷、省钱的要求。

5. 影音传送带

影音传送带(Net Transport)是一个高效稳定、功能强大的下载工具，下载速度一流，CPU 占用率低，尤其在宽带上特别明显，内建易于使用的文件管理器，轻松实现按类别存放下载的文件。

5.4.1.2 网际快车(FlashGet)的使用

以网际快车为例介绍下载步骤。

(1) 打开浏览器，找到下载对象的链接，单击右键，选择“使用网际快车下载”，如图 5-36 所示。

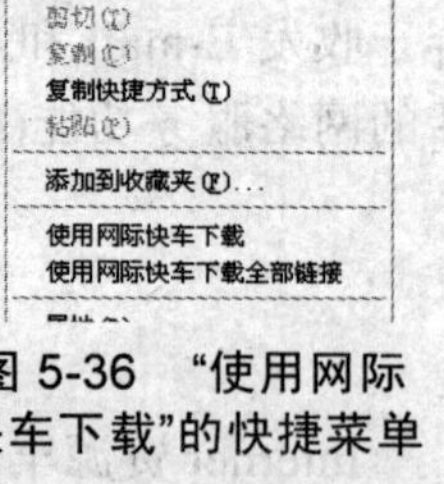

图 5-36 “使用网际快车下载”的快捷菜单

(2)选择“使用网际快车下载”后会自动弹出一个对话框，用户可以重新命名并注释下载的软件，如图 5-37 所示。

(3)单击“确定”按钮，网际快车开始下载。窗口中显示正在下载任务的名称和进度，如图 5-38 所示。

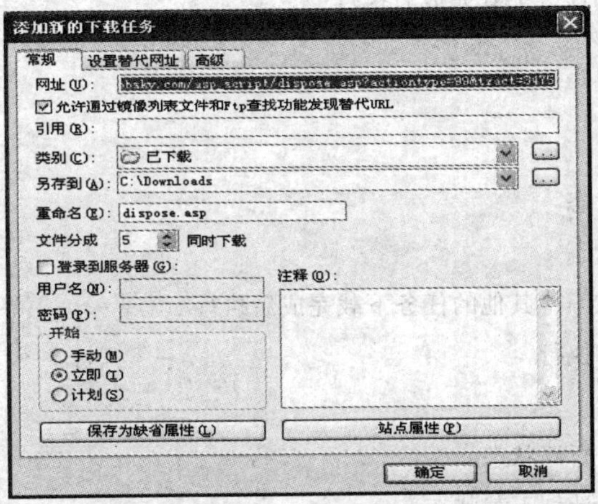

图 5-37　“添加新的下载任务”对话框

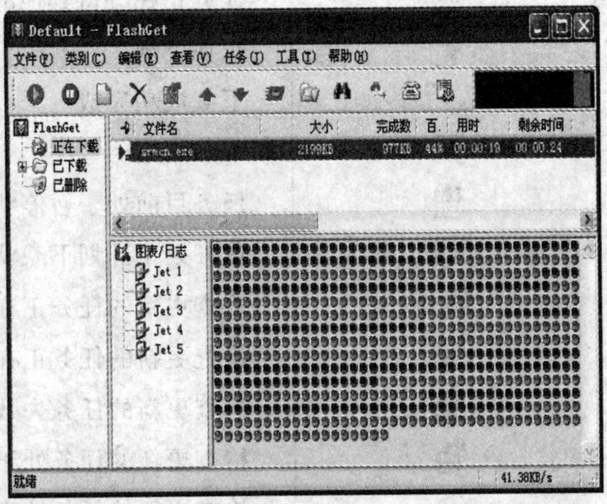

图 5-38　网际快车主界面

网际快车主界面上的工具栏按钮说明如表 5-1 所示，状态图标说明如表 5-2 所示。

表 5-1　工具按钮说明

按钮	名称	说明
	开始	开始下载选定的文件
	暂停	暂停下载
	新建	新建一个下载任务
	删除	修改选定的下载任务
	属性	修改选定项目的属性
	目录	打开 Windows 资源管理浏览下载文件所在目录
	查找	按名称、网址或者注释查找符合条件的内容
	连接/挂断	连接或者挂断当前的拨号网络连接
	默认	编辑默认的下载属性
	选项	更改程序的选项

表 5-2　状态图标说明

状态图标	说明
	站点支持续传，可以使用多点连接加速下载
	站点不支持续传，不能使用多点连接加速下载
	任务正在等待其他的任务下载完成后执行
	正在下载
	下载成功完成
	下载失败
	任务目前处于暂停状态
	任务处于计划下载状态
	检查更新的任务正在等待其他的任务下载完成后执行
	检查更新的任务正在执行
	检查更新的任务失败
	检查更新的任务处于暂停状态
	检查更新的任务处于计划下载状态

5.4.2　解压工具

用户经常会在网上看到很多压缩过的文件，这是为了方便文件上传和下载，以求最大限度地将文件缩小，节省文件在网上的传输时间。另外，用户经常用存储容量不大的软盘或者优盘在两台电脑之间传递文件，文件太大怎么办？硬盘中的文件越来越多，也越来越乱怎么办？如果把它们压缩打包后存放，就会节约空间，便于查找。

所谓压缩，就是按照一定的算法将数据或文件转换成一种相对节约存储空间的格式。解压缩与压缩相反，是把经过压缩的数据或文件还原。文件压缩与解压缩需要专门的软件来完成。

压缩工具作用就有两个：一是减小文件体积，二是将多个文件打包管理和传输。

目前，压缩格式有很多，比如常见的 zip 格式、rar 格式、cab 格式等。最常见的压缩软件就是 WinZip 和 WinRAR。WinRAR 是 32 位 Windows 版本的 RAR 压缩文件管理器，一个允许创建、管理和控制压缩文件的强大工具。存在一系列的 RAR 版本，应用于数个操作系统环境：Windows、Linux、FreeBSD、DOS、OS/2、MacOS X。

WinRAR 可以创建两种不同的压缩文件格式：RAR 和 ZIP。下面是每一种格式的优点叙述。

5.4.2.1　ZIP 压缩文件

ZIP 文件的最大优点就是普及率。比如说，大部分在 Internet 的压缩文件都是 ZIP 压缩文件，所以如果要传送压缩文件给某一个人，但无法确定收件人是否有 WinRAR 来解压压缩文件的内容时，使用 ZIP 格式是个好推荐。此类的压缩文件稍微大了一点，但不需要任何的外部程序便可以解压。另一个 ZIP 的优点便是速度。ZIP 压缩文件通常在创建时会比 RAR 快一些。

5.4.2.2 RAR 压缩文件

RAR 格式比 ZIP 更能够提供较好的压缩率，特别是在固定模式时。RAR 的另外一个重要功能是支持多卷压缩文件。它们比起 ZIP 的“跨磁盘”压缩文件更加便利和简易。WinRAR 不支持 ZIP 的磁盘拆分，如果要创建分卷压缩文件，请使用 RAR 的分卷压缩来代替。

RAR 格式也有一些在 ZIP 中所缺乏的重要功能，例如恢复记录，它允许物理受损数据的恢复，还能锁定重要的压缩文件，以防止它们被别人意外地更改。

RAR 格式可以管理的文件大小几乎是无限制的(最大到 8589934591 GB)，而在 ZIP 压缩文件的单个文件的最大值为 4 GB。需注意的是，旧式的文件系统不支持大于 4 GB 的文件，此类文件必须使用 NTFS 磁盘格式才能正常工作。

5.4.3 上传工具

Internet 是一座装满了各式各样计算机文件的宝库，其中有许多免费和共享软件、二进制的图片文件、声音、图像和动画文件，当然还有各种书籍和参考资料。对于上述内容，可以使用 FTP 传送到计算机上。

5.4.3.1 FTP 的功能与基本概念

FTP 是 TCP/IP 协议族中的有关文件传送的协议。使用 FTP 可以通过网络从一台计算机向另一台计算机上传送文件。在 Internet 上进行的几乎所有的文件传送，无论它是通过 FTP 客户机软件，还是通过 WWW 来进行的，最终都是通过 FTP 协议实现的，FTP 还是 Unix 中专门用于传输文件的程序名称。

FTP 有两个主要功能：其一，它可以在两个完全不同的计算机，例如，在大型的 Unix 计算机和个人计算机 PC 之间传送文件；其二，提供许多公用文件共同享用。

5.4.3.2 上传工具介绍

上传工具是一种可以使本机文件快速传送至服务器端的软件。常用的上传工具有 CuteFTP、FlashFXP、IglooFTP(同时登录多个 FTP)、BpFTP(支持多文件夹选择文件)、LeapFTP(外观界面)、网络传神(优秀国产软件)、流星雨–猫眼(多 FTP 管理客户端)等软件，使用方法大同小异。

5.4.3.3 上传工具使用方法

CuteFTP 是著名的 FTP 客户端程序，经过不断发展，现已成为一个集文件上传、下载、网页编辑等多种功能于一身的工具软件。软件功能广泛、全面，为了便于大家更好的使用软件，下面介绍 CuteFTP 的使用(本图解以 CuteFTP5. XXX 为标准，2. 0、3. 0、4. 25 也比较常用)。

(1)运行 CuteFTP，打开“FTP 站点管理”，如图 5-39 所示。

图 5-39 站点管理器

(2)在弹出的站点管理器窗口中点“新建(N...)”就会弹出一个如图 5-40 所示的对话框。填写好相应项目就可以连接了。

在“站点标签”文本框中输入 FTP 站点的名称，在“站点地址”文本框中输入站点的地址。

注意：这个地址不能带有“ftp：//”之类的字头，也不能带有文件夹的路径，而必须是站点本身的地址。

在“站点用户名”和“密码”文本框中分别输入登录所需要的用户名和密码，如果登录站点不需要密码，则在“注册类型”区域中选择“匿名”单选钮。在“端口”文本框中输入 FTP 地址的端口，默认值是 21。至此我们已经新建一个 FTP 站点。

(3)上传和下载文件。添加了站点之后，在站点管理窗口中选择一个 FTP(注意只能选择一个 FTP 站点)，与之建立连接。连接到服务器以后，CuteFTP 的窗口被分成左右两个窗格。左边的窗格显示本地硬盘的文件列表，右边的窗格显示远程硬盘上的文件列表。文件列表的显示方式和 Windows 的资源管理器完全一样，如图 5-41 所示。

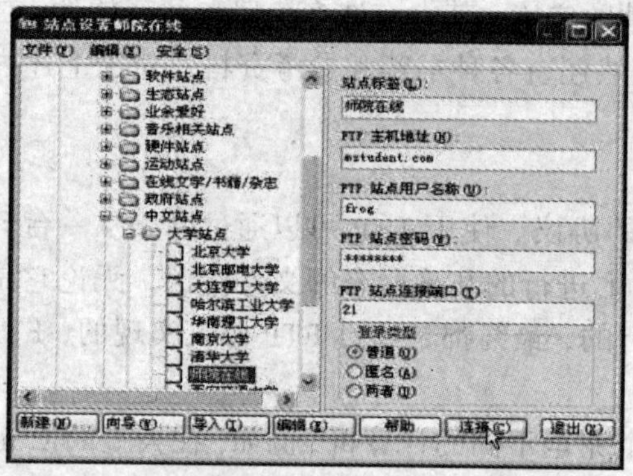

图 5-40　“站点属性”对话框

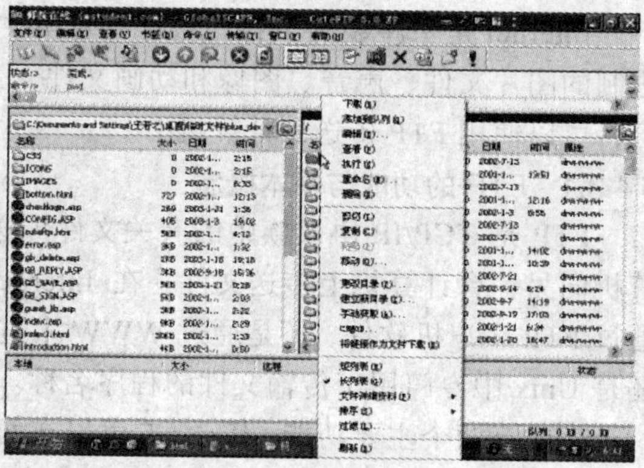

图 5-41　CuteFTP 的窗口

上传和下载都可以通过拖曳文件或者文件夹的图标来实现。将右侧窗格中的文件拖到左侧窗格中，就可以下载文件；将左侧窗格中的文件拖动到右侧窗格中，就可以上传文件。

上传和下载的最大不同之处在于：不是所有的服务器或服务器上的文件夹都可以上传文件，需要服务器赋予上传权限才可，因为上传需要占用服务器的硬盘空间，而且可能会给服务器带来垃圾或者病毒等危及服务器安全的东西。

一般地，大多数供交流的匿名 FTP 服务器上都有一个 incoming 或 uploads 文件夹，专门供匿名用户上传文件。而其他子目录只能下载，不能上传。在 incoming 或者 Uploads 文件夹中，因为是各种各样的匿名用户上传的文件，没有任何管理和保证，可能含有不安全的东西，所以下载这个文件夹下的内容要慎重。

(4)使用 CuteFTP 下载或上传文件的具体步骤与方法：①进入 CuteFTP，选择“站点管理”菜单，弹出“站点管理器”窗口。②选择站点管理器中的一个站点，单击“连接”按钮，登录到 FTP 服务器上。③在程序窗口左边的窗格中选择本地硬盘的一个文件夹或者在右边窗格中选择远程硬盘的一个文件夹。④然后点击工具栏中的“上传”或“下载”

图标，即可达到上传和下载的目的。⑤下载完成以后，在工具栏上单击“断开连接”按钮。

如果由于其他原因，与 FTP 服务器的联系被中断，则可以选择“FTP>重新连接”菜单，重新登录 FTP 服务器，并且进入刚才断开的文件夹。

如果临时没有这些软件，可以用 DOS 下的 FTP 命令进行文件传输，或者使用 IE 进行 FTP 传输。

5.5 Internet 应用

5.5.1 Internet 提供的服务

在 Internet 上，有许多的服务器在向访问者提供各种各样的服务，服务内容几乎遍及人们生活的各个方面。主要的服务形式有以下几种。

5.5.1.1 WWW 服务

WWW(World Wide Web，也称 Web)是一种采用 HTML(超文本标记语言)在 Internet 上进行信息发布的方式，用户在客户端使用专门的浏览器软件(如 Internet Explorer)来查看这些信息，也就是平时所说的浏览网页。WWW 服务是目前 Internet 最基本的、也是应用最广、最受欢迎的一种服务。

5.5.1.2 电子邮件服务

电子邮件(E-mail)服务是 Internet 上应用最早、最重要的服务之一。在邮件服务器的中转下，拥有电子邮件账号(电子信箱地址)用户通过不同的计算机进行文本、图像、文件等各种电子信息的传递。邮件的发送者和接收者不需要同时连到网上，发出的邮件被暂时保存在某个邮件服务器上，接收者上网后可以到这个邮件服务器上去收取邮件。用户可以方便地对接收到的邮件进行回复或将邮件转发给其他人，也可以同时把一封邮件发送到多个信箱中。

电子邮件与传统邮件相比有传输速度快、内容和形式多样、使用方便、费用低、安全性好等优点。贺卡传送、手机收信等新服务的出现，使电子邮件服务更受欢迎，许多应用软件如文字处理软件、图形处理软件、浏览器等也有直接把所喜欢的内容直接通过电子邮件发送给亲友的功能。

5.5.1.3 FTP 服务

FTP 服务允许 Internet 用户使用 FTP(File Tansfer Protocol，文件传输协议)协议登录到 FTP 服务器上，进行文件的下载和上传。Internet 上大量的 FTP 服务器为用户提供了大量的可免费下载的软件。其中一部分 FTP 服务器可以匿名登录，但大多数需要使用用户账号登录。

5.5.1.4 远程登录

远程登录使用 Telnet 协议，用户可以在网上的任意一台计算机上登录到具有权限的主机上，正确登录后，可以像在自己的计算机上一样，通过命令使用和管理远程主机上的各种资源。

进行网络配置和管理时经常需要通过终端仿真程序进行远程登录，管理整个网络上的路由器、交换机、服务器等设备。

5.5.1.5　电子商务

电子商务是近年来发展迅速的 Internet 网络应用之一。企业通过网络进行产品展示、推广，在银行系统的支持下，可进行网上支付，完成整个交易过程。

网上产品展示具有时效性强、内容全面、图像、声音、影像可以展现等优点，对于客户来说，还可以在自己的计算机上对多个供应商进行全方位的比较。

对企业而言，还可以通过网络进行售后服务、技术支持等。

5.5.1.6　电子政务

电子政务指通过 Internet 远程完成许多政府功能，如发布公告、行政审批、公文传递等，可以极大地提高政府工作效率，增大行政工作透明度。

类似的还有电子税务、电子海关、网上银行等应用，都是把传统的许多业务活动通过网络进行。

5.5.1.7　实时聊天

实时聊天是 Internet 上最受欢迎的服务之一。聊天有通过 Web 浏览器进行和通过专用客户端软件(如 QQ)进行两种方式。随着网络带宽的扩展，除文字聊天外，语音聊天、视频聊天也开始流行起来。

5.5.1.8　BBS

BBS 又称电子公告板，用户可以在网上发布信息(俗称发帖子)，也可以对帖子进行回复、发表看法等，BBS 也是一个重要的 Internet 项目。

近几年，网上还出现了虚拟现实、网络游戏、软件出租、手机短信、远程医院等各种各样的服务内容。随着科技的发展和社会的进步，未来的网络应用和网络技术的发展肯定会超出人们的想象，成为现代社会最重要的支柱之一。

5.5.2　Internet 应用

Internet 发展至今，在人类社会生活的方方面面都得到了广泛的应用，下面简单介绍一下它的一些重要应用领域。

5.5.2.1　教育科研

教育和科研领域是 Internet 最早的应用领域，社会的发展使得科学研究不可能局限于封闭的小圈子，研究人员需要不断地与外界交流，吸收和了解他人的研究成果，掌握新的发展动态，Internet 为科研人员提供了非常好的交流手段，研究人员可以随时把自己的研究成果在网上发布，也可以随时在网上查询自己需要的资料。对于教育领域来说，利用 Internet 可以实现网上教学，现在一些学校建立了“网上学校”，使得一些没有条件到学校学习的人可以得到教学经验丰富、教学效果好的名师指点，这种新的教学方式，可以使得学生不受时间、地点的限制，学生可以根据自己的条件，有针对性地学习，Internet 已经变成一所没有围墙的学校。

5.5.2.2　多媒体应用

Internet 多媒体应用是建立在宽带网络和高效的数据压缩技术基础上的，通过网络传输各种图像、声音、视频等信息，主要应用有 IP 电话、视频会议、视频点播(VOD)等。

5.5.2.3　新闻出版

新闻出版的目的是尽快地把信息发布给读者或观众，传统的传播媒体是报纸、杂志和广播电视。Internet 本身就具有信息发布和传输能力，所以 Internet 和出版社结缘是水到渠成的事。和传统的新闻出版媒体相比，Internet 具有他们无法比拟的优点，比如，Internet 的发布范围广，信息的传播速度快。世界上许多报社和新闻单位都开始把电子刊物放在 Internet 上供用户浏览。

5.5.2.4　医疗卫生

在医疗卫生领域，Internet 有着广泛的应用前景，利用互联网连通医疗机构的计算机后可以进行卫生咨询，可以预约医生，医院利用 Internet 可以进行远程会诊等。

Internet 还有其他方面的应用，比如计算机技术、娱乐、贸易等。

习　题

一、简答题

1. internet 和 Internet 有何区别和联系？Internet 有哪些特点？
2. 让 IE 上网后首先浏览某一个网页，应如何设置？
3. 常见的搜索引擎有哪些？搜索引擎分哪几类？
4. 什么是电子邮件？什么是邮件服务器？
5. Internet 有几种接入方式？分别是什么？
6. 常见的下载软件有哪些？上传工具有哪些？
7. Internet 服务有哪些方面？

二、实验题

1. 申请一个免费邮箱，并练习书写、发送邮件。
2. 练习 IE 浏览器的设置。
3. 练习工具软件的使用。

第6章　网络安全与管理

由于计算机网络的广泛应用，它对社会经济、文化以及科学和教育产生了深远的影响，人们通过网络相互学习、交流以及从事各种活动。当网络的用户来自社会各个阶层与部门时，大量在网络中存储和传输的数据就需要保护。本章将对计算机网络安全问题和如何进行安全管理等基本内容进行初步的讨论。

6.1　网络安全概述

从本质上讲，网络安全就是网络上信息的安全问题，它涉及的领域相当广泛。从广义角度来说，凡是涉及到网络上的信息保密性、完整性、可用性以及真实性等相关技术和理论，都是网络安全所要研究的内容。由于信息的飘忽不定和难以捕捉，保护信息资源很困难，因此网络没有绝对的安全。从用户的角度来说，他们希望涉及个人隐私或商业利益的信息在网络上传输时受到保密性、完整性和真实性的保护，以避免他人或对手利用窃听、冒充、篡改等手段对自己的利益和隐私造成损害和侵犯。

6.1.1　计算机网络面临的安全性威胁

计算机网络上的通信面临以下四种威胁，如图6-1所示。

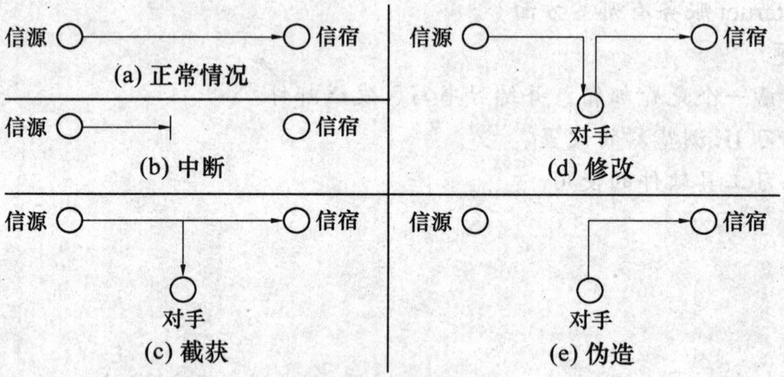

图6-1　四种威胁

6.1.1.1　中断

以可用性作为攻击目标，它毁坏系统资源(如硬件)，切断通信线路，或使文件系统变得不可用。例如：当用户正在通信时，有意的破坏者可设法中断他们的通信。

6.1.1.2　截获

以保密性作为攻击目标，非授权用户通过某种手段获得对系统资源的访问，如搭线窃听、非法拷贝等。例如：当甲通过网络与乙通信时，如果不采取任何保密措施，那么其他人就有可能偷听到他们的通信内容。

6.1.1.3　修改

以完整性作为攻击目标，非授权用户不仅获得对系统资源的访问，而且对文件进行窜改，如改变数据文件中的数据或者修改网上传输的信息等。例如：乙给甲发了如下一份报文："请给丁汇一万元钱。乙"，报文在转发过程中经过丙，丙把"丁"改为"丙"。

6.1.1.4　伪造

以完整性作为攻击目标，非授权用户将伪造的数据插入到正常系统中，如在网络上散布一些虚假信息等。例如：当甲与乙用电话进行通话时，甲可通过声音来确认对方。但用计算机进行通信时，若甲的屏幕上显示出"我是乙"时，甲如何确定这是乙而不是别人呢?

上述四种对网络的威胁可划分为两大类，即主动攻击和被动攻击。在上述情况中，截获信息的攻击称为被动攻击，而更改信息和拒绝用户使用资源的攻击称为主动攻击。

被动攻击的主要目的是窃听和监视信息的传输并存储，攻击者的目标只是想获得被传输的信息。被动攻击又可进一步分为信息窃取和数据流分析。电话通话、电子邮件和传输文件中可能包含一些非常敏感和绝密的信息，人们总是希望能够使这些信息保密而不致于泄露给对手。尽管信息可通过加密来保护，但对手仍可以通过观察数据流的模式、信息交换的频率和长度等，得知通信双方的方位和身份，甚至猜测出通信的本质内容。

被动攻击通常很难被检测出来，因为它不改变数据，但预防这种攻击的发生是可能的。因此，对被动攻击通常是采取预防手段而不是检测恢复手段。

主动攻击通常修改数据流或创建一些虚假数据流，它包括以下几种。

(1)伪装。如一个实体假冒成另外一个实体。

(2)重演。被动截获数据之后重发。

(3)修改。对合法数据进行修改、延误或重排。

(4)拒绝服务。阻碍或禁止通信设施的正常使用或管理，例如一个实体将发往某特定目标(如安全审计服务)的所有信息抑制或通过使网络严重超载而降低网络性能甚至导致整个网络混乱。

主动攻击具有被动攻击的一些相反特性。对于主动攻击，要绝对预防是非常困难的，因为这需要在所有时间内对所有通信设施或路径实行物理安全保护。但是主动攻击通常可以采取有效的检测和恢复手段进行保护，由于检测具有一定的威慑效果，从而对预防也能起到一定作用。

6.1.2　盗窃数据和侵入网络的方法

下面介绍几种常见的盗窃数据和侵入网络的方法。

6.1.2.1　窃听

最简易的窃听方式是将计算机连入网络，利用专门的工具软件对网络上的数据报进行分析。进行窃听的最佳位置是网络中的路由器，特别是位于关卡处的路由器，它们是数据报的集散地，在该处安装的一个窃听程序，可以轻易获取很多秘密。

窃听程序的基本功能是收集、分析数据报，高级的窃听程序还提供产生假数据报、解码等功能，甚至可锁定某源服务器(或目标服务器)的特定端口，自动处理与这些端口有关的数据报。利用上述功能，可监听他人的联网操作、盗取信息。

可被窃听的位置一般包括网络中的计算机、数据报在 Internet 上途经的每一个路由器。

6.1.2.2 窃取

这种入侵方式一般出现在使用支持信任机制的网络中。在这种机制下，通常用户只需拥有合法的账号即可通过认证，因此入侵者可以利用信任关系，冒充一方与另一方联网，以窃取信息。

6.1.2.3 会话窃夺

会话窃夺指入侵者首先在网络上窥探现有的会话，发现有攻击价值的会话后，便将参与会话的一方截断，并顶替被截断方继续与另一方进行连接，以窃取信息。

会话窃夺不像窃取那样容易防范。对于由外部网络入侵内部网络的途径，可用防火墙切断，但对于内、外部网络之间的会话，除了采用数据加密手段，没有其他方法可保绝对安全。

6.1.2.4 利用操作系统漏洞

任何操作系统都难免存在漏洞，包括新一代操作系统。操作系统的漏洞大致可分为两部分：一部分是由设计缺陷造成的，包括协议方面的、网络服务方面的、共用程序库方面的等；另一部分则是由于使用不得法所致，这种由于系统管理不善所引发的漏洞主要是系统资源或账户权限设置不当引起的。

6.1.2.5 盗用密码

盗用密码是最简单和狠毒的技巧。通常有两种方式：一种方式是因为用户不小心密码被他人“发现”了，而“发现”的方法一般是“猜测”。猜密码的方式有多种，最常见的是在登录系统时尝试不同的密码，系统允许用户登录就意味着密码被猜中了。另一种比较常见的方法是先从服务器中获得被加密的密码表，再利用公开的算法进行计算，直到求出密码为止，这种技巧最常用于 Unix 系统。

6.1.2.6 木马、病毒、暗门

(1)计算机技术中的木马，是一种与计算机病毒类似的指令集合，它寄生在普通程序中，并在暗中进行某些破坏性操作或盗窃数据。木马与计算机病毒的区别是，前者不进行自我复制，即不感染其他程序。

(2)病毒是一种寄生在普通程序中、能够将自身复制到其他程序并通过执行某些操作，破坏系统或干扰系统运行的“坏”程序。其不良行为可能是悄悄进行的，也可能是明目张胆地实施；可能没有破坏性，也可能毁掉用户几十年的心血。病毒程序除可从事破坏活动外，也可能进行间谍活动，例如，将服务器内的数据传往某个主机等。

(3)暗门又称后门，指隐藏在程序中的秘密功能，通常是程序设计者为了能在日后随意进入系统而设置的。

木马、病毒和暗门都可能对计算机数据资源的安全构成威胁(例如数据被篡改、毁坏或外泄等)。免受木马、病毒和暗门威胁的最有效的方法是不要运行来历不明的程序。

6.1.2.7 隐秘通道

安装防火墙、选择满足工业标准的安全结构、对进出网络环境的存储媒体实施严格管制，可起到一定的安全防护作用，但仍然不能保证绝对安全。

例如，系统内的木马可以使用如下手段将数据送达外界：约定木马忙碌代表为“1”，不忙碌代表为“0”，当木马忙碌时，因其占用系统资源，计算机的响应速度将变慢，否则，响应速度较高。外界接应者可每隔 1 s 对计算机的响应速度测试一次，以得知木马是否忙碌，从而获得数据。但是，通过隐秘通道外运数据的速度通常很低，安全性既重要又困难。说重要，是因为信息只具有显著的价值；说困难，是因为安全性意味着既要了解参与的用户、计算机和网络在何时可以相互信赖以及怎样相互信赖，还要了解网络硬件和协议的技术细节。

尽管有许多的技术用来保护网络，但是如果没有详细的安全计划，没有安全管理网络的清晰策略，无论使用何种技术都可能事倍功半。因此，要维护网络安全，建立起有效的系统的计划和管理就显得十分必要。

6.2 防火墙

6.2.1 防火墙的基本概念

防火墙的本义是指古代构筑和使用木制结构房屋的时候，为防止火灾的发生和蔓延，人们将坚固的石块堆砌在房屋周围作为屏障，这种防护构筑物就被称之为“防火墙”。

通常所说的网络防火墙是借鉴了古代真正用于防火的防火墙的喻义，在网络中所谓的“防火墙”是指一种将内部网和外部访问网(如 Internet)分开的方法，它实际上是一种隔离技术，是隔离在内部网络与外界网络之间的一道防御系统。防火墙可以使企业内部局域网(LAN)网络与 Internet 之间或者与其他外部网络互相隔离、限制网络互访用来保护内部网络。它能允许用户“同意”的人和数据进入用户的网络，同时将用户“不同意”的人和数据拒之门外，最大限度地阻止网络中的黑客来访问你的网络。换句话说，如果不通过防火墙，公司内部的人就无法访问 Internet，Internet 上的人也无法和公司内部的人进行通信。如图 6-2 所示为防火墙在网络中的位置。

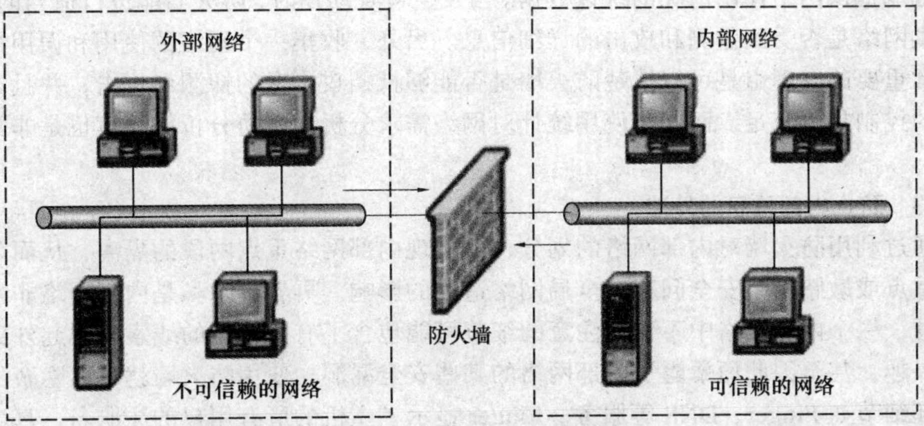

图 6-2 防火墙在网络中的位置

可以类比来理解，其实与防火墙一起起作用的就是“门”。如果没有门，各房间的人如何沟通呢，这些房间的人又如何进去呢？当火灾发生时，这些人又如何逃离现场呢？所以，在此所说的防火墙实际上并不是一堵“实心墙”，而是带有一些小孔的墙。这些小孔就是用来进行通信的，在这些小孔中安装了过滤机制，这就相当于这里所讲的防火墙的“安全策略”。在计算机网络中，一个网络防火墙扮演着防备潜在的恶意活动的屏障，并可通过一个“门”来允许人们在安全网络和开放的不安全的网络之间通信。原来，一个防火墙是由一个单独的机器组成的，放置在私有网络和公网之间。近些年来，防火墙机制已发展到不仅仅是“Firlwall Box”，更多提及到的是堡垒主机。它现在涉及到整个从内部网络到外部网络的区域，由一系列复杂的机器和程序组成。

6.2.2 防火墙的功能

防火墙是网络安全的屏障。一个防火墙(作为阻塞点、控制点)能极大地提高一个内部网络的安全性，并通过过滤不安全的服务而降低风险。由于只有经过精心选择的应用协议才能通过防火墙，所以网络环境变得更安全。如防火墙可以禁止诸如众所周知的不安全的 NFS 协议进出受保护网络，这样外部的攻击者就不可能利用这些脆弱的协议来攻击内部网络。防火墙同时可以保护网络免受基于路由的攻击，如 IP 选项中的源路由攻击和 ICMP 重定向中的重定向路径。防火墙应该可以拒绝所有以上类型攻击的报文并通知防火墙管理员。

6.2.2.1 防火墙可以强化网络安全策略

通过以防火墙为中心的安全方案配置，能将所有安全软件(如口令、加密、身份认证、审计等)配置在防火墙上。与将网络安全问题分散到各个主机上相比，防火墙的集中安全管理更经济。例如在网络访问时，一次一口令系统和其他的身份认证系统完全可以不必分散在各个主机上，而集中在防火墙身上。

6.2.2.2 对网络存取和访问进行监控审计

如果所有的访问都经过防火墙，那么防火墙就能记录下这些访问并作出日志记录，同时也能提供网络使用情况的统计数据。当发生可疑动作时，防火墙能进行适当的报警，并提供网络是否受到监测和攻击的详细信息。另外，收集一个网络的使用和误用情况也是非常重要的，理由是可以清楚防火墙是否能够抵挡攻击者的探测和攻击，并且清楚防火墙的控制是否充足，而网络使用统计对网络需求分析和威胁分析等而言也是非常重要的。

6.2.2.3 防止内部信息的外泄

通过利用防火墙对内部网络的划分，可实现内部网络重点网段的隔离，从而限制了局部重点或敏感网络安全问题对全局网络造成的影响。再者，隐私是内部网络非常关心的问题，一个内部网络中不引人注意的细节可能包含了有关安全的线索而引起外部攻击者的兴趣，甚至因此而暴露了内部网络的某些安全漏洞。使用防火墙就可以隐蔽那些透漏内部细节如 Finger、DNS 等服务。Finger 显示了主机的所有用户的注册名、真名、最后登录时间和使用 Shell 类型等，其显示的信息非常容易被攻击者所获悉。攻击者可以知道一个系统使用的频繁程度，这个系统是否有用户正在连线上网，这个系统是否在被攻击时引起注意等。防火墙可以同样阻塞有关内部网络中的 DNS 信息，这样一台主机的域名和 IP 地址就不会被外界所了解。

除了安全作用，防火墙还支持具有 Internet 服务特性的企业内部网络技术体系 VPN(虚拟专用网)。

6.2.3　防火墙的类型与结构

根据防火墙的分类标准不同，防火墙可以分为多种类型。这里遵循的是根据网络体系结构来进行的分类，按这样的标准，可以有以下几种类型的防火墙。

6.2.3.1　包过滤级防火墙

包过滤级防火墙一般是基于源地址和目的地址、应用或协议以及每个 IP 包的端口来作出通过与否的判断。一个路由器便是一个“传统”的网络级防火墙，大多数的路由器都能通过检查这些信息来决定是否将所收到的包转发，但它不能判断出一个 IP 包来自何方，去向何处。先进的包过滤防火墙可以判断这一点，它可以提供内部信息以说明所通过的连接状态和一些数据流的内容，把判断的信息同规则表进行比较，在规则表中定义了各种规则来表明是否同意包的通过。包过滤防火墙检查每一条规则直至发现包中的信息与某规则相符。如果没有一条规则能符合，防火墙就会使用默认规则，一般情况下，默认规则就是要求防火墙丢弃该包。其次，通过定义基于 TCP 或 UDP 数据包的端口号，防火墙能够判断是否允许建立特定的连接。

如图 6-3 所示为包过滤防火墙，还包括了大量的实用模块，可以为用户提供多方面的服务。如图 6-4 所示是一个企业级的防火墙实例。

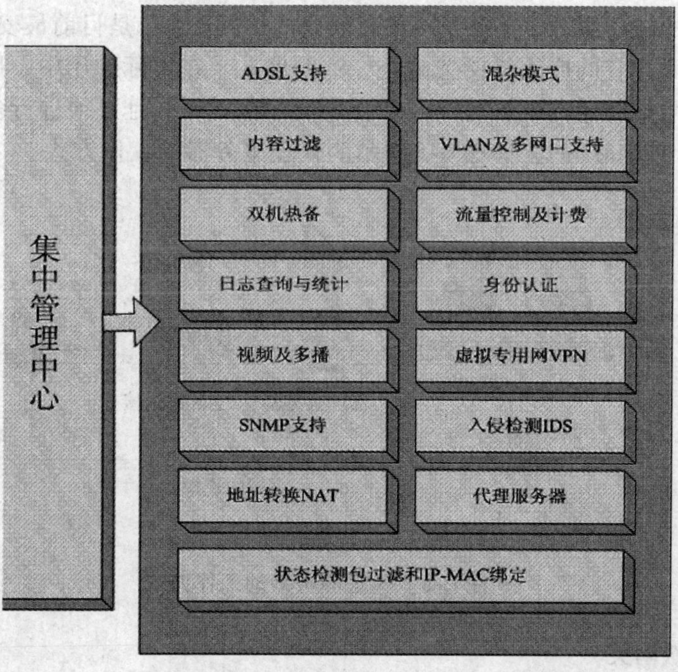

图 6-3　包过滤防火墙

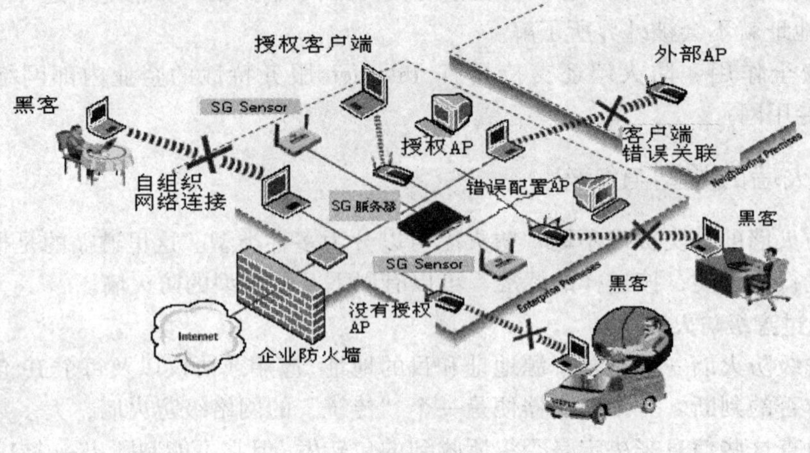

图 6-4　企业级的防火墙

6.2.3.2　应用级网关

应用级网关就是常常说的“代理服务器”，它能够检查进出的数据包，通过网关复制传递数据，防止在受信任服务器和客户机与不受信任的主机间直接建立联系。应用级网关能够理解应用层上的协议，能够做复杂一些的访问控制，并做精细的注册和稽核。但每一种协议都需要相应的代理软件，使用时工作量大，效率不如网络级防火墙。

常用的应用级防火墙已有了相应的代理服务器，例如：http、nntp、ftp、telnet、rlogin、X-Window 等。但是，对于新开发的应用，尚没有相应的代理服务，它们将通过网络级防火墙和一般的代理服务。应用级网关有较好的访问控制，是目前最安全的防火墙技术，但实现困难，而且有的应用级网关缺乏“透明度”。在实际使用中，用户在受信任的网络上通过防火墙访问 Internet 时，经常会发现存在延迟并且必须进行多次登录(Login)才能访问 Internet 或 Intranet。如图 6-5 所示为代理服务器的工作方式。

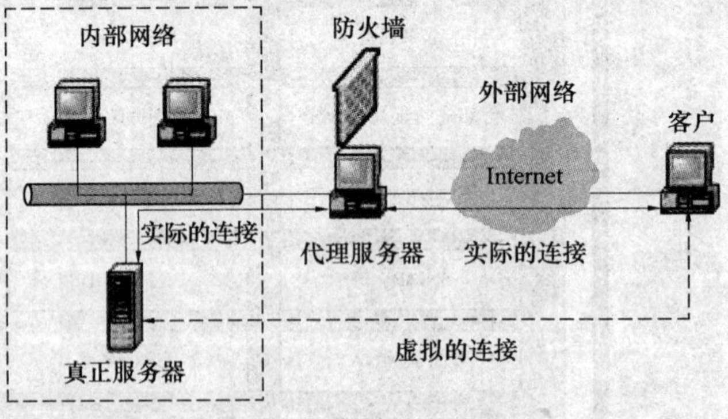

图 6-5　代理服务器的工作方式

6.2.3.3　电路级网关

这种技术是用户在对外连接时最喜欢采用的一种方式。电路级网关对 TCP 连接进行中继，对数据包只起到转发的作用。因此，电路级网关只依赖于 TCP 的连接，而不进行任何的附加包处理或者过滤。在应用级网关中，数据包被提交给用户应用层来处理，网关只用来在两个通信终点之间转接数据包，只是简单的字节拷贝，由于连接看起来似乎源于防火墙，所以隐藏了受保护网络的有关信息(见图 6-5)。这种网关对外就像一个代理，而对内则是一个过滤路由器。一个简单的电路级网关仅传 TCP 的数据段，而增强的电路级网关还应该具有认证的功能。

电路级网关用来监控受信任的客户或服务器与不受信任的主机间的 TCP 握手信息，这样来决定该会话(Session)是否合法。电路级网关是在 OSI 模型中会话层上来过滤数据包，这样比包过滤防火墙要高二层。实际上电路级网关并非作为一个独立的产品存在，它与其他的应用级网关结合在一起。另外，电路级网关还提供一个重要的安全功能：代理服务器(Proxy Server)。代理服务器是个防火墙，在其上运行一个叫做“地址转移”的进程，来将所有你公司内部的 IP 地址映射到一个“安全”的 IP 地址，这个地址是由防火墙使用的。但是，电路级网关也存在着一些缺陷，因为该网关是在会话层工作的，它就无法检查应用层级的数据包。如图 6-6 所示为电路级防火墙的工作方式。

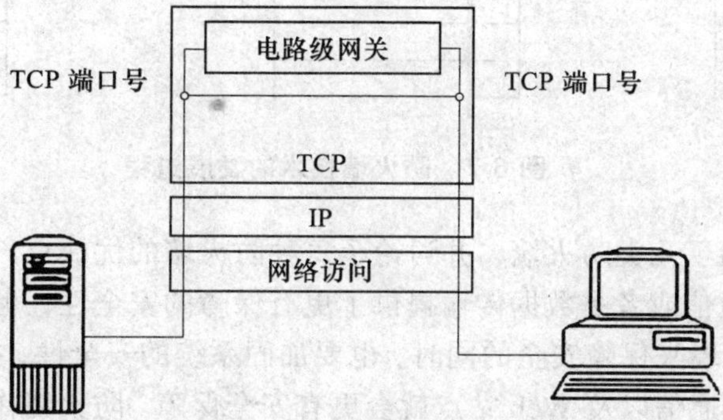

图 6-6　电路级防火墙的工作方式

6.2.3.4　规则检查防火墙

规则检查防火墙结合了包过滤防火墙、电路级网关和应用级网关的特点。它同包过滤防火墙一样，规则检查防火墙能够在 OSI 网络层上通过 IP 地址和端口号，过滤进出的数据包。它也像电路级网关一样，能够检查 SYN 和 ACK 标记和序列数字是否逻辑有序。当然它也像应用级网关一样，可以在 OSI 应用层上检查数据包的内容，查看这些内容是否能符合公司网络的安全规则。

规则检查防火墙虽然集前三者的特点，但是不同于应用级网关的是，它并不打破客户机/服务机模式来分析应用层的数据，它允许受信任的客户机和不受信任的主机建立直接连接。规则检查防火墙不依靠与应用层有关的代理，而是依靠某种算法来识别进出的应用层数据，这些算法通过已知合法数据包的模式来比较进出数据包，这样从理论上就能比应用级代理在过滤数据包上更有效。目前在市场上流行的防火墙大多属于规则检查防火墙，因为该防火墙对于用户透明，在 OSI 最高层上加密数据，不需要去修改客户端的程序，也不需对每个需要在防火墙上运行的服务额外增加一个代理。

从趋势上看，未来的防火墙将位于网络级防火墙和应用级防火墙之间。也就是说，网络级防火墙将变得更加能够识别通过的信息，而应用级防火墙在目前的功能上则向“透明”、“低级”方面发展。最终防火墙将成为一个快速注册稽查系统，可保护数据以加密方式通过，使所有组织可以放心地在节点间传送数据。如图 6-7 所示为防火墙技术的发展过程。

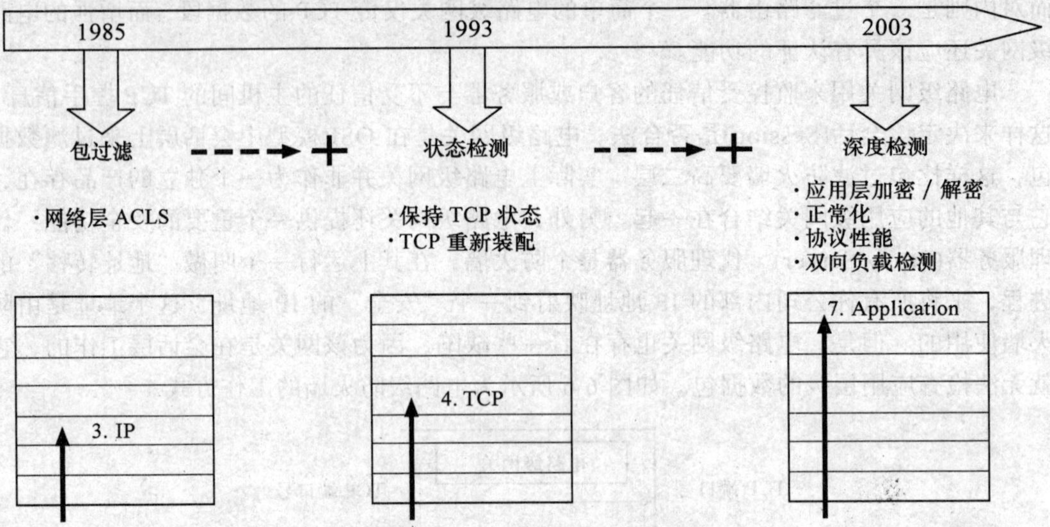

图 6-7 防火墙技术的发展过程

上面已经介绍了几类防火墙，并讨论了每种防火墙的优缺点。要记住，任何一种防火墙只是为网络通信或者是数据传输提供了更有保障的安全性，但是也不能完全依赖于防火墙。在靠防火墙来保障安全的同时，也要加固系统的安全性，提高自身的安全意识。这样一来，数据和通信以及 Web 站点就会更有安全保障。防火墙作为内部网与外部网之间的一种访问控制设备，常常安装在内部网和外部网交界的点上，因特网防火墙不仅仅是路由器、堡垒主机或任何提供网络安全的设备的组合，它更是安全策略的一部分。安全策略建立了全方位的防御体系来保护机构的信息资源；安全策略应告诉用户应有的责任，公司规定的网络访问、服务访问、本地和远程的用户认证、拨入和拨出、磁盘和数据加密、病毒防护措施，以及雇员培训等。所有能受到网络攻击的地方都必须以同样的安全级别加以保护。仅设立防火墙系统，而没有全面的安全策略，那么防火墙就形同虚设。但我们坚信伴随着 Internet 的飞速发展，防火墙技术与产品的更新步伐必然会加快。

6.3 数据加密技术

6.3.1 数据加密概述

加密技术是一门古老而深奥的学科，它对一般人来说是陌生的，因为长期以来，它只在很小的范围内，如军事、外交、情报等部门使用。计算机加密技术是研究计算机信息加密、解密及其变换的科学，是数学和计算机的交叉学科，也是一门新兴的学科。在国外，它已成为计算机安全主要的研究方向，也是计算机安全课程教学中的主要内容。

密码是实现秘密通讯的主要手段，是隐蔽语言、文字、图像的特种符号。凡是用特种符号按照通讯双方约定的方法把电文的原形隐蔽起来，不为第三者所识别的通讯方式都称为密码通讯。在计算机通讯中，采用密码技术将信息隐蔽起来，再将隐蔽后的信息传输出去，使信息在传输过程中即使被窃取或截获，窃取者也不能了解信息的内容，从而保证信息传输的安全。任何一个加密系统至少包括下面四个组成部分：

(1)未加密的报文，称为明文。

(2)加密后的报文，称为密文。

(3)加密解密设备或算法。

(4)加密解密的密钥。

图 6-8 示意了加密、解密的过程。其中，“This is a book”称为明文；“！@#$ ~ % ~ & ~ *()–”称为密文。将明文转换成密文的过程称为加密，相反的过程称为解密。

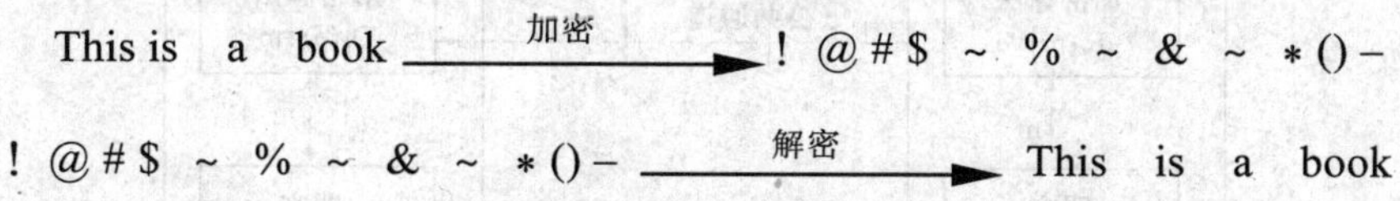

图 6-8　加密、解密过程

6.3.2　公钥密码体制

公开密钥加密技术的出现是密码学方面的一个巨大进步，它需要使用一对密钥来分别完成加密和解密操作。这对密钥中的一个公开发布，称为公开密钥(Public-Key)，另一个由用户自己安全保存，称为私有密钥(Private-Key)。信息发送者首先用公开密钥去加密信息，而信息接收者则用相应的私有密钥去解密。

假如 X 需要传送数据给 A，X 可将数据用 A 的公用钥匙加密后再传给 A，A 收到后再用私有钥匙解密，如图 6-9 所示。

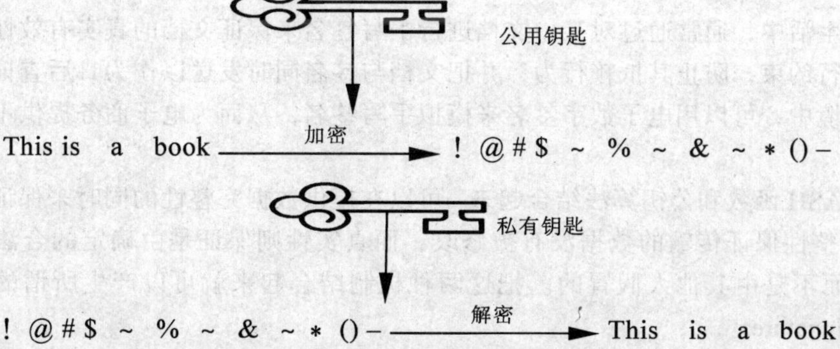

图 6-9　公钥密码加密解密过程

通过数学的手段保证加密过程是一个不可逆过程，即用公钥加密的信息只能用与该公钥配对的私有密钥才能解密。常用的算法有 RSA、ElGamal 等。

用公开密钥 PUK 加密可表示为：EPUK(m)=c。公开密钥和私有密钥是不同的，用相应的私有密钥 PRK 解密可表示为：DPRK(c)=m。

在数字签名中，为了提供消息的认证性，可以对消息用私人密钥加密而用公开密钥解密。这样，用户利用自己的私有密钥签名(加密)的消息就只能被相应的公钥验证(解密)，从而可以确信消息来自特定的用户，因为只有该用户才拥有该私钥的使用权。在两方通信过程中，使用公钥技术进行信息加密和解密的流程如图 6-10 所示。

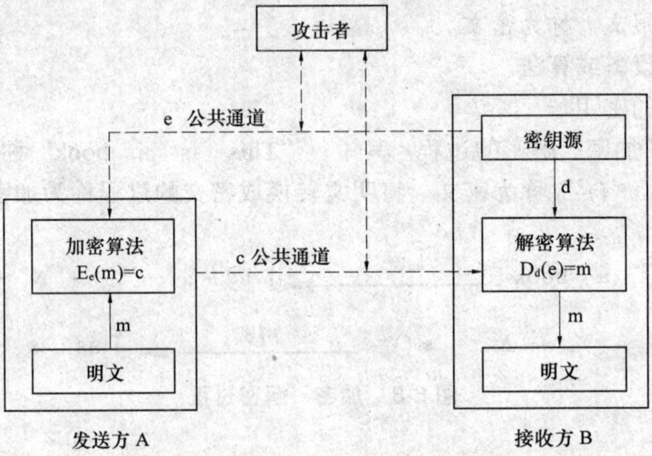

图 6-10　使用公钥技术进行信息加密和解密的流程

(1)发送方 A 首先通过公共通道获取接收方 B 的加密公钥，该密钥是公共的，应对外公开。

(2)发送方 A 利用接收方 B 的公钥对要传递的明文信息进行加密，并把密文信息 c 通过公共通道发送给接收方 B。

(3)接收方 B 利用同加密公钥相对应的私钥解密密文，以获取原始的明文信息。

6.3.3　数字签名

日常生活中，通常通过对某一文档进行手写签名来保证文档的真实有效性，可以对签字方进行约束，防止其抵赖行为，并把文档与签名同时发送以作为日后查证的依据。在网络环境中，可以用电子数字签名来模拟手写签名，从而为电子商务提供不可否认的服务。

把 HASH 函数和公钥算法结合起来，可以在提供数据完整性的同时来保证数据的真实性。完整性保证传输的数据没有被修改，而真实性则保证是由确定的合法者产生的 HASH，而不是由其他人假冒的。把这两种机制结合起来就可以产生所谓的数字签名(Digital Signature)。

将报文按双方约定的HASH算法计算得到一个固定位数的报文摘要(Message Digest)值。在数学上保证：只要改动报文的任何一位，重新计算出的报文摘要就会与原先值不符，这样就保证了报文的不可更改。然后把该报文的摘要值用发送者的私人密钥加密，并将该密文同原报文一起发送给接收者，所产生的报文即为数字签名。

接收方收到数字签名后，用同样的 HASH 算法对报文计算摘要值，然后与用发送者的公开密钥进行解密解开的报文摘要值相比较。如相等则说明报文确实来自发送者，因为只有用发送者的签名私钥加密的信息才能用发送者的公钥解开，从而保证了数据的真实性。

数字签名相对于手写签名在安全性方面具有如下好处：数字签名不仅与签名者的私有密钥有关，而且与报文的内容有关，因此不能将签名者对一份报文的签名复制到另一份报文上，同时也能防止篡改报文的内容。

从一个消息中创建一个数字签名包括两个步骤。首先就是创建一个消息的散列值(也叫消息摘要)，然后就是签名，即利用签名者的私钥对该散列值进行加密，如图 6-11 所示。

为了验证一个数字签名，必须同时获得原始消息和数字签名。首先，利用同签名相同的方法计算消息的散列值，然后利用签名者公钥解密签名获取原散列值，如果两个散列值相同，则可以验证发送者的数字签名，整个过程如图 6-12 所示。

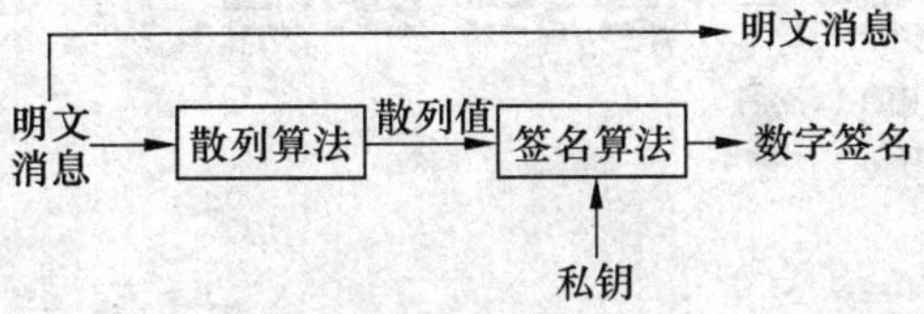

图 6-11　数字签名过程

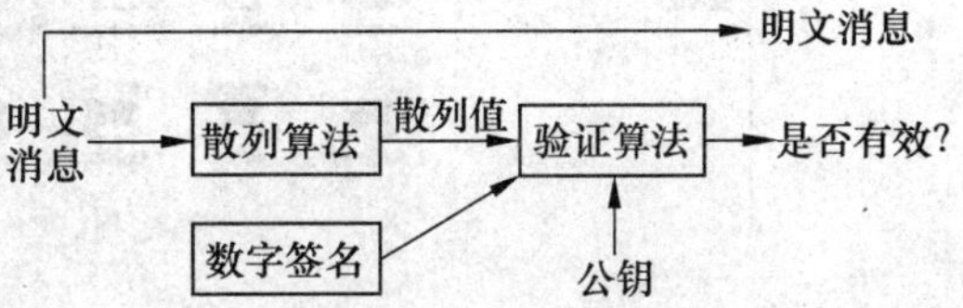

图 6-12　签名验证过程

6.4　网络防病毒技术

6.4.1　计算机病毒及其危害

从广义上定义，凡能够引起计算机故障，破坏计算机数据的程序统称为计算机病毒。1994 年 2 月 18 日，我国正式颁布实施了《中华人民共和国计算机信息系统安全保护条例》，在第二十八条中明确指出：“计算机病毒，是指编制或者在计算机程序中插入的破坏计算机功能或者毁坏数据，影响计算机使用并能自我复制的一组计算机指令或者程序代码。”此定义具有法律性、权威性。依据此定义，诸如逻辑炸弹、蠕虫等均可称为计算机病毒。

病毒危害是极大的。每一个病毒都有自己特有的危害性；病毒编写者的喜好和对程序了解的多少是病毒针对性的主要原因。病毒主要侵害系统数据区、文件、内存，破坏磁盘、干扰系统运行、降低系统效率、扰乱系统显示、禁止键盘及鼠标运行、攻击 CMOS、干扰打印机。在计算机病毒出现的初期，说到计算机病毒的危害，往往注重于病毒对信息系统的直接破坏作用，比如格式化硬盘、删除文件数据等，并以此来区分恶性病毒和良性病毒。其实这些只是病毒劣迹的一部分，随着计算机应用的发展，人们深刻地认识到凡是病毒都可能对计算机信息系统造成严重的破坏。

计算机病毒的主要危害有以下几种。

6.4.1.1　病毒激发对计算机数据信息的直接破坏作用

大部分病毒在激发的时候直接破坏计算机的重要信息数据，所利用的手段有格式化磁盘、改写文件分配表和目录区、删除重要文件或者用无意义的“垃圾”数据改写文件、破坏 CMOS 设置等。如图 6-13 所示为“熊猫烧香”网络病毒发作时对“帝国时代罗马复兴”文件造成的破坏。

图 6-13　“熊猫烧香”网络病毒发作时对“帝国时代罗马复兴”文件造成的破坏

6.4.1.2　占用磁盘空间和对信息的破坏

寄生在磁盘上的病毒总要非法占用一部分磁盘空间。

引导型病毒的一般侵占方式是由病毒本身占据磁盘引导扇区，而把原来的引导区转移到其他扇区，也就是引导型病毒要覆盖一个磁盘扇区。被覆盖的扇区数据永久性丢失，无法恢复。

文件型病毒利用一些 DOS 功能进行传染，这些 DOS 功能能够检测出磁盘的未用空间，把病毒的传染部分写到磁盘的未用部位去。所以，在传染过程中一般不破坏磁盘上的原有数据，但非法侵占了磁盘空间。一些文件型病毒传染速度很快，在短时间内感染大量文件，每个文件都不同程度地加长了，就造成磁盘空间的严重浪费。

6.4.1.3　抢占系统资源

除 VIENNA、CASPER 等少数病毒外，其他大多数病毒在动态下都是常驻内存的，这就必然抢占一部分系统资源。病毒所占用的基本内存长度大致与病毒本身长度相当。病毒抢占内存，导致内存减少，一部分软件不能运行。除占用内存外，病毒还抢占中断，干扰系统运行。计算机操作系统的很多功能是通过中断调用技术来实现的。病毒为了传染激发，总是修改一些有关的中断地址，在正常中断过程中加入病毒的“私货”，从而干扰了系统的正常运行。如图 6-14 所示为“震荡波”(SASSER)发作时影响系统运行症状。

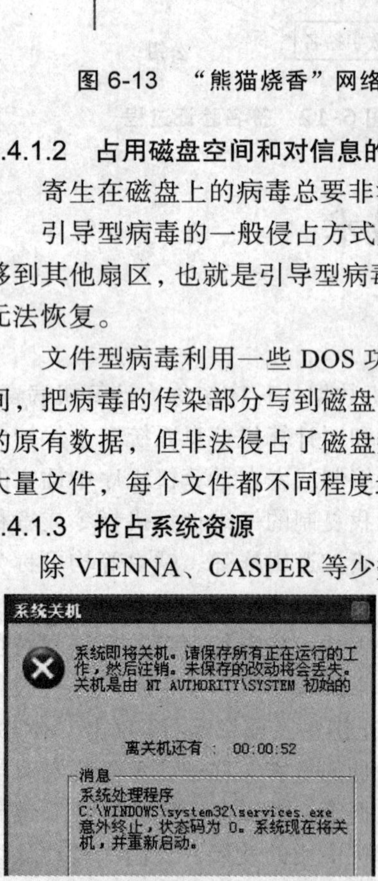

图 6-14　“震荡波”（SASSER）发作时影响系统运行症状

6.4.1.4 影响计算机运行速度

病毒进驻内存后不但干扰系统运行，还影响计算机速度，主要表现在以下几方面。

(1)病毒为了判断传染激发条件，总要对计算机的工作状态进行监视，这相对于计算机的正常运行状态既多余又有害。

(2)有些病毒为了保护自己，不但对磁盘上的静态病毒加密，而且进驻内存后的动态病毒也处在加密状态，CPU 每次寻址到病毒处时要运行一段解密程序把加密的病毒解密成合法的 CPU 指令再执行；而病毒运行结束时再用一段程序对病毒重新加密。这样 CPU 额外执行数千条以至上万条指令。

(3)病毒在进行传染时同样要插入非法的额外操作，特别是传染软盘时不但计算机速度明显变慢，而且软盘正常的读写顺序被打乱，发出刺耳的噪声。

如图 6-15 所示为很多病毒发作时造成 CPU 占用率达 100%。

图 6-15 病毒发作时造成 CPU 占用率达 100%

6.4.1.5 计算机病毒错误与不可预见的危害

计算机病毒与其他计算机软件的一大差别是病毒的无责任性。编制一个完善的计算机软件需要耗费大量的人力、物力，经过长时间调试完善，软件才能推出。但在病毒编制者看来既没有必要这样做，也不可能这样做。很多计算机病毒都是个别人在一台计算机上匆匆编制调试后就向外抛出。反病毒专家在分析大量病毒后发现绝大部分病毒都存在不同程度的错误。

错误病毒的另一个主要来源是变种病毒。有些初学计算机者尚不具备独立编制软件的能力，出于好奇或其他原因修改别人的病毒，造成错误。计算机病毒错误所产生的后果往往是不可预见的，反病毒工作者曾经详细指出“黑色星期五”病毒存在 9 处错误，“乒乓”病毒有 5 处错误等。但是人们不可能花费大量时间去分析数万种病毒的错误所在。大量含有未知错误的病毒扩散传播，其后果是难以预料的。

6.4.1.6 计算机病毒的兼容性对系统运行的影响

兼容性是计算机软件的一项重要指标，兼容性好的软件可以在各种计算机环境下运行，反之兼容性差的软件则对运行条件“挑肥拣瘦”，要求机型和操作系统版本等。病毒的编制者一般不会在各种计算机环境下对病毒进行测试，因此病毒的兼容性较差，常常导致死机。

6.4.1.7 计算机病毒给用户造成严重的心理压力

据有关计算机销售部门统计，计算机售后用户怀疑“计算机有病毒”而提出咨询的占售后服务工作量的60%以上，经检测确实存在病毒的约占70%，另有30%情况只是用户怀疑，而实际上计算机并没有病毒。那么用户怀疑病毒的理由是什么呢？多半是出现诸如计算机死机、软件运行异常等现象。这些现象确实很有可能是计算机病毒造成的。但又不全是，实际上在计算机工作“异常”的时候很难要求一位普通用户去准确判断是否是病毒所为。大多数用户对病毒采取宁可信其有的态度，这对于保护计算机安全无疑是十分必要的，然而往往要付出时间、金钱等方面的代价。仅仅怀疑病毒而贸然格式化磁盘所带来的损失更是难以弥补。不仅是个人单机用户，在一些大型网络系统中也难免为甄别病毒而停机。总之，计算机病毒像“幽灵”一样笼罩在广大计算机用户心头，给人们造成巨大的心理压力，极大地影响了现代计算机的使用效率，由此带来的无形损失是难以估量的。

6.4.2 网络防病毒措施

在所有计算机安全威胁中，计算机病毒是最为严重的，它不仅发生的频率高、损失大，而且潜伏性强、覆盖面广。目前全球已发现5万余种病毒，并且还在以每天10余种的速度增长。计算机感染的病毒70%来自于网络上，30%来自于其他途径，如从软件商的演示盘中带来的病毒，从系统维护盘中带来的病毒，从公司之间交换的软盘带来的病毒等。从统计数据中可以看出，引起网络病毒感染的主要原因在于网络用户自身等。那么，如何部署安全高效的防病毒系统呢？

网络防病毒可以从以下两方面入手：一是工作站，二是服务器。

网络防病毒软件的基本功能是：对文件服务器和工作站进行查毒扫描、检查、隔离、报警，当发现病毒时，由网络管理员负责清除病毒。网络防病毒软件一般允许用户设置三种扫描方式：实时扫描、预置扫描与人工扫描。一个完整的网络防病毒系统通常由以下几个部分组成：客户端防毒软件、服务器端防毒软件、针对群件的防毒软件、针对黑客的防毒软件。

6.4.2.1 从工作站方面入手

工作站是病毒进入网络的主要途径，所以应该在工作站上安装防病毒软件。这种做法是比较合理的。因为病毒扫描的任务是由网络上所有工作站共同承担的，这使得每台工作站承担的任务都很轻松，如果每台工作站都安装最新防毒软件，这样就可以在工作站的日常工作中加入病毒扫描的任务，性能可能会有少许下降，但无需增添新的设备。虽然目前许多病毒是通过 Internet 文件下载和电子邮件文件附着传播的，但最主要的传播途径还是由外界带来的软盘，因此在工作站上实施实时软盘扫描是十分必要的，它可以使病毒感染的机会降至最少。当然，在工作站上安装的防病毒软件应很好地融合于系统，便于统一更新和自动运行，以避免给用户造成不便。

6.4.2.2　从服务器方面入手

1. 邮件服务器

邮件服务器是防病毒软件的第二个着眼点。邮件是重要的病毒来源。邮件在发往其目的地前，首先进入邮件服务器并被存放在邮箱内，所以在这里安装防病毒软件是十分有效的。假设工作站与邮件服务器的数量比是 100∶1，那么这种做法显而易见节省费用。但是，这还不是防止病毒进入的全部途径。由于有的工作站通过单独的调制解调器或直接连接网络中的其他工作站，其传输就可能绕过企业邮件服务器。因此，必须注意病毒可能进入网络的所有其他途径。

2. 备份服务器

备份服务器是用来保存重要数据的。如果备份服务器也崩溃了，那么整个系统也就彻底瘫痪了。备份服务器中受破坏的文件将不能被重新恢复使用，甚至会反过来感染系统，但是防病毒软件与备份软件间存在一个很少被注意的冲突。备份软件在日常运行中，需要多次打开同一个文件，这就迫使防病毒软件多次检查同一个文件。如果一个大型的备份系统在晚间工作中需要备份 50000 文件，那么防病毒软件就可能需要做 150000 次的文件检查，这将极大地降低备份效率。而更为复杂的是，当病毒被发现时，备份工作就必须停下来直到病毒被清除，这样晚间的备份工作有可能得等到第二天才能完成。避免备份服务器被病毒感染是保护网络安全的重要组成部分，因此好的防病毒软件必须能够解决这个冲突，它能与备份系统相配合，提供无病毒的实时备份和恢复。

3. Internet 服务器和文件服务器

在企业中，重要的数据往往保存在位于整个网络中心节点的文件服务器上，这是病毒攻击的首要目标。为保护这些数据，网络管理员必须在网络的多个层次上设置全面保护措施，保护好这些地方。在 Internet 服务器上安装防病毒软件是头等重要的，上载和下载的文件不带有病毒对你和你客户的网络都是非常重要的。

4. 建立防病毒策略

当然从技术上做好防病毒工作很重要，但是建立一套实用的防病毒策略更是必不可少的。

(1)着重于软件。防病毒任务最终是由防毒软件的质量决定的，任何试图改变和控制用户的行为都是无用的。

(2)处理小组。建立一支两人或两人以上的病毒事件处理小组是防病毒策略的一部分。

(3)自动保护。任何用户在任何时候必须运行智能的防病毒软件。

(4)升级和修补。使用的防毒软件是最新版本将是最好的防病毒软件。

(5)经常做备份。应该对网络数据做到可靠的、及时的、无病毒的备份，这样在系统发生病毒灾难时，可以很快地恢复系统。

(6)确保服务器无病毒。网络上最重要的是服务器，它是用来存储数据和提供各种服务的，它们必须得到绝对可靠的保护。一旦服务器感染了病毒，整个网络就将很危险，必须不惜一切代价保护服务器安全。

(7)查找病毒传播者。应该注意那些经常使网络暴露给病毒，或常从网络外部传入大量数据，或试图避开安全措施的用户，应当对他们进行处罚或变更他们的使用权限。那些通常不理会你所制定的安全策略的人，如维修人员、承包商、咨询人员及推销人员也是潜在的病毒传播者。

(8)拒绝安装任何未经检验的软件。

6.4.3　常见杀毒软件

6.4.3.1　Kaspersky Labs(卡巴斯基)

在国内卡巴斯基不像诺顿那样有名，可能许多人还比较陌生。卡巴斯基总部设在俄罗斯首都莫斯科，Kaspersky Labs 是国际著名的信息安全领导厂商。公司为个人用户、企业网络提供反病毒、防黑客和反垃圾邮件产品。经过 14 年与计算机病毒的战斗，卡巴斯基获得了独特的知识和技术，使得卡巴斯基成为了病毒防卫的技术领导者和专家。该公司的旗舰产品——著名的卡巴斯基反病毒软件(Kaspersky Anti-Virus，原名 AVP)被众多计算机专业媒体及反病毒专业评测机构誉为病毒防护的最佳产品。

卡巴斯基的杀毒能力确实很强，对的起排名世界第一的称号，卡巴斯基是世界上最好的杀毒软件之一。很多次国际性的评测，卡巴斯基都位于杀毒软件之首，杀毒能力毋庸置疑，其病毒库也是每 3 小时更新一次，十分迅速。Kaspersky 抗病毒软件有许多国际研究机构、中立测试实验室和 IT 出版机构的证书，确认了 Kaspersky 具有汇集行业最高水准的突出品质。

Kaspersky 提供了所有类型的抗病毒防护，包括抗病毒扫描仪、监控器、行为阻断和完全检验等。它支持几乎是所有的普通操作系统、E-mail 通路和防火墙。Kaspersky 控制所有可能的病毒进入端口，它强大的功能和局部灵活性以及网络管理工具为自动信息搜索、中央安装和病毒防护控制提供最大的便利和最少的时间来建构你的抗病毒分离墙。Kaspersky 2006 版引入新一代个人计算机和工作站病毒防护程序，新版对 Kaspersky Lab 5.0 版进行了技术改革，功能提升效果显著，包括了反病毒、反黑客、反间谍、反垃圾邮件、前摄防御等全套安全工具，可让你的系统高枕无忧。如图 6-16 所示为卡巴斯基启动的界面。

6.4.3.2　Norton AntiVirus(诺顿)

Norton AntiVirus 是一套强而有力的防毒软件，从 DOS 时代诺顿就孜孜不倦地为大家保护着电脑不受病毒等的威胁。它可帮用户侦测上万种已知和未知的病毒，并且每当开机时，自动防护便会常驻在 System Tray，当用户从磁盘、网路上、E-mail 夹档中开启档案时便会自动侦测档案的安全性，若档案内含病毒，便会立即警告，并作适当的处理。另外，它还附有 Live Update 的功能，可帮用户自动连上 Symantec 的 FTP Server 下载最新的病毒码，于下载完后自动完成安装更新的动作。

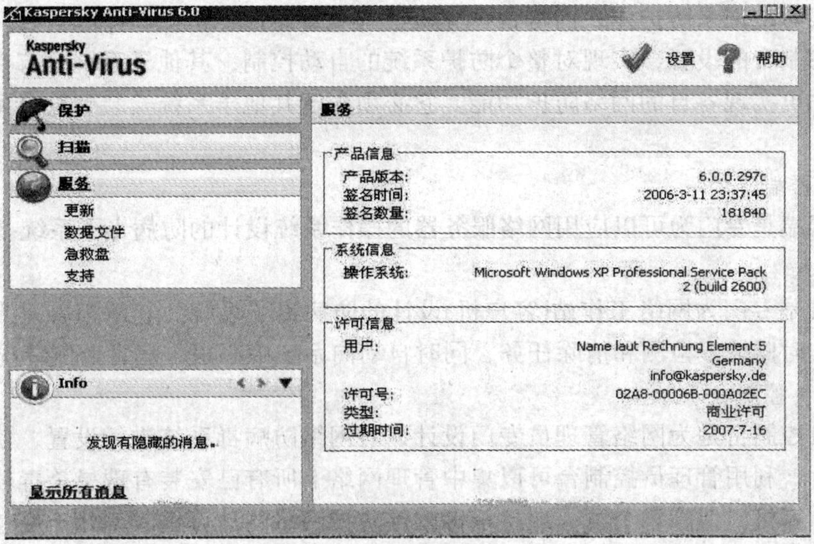

图 6-16　卡巴斯基启动的界面

诺顿杀毒企业黄金版 v8.1(可无限升级)，保护计算机免于受到病毒和其他恶意程序代码的攻击。它能够在不打断用户工作的情况下在背景中自动修复遭受病毒感染的文档，全天候严阵以待对抗新病毒以保证计算机始终能够防御最新出现的病毒。即使暂时没有更新病毒定义，赛门铁克独家“程序型病毒拦截”技术(Script Blocking)也会认出并阻止以程序方式执行的病毒，如图 6-17 所示为 Norton AntiVirus(诺顿)启动界面。

6.4.3.3　瑞星杀毒软件

1. 瑞星杀毒软件网络版的组成

瑞星杀毒软件网络版整个防病毒体系是由四个相互关联的子系统组成。每一个子系统均包括若干不同的模块，除承担各自的任务外，还与另外子系统通讯，协同工作，共同完成对网络的病毒防护工作。如图 6-18 所示是瑞星设置界面。

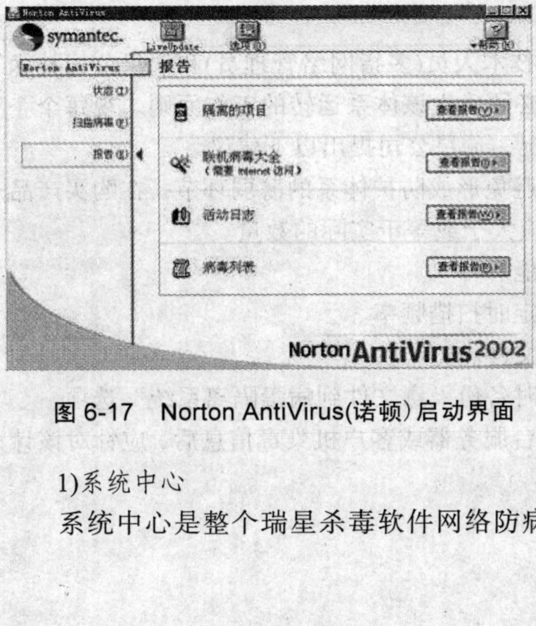

图 6-17　Norton AntiVirus(诺顿)启动界面

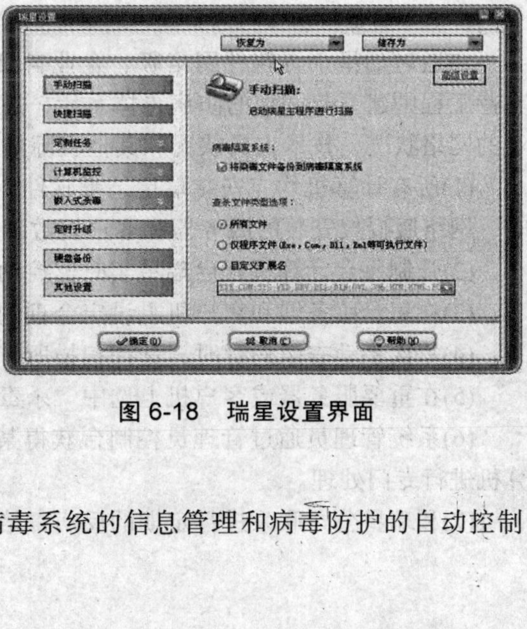

图 6-18　瑞星设置界面

1)系统中心

系统中心是整个瑞星杀毒软件网络防病毒系统的信息管理和病毒防护的自动控制

核心。它实时地记录防护体系内每台计算机上的病毒监控、检测和清除信息。同时，根据管理员控制台的设置，实现对整个防护系统的自动控制，其他子系统只有在系统中心工作后，才可实现各自的网络防护功能。它必须先于其他子系统安装到符合条件的服务器上。

2)服务器端

服务器端是专门为可以应用网络服务器的操作系统设计的防病毒子系统。

3)客户端

客户端是专门为网络工作站(客户机)设计的防病毒子系统。它承担着对当前工作站上病毒的实时监控、检测和清除任务，同时自动向系统中心报告病毒监测情况。

4)管理员控制台

管理员控制台是为网络管理员专门设计，对网络防病毒系统进行设置、使用和控制的操作平台。利用管理员控制台可以集中管理网络上所有已安装有瑞星杀毒软件网络版客户端的计算机，保障每个纳入瑞星杀毒软件防护网络的计算机时刻处于最佳的防病毒状态。它既可以安装到服务器上，也可以安装到客户机上，视网络管理员的需要，可自由安装。所以，它又被称为“移动管理控制台”。

2. 瑞星杀毒软件网络版工作原理

瑞星杀毒软件网络版安装到服务器和客户机上后，通过“系统中心”、“服务器端”、“客户端”和“管理员控制台”四个子系统的协同工作，实现了对网络上病毒的实时监控、定时扫描、手动扫描、自动或手动升级、信息管理等功能。同时提供了用户合法身份认证结构，保障用户利益。

3. 瑞星杀毒软件网络版防病毒管理

当一个计算机网络安装瑞星杀毒软件网络版后，必须将防病毒管理纳入日常工作。只有通过网络系统管理员、瑞星杀毒软件网络版和瑞星公司的技术支持三方努力才能真正实现整个网络安全的目的。针对瑞星杀毒软件网络版提供的功能和特点，建议网络系统管理员进行以下管理。

1) 确立病毒防护原则

在通过瑞星杀毒软件网络版、企业自身技术人员(多指网络管理员)和瑞星公司技术支持工程师建立起网络的防病毒体系后，还必须确立该体系运转的工作原则。视每个企业的网络状况、技术人员状况和其他实际情况，瑞星公司提出以下建议。

(1)所有计算机均应安装瑞星杀毒软件，避免形成防护体系的薄弱环节。在购买产品时，网络版授权安装的服务器和客户机数量应大于或等于实际的数量。

(2)强制每台计算机开启瑞星实时监控功能。

(3)在每台服务器和客户机上设定合理的定时扫描频率。

(4)每次手动查杀病毒时，选择扫描所有文件。

(5)在重要服务器或客户机上选中“杀毒时备份染毒文件到病毒隔离系统”选项。

(6)系统管理员通过管理员控制台获得某台服务器或客户机染毒信息后，应针对该计算机进行专门处理。

(7)和瑞星公司联系进行定期的反病毒培训。

2)病毒防护信息管理

系统中心对防护体系内所有计算机的病毒监控、检测，以及处理情况均有记录。对这些信息的有效监控、利用和管理会使整个防病毒工作更加有效。网络管理员应根据网络的实际运行状况和工作需要制定切实可行的管理方案。

3)监控、检测和清除病毒

该项管理是网络防病毒管理的核心，利用瑞星杀毒软件网络版提供的各项功能可实现对所有计算机设计具体的管理方案。如对实时监控、扫描、清除时间、周期等进行设置。

4)未知病毒侦测管理

由于新病毒的不断出现，反病毒软件也要随之更新。只有建立一套完整可行的新病毒侦测和捕获方案才能实现这一过程的良性循环和周期的缩短，这也是维护整个网络安全必不可少的环节。一旦发现异常现象，及时与瑞星公司联系。

5)版本升级更新管理

彻底解决新病毒的办法是保证杀毒软件的不断升级更新。为此，网络管理员应充分利用瑞星公司提供的各种升级方式，结合自身具体情况，制定合理的升级管理办法，并组织实施。

6)与瑞星公司的信息交流

与瑞星公司的信息交流是保证病毒防护体系不断完善的最佳途径。

4. 瑞星杀毒软件网络版的特点

1)国际领先的杀毒技术

瑞星杀毒软件采用了瑞星新一代病毒扫描引擎技术，继承并发扬瑞星公司十余年的反病毒经验，可全面处理各种 DOS 病毒、Windows 3.X 病毒、Windows 9X 病毒、宏病毒、网络病毒和黑客程序等。

2)远程化管理

(1)远程杀毒。网络管理员只需通过一台计算机，就可以对全网的所有计算机同时进行病毒检测和清除(注意：网吧版不支持此功能)。

(2)远程报警。局域网中任何一台计算机上发现病毒时，瑞星杀毒软件自动将病毒信息传递给网络管理员。

(3)远程操作。网络管理员只需通过一台计算机，就可以对全网所有瑞星杀毒软件进行统一或个性化设置。

3)自动化管理

(1)自动安装。整个局域网只需在一台计算机上安装瑞星杀毒软件，即可实现对所有计算机的自动安装。

(2)自动升级。系统自动从瑞星网站下载最新升级版本，并自动分发到各节点计算机，实现全网统一升级。

4)功能强大，操作简便

针对以往网络版杀毒软件设置复杂、操作繁琐的弊病，瑞星杀毒软件网络版采用智能化的底层优化技术，在保持功能强大的前提下，实现了界面简洁、操作便利的目标，最大限度地减少了用户操作难度和工作量。

5)集中式管理、分布式杀毒

(1)中央系统中心结合移动管理控制台实现全网方便管理。局域网内任意一台计算机均可设置为移动管理控制台。网络管理员通过账号和口令使用移动管理控制台，即可清楚地掌握整个网络环境中各个节点的病毒监测状态，对局域网进行远程集中式安全管理。

(2)先进的分布式管理技术。瑞星杀毒软件采用先进的分布式管理技术，调用每个节点各自的杀毒软件对该计算机上所有文件进行全面查杀病毒，解决了以往网络版杀毒软件只能查杀共享文件的缺陷。由于不在网络上传输文件，既保障了每个节点使用者的隐私，又大大提高了全网查杀病毒的效率。

(3)完备的服务与技术支持。瑞星公司拥有完备的病毒跟踪系统，能够及时发现各种流行和新生病毒并提供解决方案。同时，通过互联网站提供 24 小时不间断升级服务。网络管理员可自行设置升级方式，通过瑞星杀毒软件网络版与网络的无缝连接，以及瑞星公司自行开发的断点续传技术，使得升级既迅速及时，又安全可靠。

6.5　网络安全基本管理

6.5.1　网络管理概述

随着计算机网络的发展，计算机网络已呈现出以下三大特点：一是网络系统规模不断扩大，二是网络系统复杂度增加，三是在一个网络内经常会由于集成了多个计算机网络厂家的产品而出现一个网内存在多个网管的现象。各个网管之间不能协调互通，从而导致网络管理及其操作的难度增大。为了解决这个问题，人们期望有一个网络管理系统，不但能够保证整个网络不间断地正常运行，而且能够“统管”各个厂家的设备，并且具有一定的功能。

目前存在着两种类型的网络管理问题：一种是与软件相关的问题，例如数据安全性和存取许可；另一种是与硬件相关的问题。国际标准化组织 ISO 定义了网络管理的 5 个功能：故障管理，性能管理，配置管理，安全管理和计费管理。

6.5.1.1　故障管理

故障是指出现大量或者严重错误需要修复的异常情况。故障管理是对计算机网络中的问题或故障进行定位的过程。

故障管理的目标是自动检测网络硬件和软件中的故障并通知用户，以便网络能有效地运行。当网络出现故障时，要进行故障的确认、记录、定位，并尽可能排除这些故障，回复由故障影响的业务。

6.5.1.2　性能管理

性能管理负责检视整个网络的性能，允许网络管理者了解网络运行的好坏。性能管理的目标是衡量和呈现网络特性的各个方面，使网络的性能维持在一个可以接受的水平上。

6.5.1.3　配置管理

配置管理的目标是掌握并控制网络和系统的配置信息以及网络内各设备的状态和连接关系，它涉及网络设备、网络的物理连接和物理接口。它不仅负责建立、修改、删除和优化网络配置参数，而且可以通过配置管理来提高整个网络的性能。

6.5.1.4　安全管理

安全管理的目标是按照一定的策略控制对网络资源的访问，以保证网络不被侵害，并保证重要的信息不被未授权的用户访问。包括验证用户的访问权限和优先级，检测和记录未授权用户企图进行的非法操作。

6.5.1.5　计费管理

在有偿使用的网络上，计费管理功能统计有哪些用户、使用何种信道、传输多少数据、访问什么资源等信息；另一方面，计费管理功能还可以统计不同线路和各类资源的利用情况。因此可见，计费管理就是根据用户对网络的使用情况，制定一种用户可以接受的计费方法。商业性网络中的计费系统还要包括诸如每次通信的开始和结束时间，通信中使用的服务等级以及通信中的另一方等更详细的计费信息，并能够随时查询这些信息。

一个具体的网络管理系统不一定要完全包含上述 5 大管理功能，不同的系统可以选取其中的几个功能加以组合，但几乎每个网络管理系统都会包括故障管理功能。

6.5.2　网络管理协议

目前，已应用的网络管理系统有许多，各个厂家一般对自己的设备都有配套的网络管理系统。为了更好地惊醒网络管理，许多国际标准化组织都提出了自己的管理标准和网络管理方案。目前，使用最广泛的网络管理协议是简单网络管理协议 SNMP(Simple Network Management Protocol)，其管理对象包扩网桥、路由器、交换机等内存和处理能力有限的网络互联设备。

SNMP 首先由 Internet 工程任务组织(Internet Egineering Task Force, IETF)的研究小组为了解决 Internet 上的路由器管理问题而提出的，该协议已经发展了三代，现在的版本是 SNMP V3，主要用来管理 Internet 上众多厂家生产的软硬件平台。SNMP 已成为一个实施上的工业标准，被广泛应用在国际上的网络管理领域。

SNMP 是 Internet 组织用来管理因特网和以太网的网络管理协议。为了提高网络管理系统的效率，网络管理系统在传输层采用了用户数据报协议(UDP)。针对 Internet 飞速发展和协议的不断扩充和完善，SNMP 尽可能地降低管理代理的软件成本和资源要求。SNMP 结果具有可扩充性，以适应网络系统的发展。

SNMP 包含管理节点和代理节点。管理节点(Manager)也叫管理进程，一般都是带有彩色监视器的工作站，拥有很强的处理能力，在它上面运行 SNMP 管理软件，可以显示所有被管理设备的状态(例如连接是否掉线，各种连接上的流量状况等)。代理节点也叫被管理设备，被管理设备种类繁多，例如路由器、X 终端、终端服务器和打印机等，它们运行 SNMP 代理进程。这些被管理设备的共同点就是都运行 TCP/IP 协议，代理节点只需与管理节点通信，如图 6-19 所示。

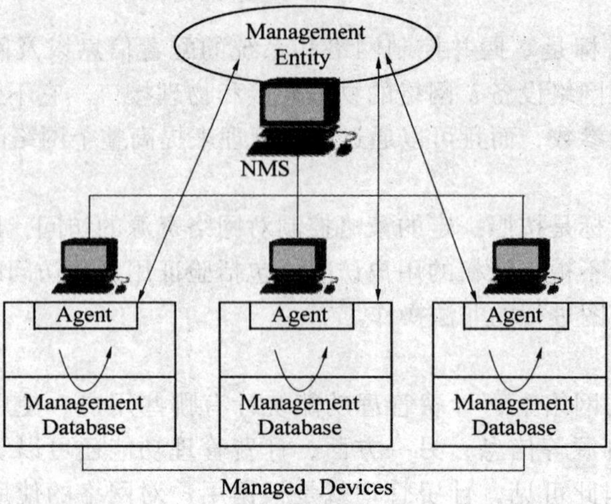

图 6-19 SNMP 组成

6.5.2.1 SNMP 的工作原理

SNMP 使用嵌入到网络设备中的代理软件来收集网络的通信信息和有关网络设备的统计数据。代理软件不断地收集统计数据，并把这些数据记录到一个管理信息库(MIB)中，网络管理员通过向代理的 MIB 发出查询信号可以得到这些信息。虽然 MIB 计数器将统计数据的总和记录下来了，但它无法对日常通信量进行历史分析。为了能全面地查看一天的通信流量和变化率，管理人员必须不断地轮询 SNMP 代理，每分钟就轮询一次。这样，网络管理员可以使用 SNMP 来评价网络的运行状况，并揭示出通信的趋势。先进的SNMP 网络管理站甚至可以通过编程来自动关闭端口或采取其他校正措施来处理历史的网络数据。

SNMP 是关于管理进程和代理进程之间的通信协议，管理进程和代理进程之间的通信可以有两种方式。一种是管理进程向代理进程发出请求，询问一个具体的参数值。另外一种方式是代理进程主动向管理进程发送参数值，包括某些重要事件的发生。具体地说，管理节点从被管理设备中收集数据有以下三种方法。

1. 轮询方法

被管理设备总是在控制之下，网络管理站不断地询问各个代理。缺陷是信息的实时性较差，尤其是错误的实时。多久轮询一次，并且在轮询时按照什么样的设备顺序呢？如果轮询间隔太小，那么将产生太多不必要的通信量，如果轮询间隔太大，并且在轮询时顺序不对，那么关于一些大的灾难性的时间通知又会太慢。

2. 中断方法

当有异常事件发生时，立即通知网络管理站。缺陷：产生错误或中断需要系统资源。如果自陷必须转发大量的信息，那么被管理设备可能不得不消耗更多的时间和系统资源来产生自陷，从而影响了它执行主要的功能。而且，如果几个同类型的自陷事件接连发生，那么大量网络带宽可能将被相同的信息所占用。尤其是如果自陷是关于网络拥塞问题的时候，事情就会变得特别糟糕。克服这一缺陷对于被管理设备来说，应当设置关于什么时候报告的问题。但这种方法再一次违背了网络管理的原则，因为设备必须消耗更多的时间和系统资源，来决定一个自陷是否应该被产生。

3. 自陷的轮询方法

在初始化阶段，或者每隔一段较长时间，网络管理站通过轮询。所有代理来了解某些关键信息，一旦了解到了这些信息，网络管理站可以不再进行轮询。另一方面，每个代理负责向网络管理站通知可能出现的异常事件,这些事件通过 SNMP TRAP 传递消息。一旦网络管理站得到通知可能出现的异常事件，它可采取一些动作，如直接轮询报告该时间的代理或轮询与该代理邻近的一些代理以便取得更多有关该异常事件的特定信息。由 TRAP 导致的轮询有助于大大节省网络带宽和降低代理的响应时间，尤其是网络管理站不需要的管理信息不必通过网络传递,代理也可以不用频繁响应那些不感兴趣的请求。

6.5.2.2 SNMP 的报文格式

SNMP 使用 UDP 作为第四层协议(传输层协议)，进行无链接操作。管理进程和代理进程之间的每个消息都是一个单独的数据报。数据报会有丢失的情况，因此 SNMP 有超时和重传的机制。

SNMP 消息报文包含两个部分：SNMP 报头和协议数据单元 PDU。如图 6-20 所示。

版本标识符	团体名	PDU

图 6-20　SNMP 的报文格式

版本标识符(Version Identifier)：用来确保 SNMP 代理使用相同的协议，每个 SNMP 代理都直接抛弃与自己协议版本不用的数据报。

团体名(Community Name)：用于 SNMP 代理对 SNMP 管理站进行认证。如果网络配置要求验证时，SNMP 代理将对团体名和管理站的 IP 直接进行认证，如果失败，SNMP 代理将向管理站发送一个认证失败消息。

协议数据单元(PDU)：指明了 SNMP 的消息类型及相关参数。

使用 SNMP 的前提是要求所有的代理和管理站都支持 UDP 和 IP，这就限制了对于某些设备的管理,例如某些不支持 TCP/IP 协议的网桥和调制解调器等设备只能被排除在网络管理范围之外。为了管理那些没有实现 SNMP 的设备，可以引入委托，即 SNMP 代理代表了被委托的设备。管理站给它的委托代理发送关于该设备的查询，委托代理再把每个查询转换为该设备所有使用的管理协议；反之，当代理收到对某个查询的响应时，它把响应递交给管理站。与此相似，如果来自于该设备的某些通知传给代理后，代理再以 TRAP 消息的形式发送给管理站。

6.5.3 TCP/IP 诊断工具

6.5.3.1 ping

ping 是用来检查网络是否通畅或者网络连接速度的命令。作为一个生活在网络上的管理员或者黑客来说，ping 命令是第一个必须掌握的 DOS 命令，它所利用的原理是这样的：网络上的机器都有唯一确定的 IP 地址，我们给目标 IP 地址发送一个数据包，对方就要返回一个同样大小的数据包，根据返回的数据包我们可以确定目标主机的存在，可以初步判断目标主机的操作系统等。

下面就来看看它的一些常用的操作。在 DOS 窗口中键入“ping /?”，按回车键，出现如图 6-21 所示的帮助画面。我们只掌握一些基本的很有用的参数就可以了(下同)。

```
D:\>ping /?

Usage: ping [-t] [-a] [-n count] [-l size] [-f] [-i TTL] [-v TOS]
            [-r count] [-s count] [[-j host-list] | [-k host-list]]
            [-w timeout] target_name

Options:
    -t             Ping the specified host until stopped.
                   To see statistics and continue - type Control-Break;
                   To stop - type Control-C.
    -a             Resolve addresses to hostnames.
    -n count       Number of echo requests to send.
    -l size        Send buffer size.
    -f             Set Don't Fragment flag in packet.
    -i TTL         Time To Live.
    -v TOS         Type Of Service.
    -r count       Record route for count hops.
    -s count       Timestamp for count hops.
    -j host-list   Loose source route along host-list.
    -k host-list   Strict source route along host-list.
    -w timeout     Timeout in milliseconds to wait for each reply.
```

图 6-21　ping 命令的工作界面

(1)–t。表示将不间断向目标 IP 发送数据包，直到我们强迫其停止。

(2)–l。定义发送数据包的大小，默认为 32 字节，我们利用它可以最大定义到 65500 字节。结合上面介绍的–t 参数一起使用，会有更好的效果。

(3)–n。定义向目标 IP 发送数据包的次数，默认为 3 次。如果网络速度比较慢，3 次对我们来说也浪费了不少时间，因为现在的目的仅仅是判断目标 IP 是否存在，那么可以定义为一次。

如果–t 参数和–n 参数一起使用，ping 命令就以放在后面的参数为标准，比如“ping IP – t – n 3”，虽然使用了–t 参数，但并不是一直 ping 下去，而是只 ping 3 次。另外，ping 命令不一定非得 ping IP，也可以直接 ping 主机域名，这样就可以得到主机的 IP。

下面举个例子来说明一下具体用法，如图 6-22 所示。这里 time=2 表示从发出数据包到接受到返回数据包所用的时间是 2 s，从这里可以判断网络连接速度的大小。从 TTL 的返回值可以初步判断被 ping 主机的操作系统，之所以说“初步判断”是因为这个值是可以修改的。这里 TTL=32 表示操作系统可能是 Windows 98(如果 TTL=128，则表示目标主机可能是 Windows 2000；如果 TTL=250，则目标主机可能是 Unix)。

```
D:\>ping 192.168.0.7 -l 65500 -t

Pinging 192.168.0.7 with 65500 bytes of data:

Reply from 192.168.0.7: bytes=65500 time=2ms TTL=32
Reply from 192.168.0.7: bytes=65500 time=2ms TTL=32
Reply from 192.168.0.7: bytes=65500 time=2ms TTL=32
Reply from 192.168.0.7: bytes=65500 time=2ms TTL=32
Reply from 192.168.0.7: bytes=65500 time=2ms TTL=32
Reply from 192.168.0.7: bytes=65500 time=2ms TTL=32
Reply from 192.168.0.7: bytes=65500 time=2ms TTL=32
```

图 6-22　具体用法

另外，利用 ping 命令可以快速查找局域网故障，可以快速搜索最快的 QQ 服务器，还可以对别人进行 ping 攻击。

6.5.3.2　nbtstat

该命令使用 TCP/IP 上的 NetBIOS 显示协议统计和当前 TCP/IP 连接。使用这个命令可以得到远程主机的 NETBIOS 信息，比如用户名、所属的工作组、网卡的 MAC 地址等。在此我们就有必要了解几个基本的参数。

(1)–a。使用这个参数，只要知道了远程主机的机器名称，就可以得到它的 NETBIOS 信息，如图 6-23 所示。

(2)–A。这个参数也可以得到远程主机的 NETBIOS 信息，但需要知道它的 IP。

(3)–n。列出本地机器的 NETBIOS 信息。

```
D:\WINDOWS\system32>nbtstat -a 192.168.0.3

本地连接:
Node IpAddress: [192.168.0.7] Scope Id: []

           NetBIOS Remote Machine Name Table

       Name               Type          Status
    ---------------------------------------------
    YL              <00>  UNIQUE      Registered
    WORKGROUP       <00>  GROUP       Registered
    YL              <03>  UNIQUE      Registered
    YL              <20>  UNIQUE      Registered
    WORKGROUP       <1E>  GROUP       Registered
    WORKGROUP       <1D>  UNIQUE      Registered
    ..__MSBROWSE__.<01>  GROUP       Registered

    MAC Address = 52-54-AB-53-   -92
```

图 6-23　nbtstat 工作界面

当得到了对方的 IP 或者机器名的时候，就可以使用 nbtstat 命令来进一步得到对方的信息了，这又增加了我们入侵的保险系数。

6.5.3.3 netstat

netstat 验证各端口的网络连接情况。这是一个用来查看网络状态的命令，操作简便功能强大。

(1)–a。查看本地机器的所有开放端口，可以有效发现和预防木马，可以知道机器所开的服务等信息。如图 6-24 所示，这里可以看出本地机器开放有 FTP 服务、Telnet 服务、邮件服务、WEB 服务等。用法为 netstat –a IP。

```
D:\>netstat -a 192.168.0.7

Active Connections

  Proto  Local Address           Foreign Address       State
  TCP    killer:ftp              killer:0              LISTENING
  TCP    killer:telnet           killer:0              LISTENING
  TCP    killer:smtp             killer:0              LISTENING
  TCP    killer:http             killer:0              LISTENING
  TCP    killer:epmap            killer:0              LISTENING
  TCP    killer:https            killer:0              LISTENING
  TCP    killer:microsoft-ds     killer:0              LISTENING
  TCP    killer:1025             killer:0              LISTENING
  TCP    killer:1026             killer:0              LISTENING
  TCP    killer:1027             killer:0              LISTENING
  TCP    killer:5000             killer:0              LISTENING
  TCP    killer:3001             killer:0              LISTENING
  TCP    killer:3002             killer:0              LISTENING
  TCP    killer:3003             killer:0              LISTENING
  TCP    killer:netbios-ssn      killer:0              LISTENING
  UDP    killer:epmap            *:*
  UDP    killer:microsoft-ds     *:*
```

图 6-24 netstat 命令工作界面

(2)–r。列出当前的路由信息，告诉我们本地机器的网关、子网掩码等信息。用法为 netstat –r IP。

6.5.3.4 tracert

tracert 可以跟踪路由信息。使用此命令可以查出数据从本地机器传输到目标主机所经过的所有途径，这对我们了解网络布局和结构很有帮助。如图 6-25 所示，这里说明数据从本地机器传输到 192.168.0.1 的机器上，中间没有经过任何中转，说明这两台机器是在同一段局域网内。用法为 tracert IP。

```
D:\>tracert 192.168.0.1

Tracing route to HOBO [192.168.0.1]
over a maximum of 30 hops:

  1    <1 ms    <1 ms    <1 ms  HOBO [192.168.0.1]

Trace complete.
```

图 6-25 tracert 命令工作界面

6.5.3.5　net

net 为网络命令。这个命令是网络命令中最重要的一个，必须透彻掌握它的每一个子命令的用法。首先让我们来看一看它都有哪些子命令，键入“net /?”，按回车键，如图 6-26 所示。在这里，我们重点掌握几个入侵常用的子命令。

```
D:\>net
此命令的语法是:

NET [ ACCOUNTS | COMPUTER | CONFIG | CONTINUE | FILE | GROUP | HELP |
      HELPMSG | LOCALGROUP | NAME | PAUSE | PRINT | SEND | SESSION |
      SHARE | START | STATISTICS | STOP | TIME | USE | USER | VIEW ]
```

图 6-26　net 命令工作界面

1. net view

使用此命令可以查看远程主机的所有共享资源。命令格式为 net view \\IP。如图 6-27 所示。

```
D:\>net view \\192.168.0.5
在 \\192.168.0.5 的共享资源


共享名        类型   使用为   注释

-------------------------------------------
A             Disk
MAGIC         Disk
MY DOCUMENTS  Disk
命令成功完成。
```

图 6-27　net view 命令工作界面

2. net use

把远程主机的某个共享资源影射为本地盘符或图形界面以方便使用，命令格式为 net use x：\\IP\sharename。如图 6-28 所示，上面一个表示把 IP 为 192.168.0.5，共享名为 magic 的目录影射为本地的 Z 盘；下面表示和 192.168.0.7 建立 IPC$连接(net use \\IP\IPC$ “password” /user：“name”)。建立了 IPC$连接后，就可以上传文件：copy nc.exe \\192.168.0.7\admin$，表示把本地目录下的 nc.exe 传到远程主机，结合后面要介绍到的其他 DOS 命令就可以实现入侵了。

3．net start

使用它来启动远程主机上的服务。和远程主机建立连接后，如果发现它的什么服务没有启动，而又想利用此服务，就使用这个命令来启动。用法为 net start Servername，如图 6-29 所示，成功启动了 telnet 服务。

```
D:\>net use z: \\192.168.0.5\magic
命令成功完成。

D:\>net use \\192.168.0.7\ipc$ "" /user:""
命令成功完成。
```

图 6-28　net use 工作界面

```
F:\>net start telnet
Telnet 服务正在启动 .
Telnet 服务已经启动成功。
```

图 6-29　net start 工作界面

4. net stop

入侵后发现远程主机的某个服务碍手碍脚，利用这个命令可以将此服务停掉，用法和 net start 同。

5. net user

查看和账户有关的情况，包括新建账户、删除账户、查看特定账户、激活账户、账户禁用等。这对入侵是很有利的，也是最重要的，它为克隆账户提供了前提。键入不带参数的 net user，可以查看所有用户，包括已经禁用的，如图 6-30 所示。下面分别对其进行讲解。

```
D:\>net user abcd
用户名                  abcd
全名
注释
用户的注释
国家(地区)代码          000 (系统默认值)
账户启用                Yes
账户到期                从不

上次设置密码            2003/6/5 下午 06:27
密码到期                2003/7/18 下午 05:14
密码可更改              2003/6/5 下午 06:27
需要密码                Yes
用户可以更改密码        Yes

允许的工作站            All
登录脚本
用户配置文件
主目录
上次登录                从不

可允许的登录小时数      All

本地组成员              *Users
全局组成员              *None
命令成功完成。
```

图 6-30　net user 工作界面

(1)net user abcd 1234 /add，新建一个用户名为 abcd，密码为 1234 的账户，默认为 user 组成员。

(2)net user abcd /del，将用户名为 abcd 的用户删除。

(3)net user abcd，查看用户名为 abcd 的用户的情况，如图 6-30 所示。

(4)net user abcd /active：no，将用户名为 abcd 的用户禁用。

(5)net user abcd /active：yes，激活用户名为 abcd 的用户。

net localgroup 查看所有和用户组有关的信息和进行相关操作。键入不带参数的 net localgroup 即列出当前所有的用户组。在入侵过程中，一般利用它来把某个账户提升为 administrator 组账户，这样利用这个账户就可以控制整个远程主机了。用法为 net localgroup groupname username /add，如图 6-31 所示。现在把刚才新建的用户 abcd 加到 administrator 组里去了，这时候 abcd 用户已经是超级管理员了，可以再使用 net user abcd 来查看他的状态，和图 6-30 进行比较就可以看出来。

```
D:\>net localgroup administrators abcd /add
命令成功完成。
```

图 6-31　利用账户控制整个远程主机

6．net time

这个命令可以查看远程主机当前的时间。如果目标只是进入到远程主机里面，那么也许就用不到这个命令了，需要进一步渗透。这就连远程主机当前的时间都需要知道，因为利用时间和其他手段(后面会讲到)可以实现某个命令和程序的定时启动，为进一步入侵打好基础。用法为 net time \\IP，如图 6-32 所示。

6.5.3.6　at

at 是安排在特定日期或时间执行某个特定的命令和程序。知道了远程主机的当前时间，就可以利用此命令让其在以后的某个时间(比如 2 min 后)执行某个程序和命令。其用法为 at time command \\computer。如图 6-33 所示，表示在 6 时 55 分时，让名称为 a–01 的计算机开启 telnet 服务(这里 net start telnet 即为开启 telnet 服务的命令)。

```
D:\>net time \\192.168.0.5
\\192.168.0.5 的当前时间是 2003/6/5 下午 06:48

命令成功完成。
```

图 6-32　net time 工作界面

```
D:\>at 6:55 net start telnet \\a-01
新加了一项作业，其作业 ID = 1
```

图 6-33　at 工作界面

6.5.3.7　ftp

网络上开放 ftp 的主机很多，其中很大一部分是匿名的，也就是说任何人都可以登录上去。现在如果扫到了一台开放 ftp 服务的主机(一般都是开了 21 端口的机器)，如果还不会使用 ftp 的命令怎么办?下面就给出基本的 ftp 命令使用方法。

首先在命令行键入“ftp”，按回车键，出现 ftp 的提示符，这时候可以键入“help”来查看帮助(任何 DOS 命令都可以使用此方法查看其帮助)，如图 6-34 所示。这么多命令掌握几个基本的就可以了。

首先是登录过程，这就要用到 open 了，直接在 ftp 的提示符下输入“open 主机 IP ftp 端口”，回车即可，一般端口默认都是 21，可以不写。接着就是输入合法的用户名和密码进行登录了，这里以匿名 ftp 为例介绍，如图 6-35 所示。用户名和密码都是 ftp，密码是不显示的。当提示“**** logged in”时，就说明登录成功。这里因为是匿名登录，所以用户显示为“Anonymous”。

```
ftp> help
Commands may be abbreviated.  Commands are:

!           delete        literal      prompt        send
?           debug         ls           put           status
append      dir           mdelete      pwd           trace
ascii       disconnect    mdir         quit          type
bell        get           mget         quote         user
binary      glob          mkdir        recv          verbose
bye         hash          mls          remotehelp
cd          help          mput         rename
close       lcd           open         rmdir
ftp>
```

图 6-34　ftp 工作界面

```
ftp> open
To 192.168.0.7 21
Connected to 192.168.0.7.
220 Microsoft FTP Service
User (192.168.0.7:(none)): ftp
331 Anonymous access allowed, send identity (e-mail name) as password.
Password:
230 Anonymous user logged in.
ftp> _
```

图 6-35　输入“open”工作界面

接下来就要介绍具体命令的使用方法了，如图 6-36 所示。

```
ftp> dir
200 PORT command successful.
150 Opening ASCII mode data connection for /bin/ls.
06-04-03  05:48PM       <DIR>          new
06-04-03  05:48PM       <DIR>          new2
226 Transfer complete.
ftp: 89 bytes received in 0.00Seconds 89000.00Kbytes/sec.
ftp> cd new2
250 CWD command successful.
ftp> dir
200 PORT command successful.
150 Opening ASCII mode data connection for /bin/ls.
06-04-03  05:48PM                    8 b.txt
226 Transfer complete.
ftp: 46 bytes received in 0.00Seconds 46000.00Kbytes/sec.
ftp> bye
221
```

图 6-36　具体命令用法

(1)dir。跟 DOS 命令一样，用于查看服务器的文件，直接敲上“dir”，按回车键，就可以看到此 ftp 服务器上的文件。

(2)cd。进入某个文件夹。

(3)get。下载文件到本地机器。

(4)put。上传文件到远程服务器。这就要看远程 ftp 服务器是否给了可写的权限。

(5)delete。删除远程 ftp 服务器上的文件。这也必须保证你有可写的权限。

(6)bye。退出当前连接。

(7)quit。同 bye。

6.5.3.8 telnet

telnet 为远程登录命令。几乎所有的入侵者都喜欢用它，因为它操作简单，如同使用自己的机器一样，只要熟悉 DOS 命令，在成功以 administrator 身份连接了远程机器后，就可以用它来干想干的一切了。下面介绍一下使用方法，首先键入“telnet”，按回车键，再键入“help”查看其帮助信息，如图 6-37 所示。

```
欢迎使用 Microsoft Telnet Client

Escape 字符是 'CTRL+]'

Microsoft Telnet> help
命令可以缩写。支持的命令为:

c    - 关闭                    关闭当前连接
d    - 显示                    显示操作参数
o    - 打开主机名 [端口]       连接到一个主机名<默认端口 23>
q    - 退出                    退出 telnet
set  - 设置                    设置选项<要列表，请键入 'set ?'>
sen  - 发送                    将字符串送到服务器
st   - 状态                    打印状态信息
u    - 解除设置                解除设置选项<要列表，请键入 'unset ?'>
?/h  - 帮助                    打印帮助信息
Microsoft Telnet>
```

图 6-37 telnet 工作界面

然后在提示符下键入“open IP”，按回车键，这时就出现了登录窗口，输入合法的用户名和密码，这里输入任何密码都是不显示的，如图 6-38 所示。

当输入用户名和密码都正确后就成功建立了 telnet 连接，这时候就在远程主机上具有了和此用户一样的权限，利用 DOS 命令就可以实现你想干的事情了，如图 6-39 所示。这里是使用的超级管理员权限登录的。

```
Welcome to Microsoft Telnet Service

login: 54master
password:
```

图 6-38

```
*===============================================================
Welcome to Microsoft Telnet Server.
*===============================================================

D:\Documents and Settings\Administrator>_
```

图 6-39

另外大家应该清楚，任何人要想进入系统，必须得有一个合法的用户名和密码，哪怕拿到账户的只有一个很小的权限，也可以利用它来达到最后的目的。所以，坚决消灭空口令，给自己的账户加上一个密码，是最好的防御弱口令入侵的方法。

本文只是简单地介绍了几个网管常用的网络 DOS 命令，希望可以抛砖引玉。最后，由衷地说一句：培养良好的安全意识才是最重要的。

习　题

1. 计算机网络上的通信面临哪些威胁？
2. 举出常见的盗窃数据和侵入网络的方法。
3. 什么是防火墙？它的主要功能有哪些？
4. 防火墙有哪些类型？分别是什么结构？
5. 什么是数字签名(Digital Signature)？它有何作用？
6. 什么是公用钥匙加密法？
7. 计算机病毒的主要危害有哪些？
8. 网络采取什么措施进行防治病毒？
9. 举出至少三种常见的杀毒软件，并叙述它们的工作原理。
10. 简答网络管理的功能。
11. SNMP 的工作原理是什么？
12. 举出至少五种 TCP/IP 诊断命令。

第 7 章　Windows 2000 的使用

Windows 2000 操作系统继承了上代产品 Windows 2000 NT 4.0 在网络方面的强劲功能，并结合了许多最新的网络技术，可以说是网络操作系统的集大成者。Windows 2000 的推出是 Microsoft 公司经过多年的研究结出的硕果，该产品已经成为操作系统发展的里程碑。

7.1 Windows 2000 分类

Windows 2000 是 Microsoft 公司新一代操作系统的名称，它是在 Windows NT 操作系统的基础上开发的，集 Windows NT 的技术和 Windows 9X 的优点于一身，既有 Windows NT 的稳定、安全和强大的网络功能，又有 Windows 9X 的易用性和广泛的设备兼容性，并在此基础上发展了许多新的特性和功能。不管是在桌面上用于办公的台式机，还是随身携带的便携机，或是运行工作组级甚至是运行整个公司业务的服务器，Windows 2000 系列都有适合的产品。与以前的版本相比，Windows 2000 是一个产品系列，包括 Windows 2000 Professional 、Windows 2000 Server、Windows 2000 Advanced Server 和 Windows 2000 Datacenter Server 四个版本，分别具有不同的功能和侧重点。

7.1.1　Windows 2000 Professional

Windows 2000 Professional 是 Windows NT Workstation 的改进版，是为各台式计算机和便携式计算机开发的新一代操作系统。Windows 2000 Professional 继承了 Windows NT 的先进技术，具有更强的安全性、更高的稳定性和更好的系统性能。同时，可帮助用户更加容易地使用计算机，如安装和配置系统、脱机工作和浏览 Internet 等。而对于计算机和网络系统的管理员而言，Windows 2000 Professional 是一套更具可管理性的桌面系统，无论是部署、管理，还是进行系统维护，都更加容易，这会大幅度地降低总体拥有成本。

7.1.2　Windows 2000 Server

Windows 2000 Server 为我们提供了一种同时具有改进性和创新性的产品。改进性表现为 Windows 2000 建立于 Windows NT 4.0 操作系统的良好基础之上；创新性表现为 Windows 2000 Server 设置了操作系统与 Web、应用程序、网络、通信和基础设施服务之间良好集成的一个新标准。

Windows 2000 Server 是一款为网络服务器开发的多用途操作系统，集合了 Windows 2000 Professional 的所有特性并提供了简化的网络管理服务。Windows 2000 Server 最引人注目的服务在于“活动目录”技术，它能有效的简化网络管理，使用户更容易找到内部网络为他们提供的资源。Windows 2000 Server 是中小型企业文件和打印服务器、应用程序开发、Web 服务器和工作组理想的操作系统。

7.1.3 Windows 2000 Advanced Server

Windows 2000 Advanced Server 除具有 Windows 2000 Server 的所有功能和特性外，还提供了比之更强的特性和功能。更强的 SMP 扩展能力：Windows 2000 Advanced Server 提供了更强的对称多处理器支持，支持数达到 4 路。更强大的群集功能。更高的稳定性：可为核心业务提供更高的稳定性，在多种一般错误发生后 1 min 内自动重启应用软件。例如，把两台基于 Intel 结构的服务器组成一个群集，可以获得很高的可用性和可管理性。网络负载平衡：为网络服务和应用程序提供高可用性和扩展能力，例如 TCP/IP 和 Web 服务。组件负载平衡：为 COM+组件提供高可用性和扩展能力。高性能排序：Windows 2000 Advanced Server 优化了大型数据集的排序功能。这些功能和特性使 Windows 2000 Advanced Server 比 Windows 2000 Server 具有更高的扩展性、互操作性和可管理性，可应用于拥有多种操作系统和提供 Internet 服务的部门和应用程序服务器。

7.1.4 Windows 2000 Datacenter Server

Windows 2000 Datacenter Server (Windows 2000 数据中心服务器版)，微软推出的这个全新版本是功能最为强大的服务器操作系统，它支持 16 路对称多处理器系统以及高达 64 GB 的物理内存。与 Windows 2000 Advanced Server 一样，它将群集和负载平衡服务作为标准的特性。另外，它为大型的数据仓库、经济分析、科学和工程模拟、联机交易服务等应用进行了专门的优化。

7.2 Windows 2000 安装

7.2.1 准备工作

(1)准备好 Windows 2000 Server 简体中文版安装光盘，并检查光驱是否支持自启动。

(2)在可能的情况下，在运行安装程序前用磁盘扫描程序扫描所有硬盘检查硬盘错误并进行修复，否则安装程序运行时如检查到有硬盘错误即会很麻烦。

(3)用纸张记录安装文件的产品密匙(安装序列号)。

(4)在可能的情况下，用驱动程序备份工具(如驱动精灵 2004 V1.9 Beta.exe)将原 Windows 2000 下的所有驱动程序备份到硬盘上(如 F：\Drive)。最好能记下主板、网卡、显卡等主要硬件的型号及生产厂家，预先下载驱动程序备用。

(5)如果想在安装过程中格式化 C 盘或 D 盘(建议安装过程中格式化 C 盘)，请备份 C 盘或 D 盘有用的数据。

7.2.2 用光盘启动系统

将 Windows 2000 安装光盘放入光驱，重新启动系统并把光驱设为第一启动盘，保存设置并重启，如无意外即可见到安装界面。

7.2.3　安装 Windows 2000 Server

光盘自启动后，如无意外即可见到如图 7-1 所示的安装界面。

这一步有三个选项：

(1)要开始安装 Windows 2000，请按 Enter。

(2)要修复 Windows 2000 中文版的安装，请按 R。

(3)要停止安装 Windows 2000 并退出安装程序，请按 F3。

在这里选第一项按“Enter”键，出现如图 7-2 所示许可协议，这里没有选择的余地，按“F8”后如图 7-3 所示。

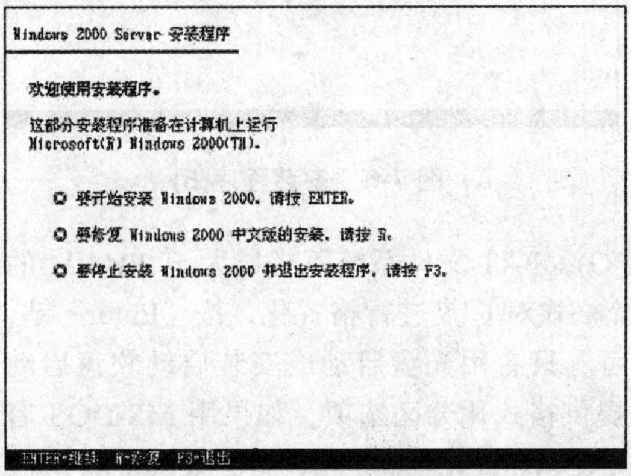

图 7-1　安装程序(1)

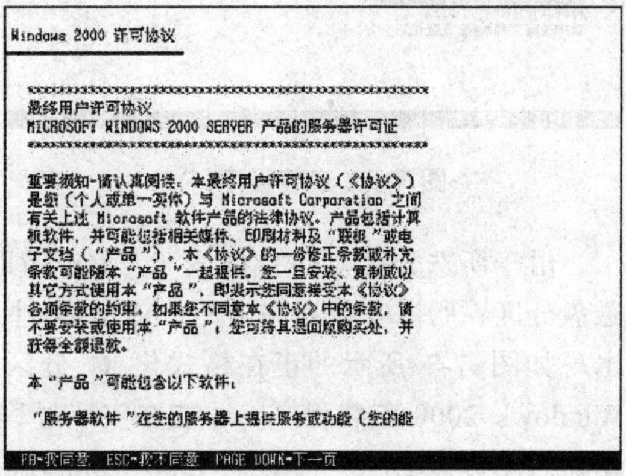

图 7-2　许可协议

这里用“向下或向上”箭头键选择安装系统所用的分区，选择好分区后按“Enter”键，安装程序将检查所选分区，如果这个分区已经安装了另一个系统会出现如图 7-4 所示界面。要使用所选的分区安装，按“C”键后如图 7-5 所示。

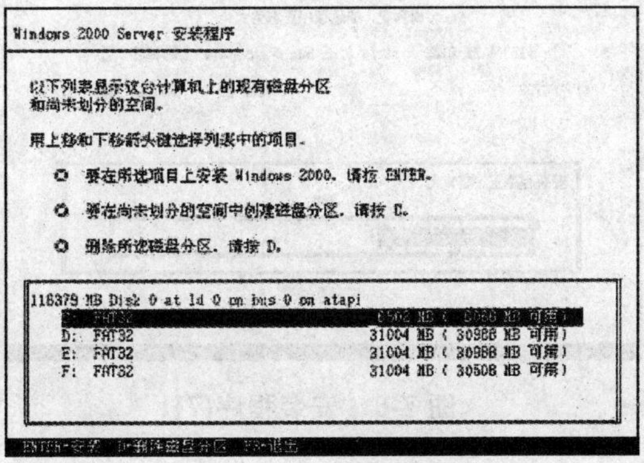

图 7-3　安装程序(2)

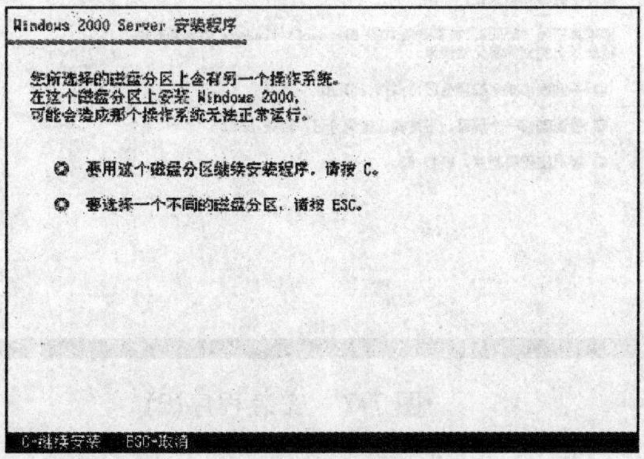

图 7-4　安装程序(3)

这里对所选分区可以进行格式化，从而转换文件系统格式，或保存现有文件系统，有多种选择的余地，但要注意的是 NTFS 格式可节约磁盘空间，提高安全性和减小磁盘碎片，但同时存在很多问题，DOS 和 Windows 98/Me 下看不到 NTFS 格式的分区。在这里选“用 FAT 文件系统格式化磁盘分区”，按“Enter”键，出现如图 7-6 所示格式化所选分区 C 盘的警告，按 F 键将准备格式化 C 盘，如图 7-7 所示。

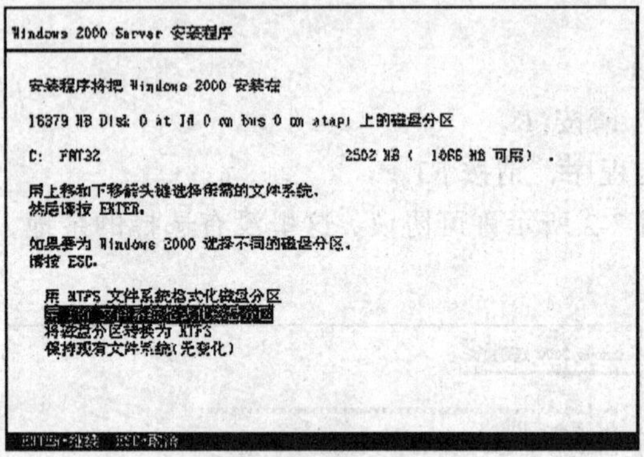

图 7-5　安装程序(4)

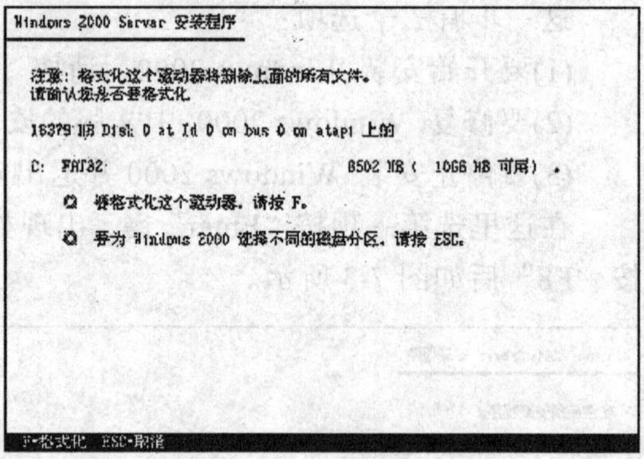

图 7-6　安装程序(5)

由于所选分区 C 的空间大于 2048 M(即 2 G)，FAT 文件系统不支持大于 2048 M 的磁盘分区，所以安装程序会用 FAT32 文件系统格式对 C 盘进行格式化，按“Enter”键，出现如图 7-8 所示的正在格式化 C 分区界面。只有用光盘启动或安装启动软盘启动 Windows 2000 安装程序，才能在安装过程中提供格式化分区选项。如果用 MS-DOS 启动盘启动进入 DOS 下，运行 i386\winnt 进行安装 Windows 2000 时，安装 Windows 2000 时没有格式化分区选项。格式化 C 分区完成后，安装程序开始从光盘中复制文件，出现如图 7-9 所示的开始复制文件界面。

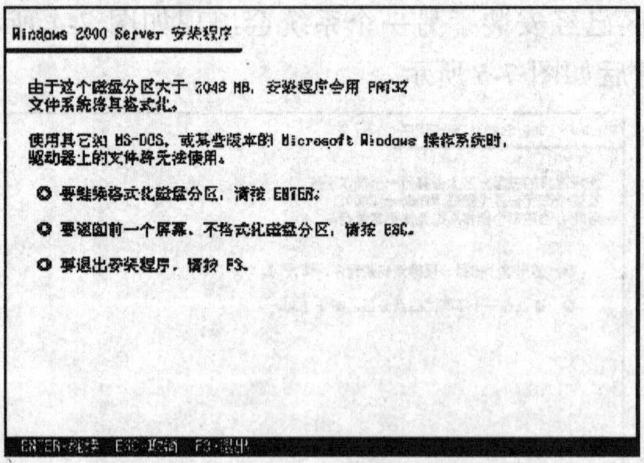

图 7-7　安装程序(6)

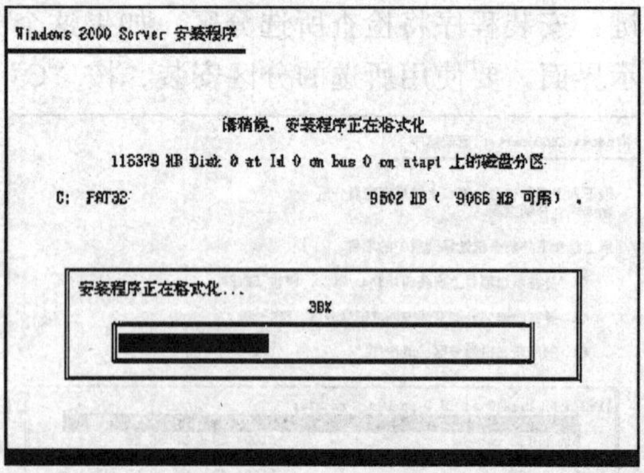

图 7-8　安装程序(7)

复制完文件后系统将会自动在 15 s 后重新启动，这时要注意了，请在系统重启时将硬盘设为第一启动盘或者临时取出安装光盘启动后再放入，使系统不至于进入死循环又重新启动安装程序。重新启动后，首次出现 Windows 2000 启动画面，如图 7-10 所示。接着出现如图 7-11 所示界面。

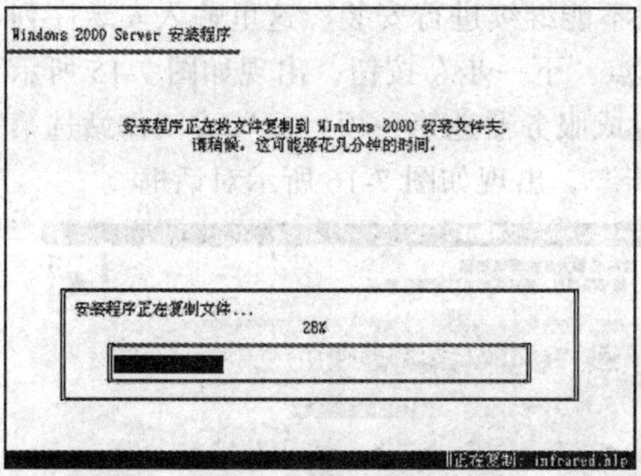

图 7-9　安装程序(8)

图 7-10　安装程序(9)

启动后开始检测设备和安装设备，其间会黑屏二次，这是正常的，完成后出现如图 7-12 所示界面。

图 7-11　安装程序(10)

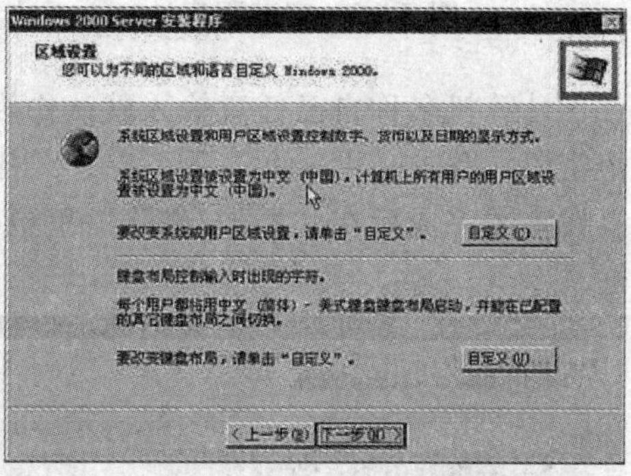

图 7-12　安装程序(11)

区域和语言设置选用默认值就可以了，直接点“下一步”按钮，在出现的如图 7-13 所示的对话框中，任意输入想好的姓名和单位，点“下一步”按钮，出现如图 7-14 所示对话框。

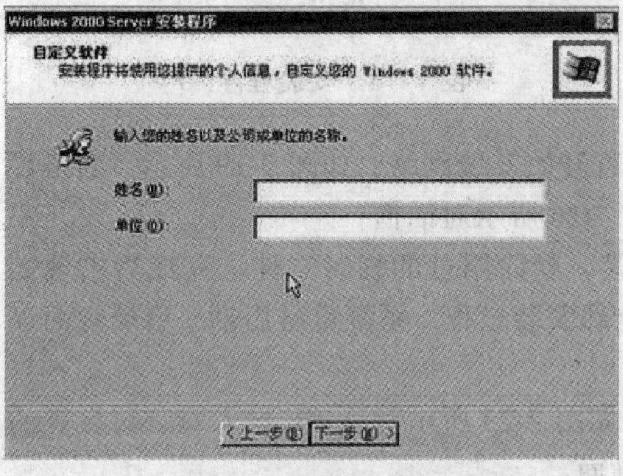

图 7-13　安装程序(12)

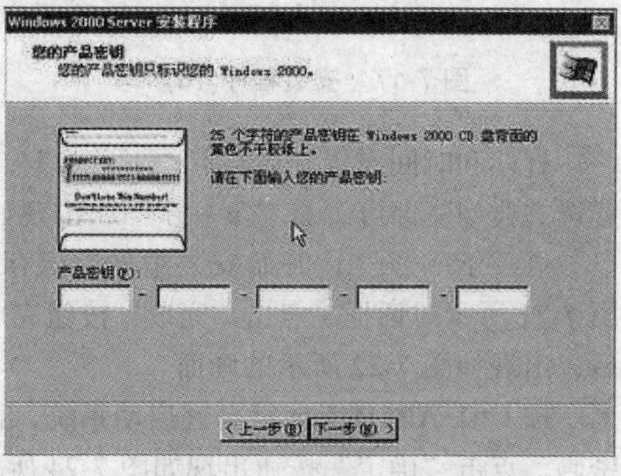

图 7-14　安装程序(13)

如果没有预先记下产品密钥(安装序列号)就不能继续进行安装，这里输入安装序列号如 H6TWQ-TQQM8-HXJYG-D69F7-R84VM，点“下一步”按钮，出现如图 7-15 所示对话框。在这里可以根据需要任选一项，想配置成服务器选第一项，配置成工作站选第二项(同 Windows 2003 一样)，选择后按“下一步”，出现如图 7-16 所示对话框。

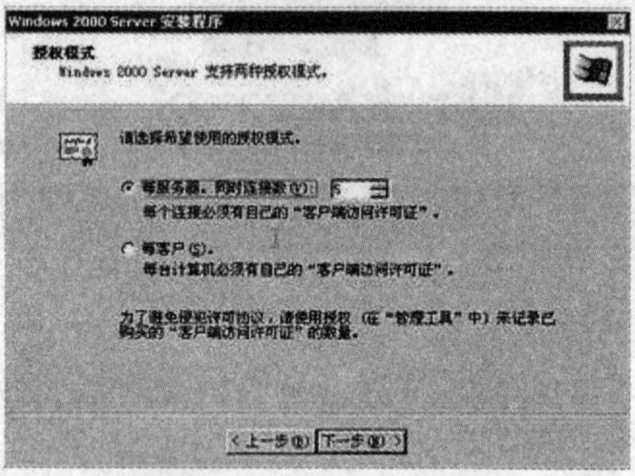

图 7-15　安装程序(14)

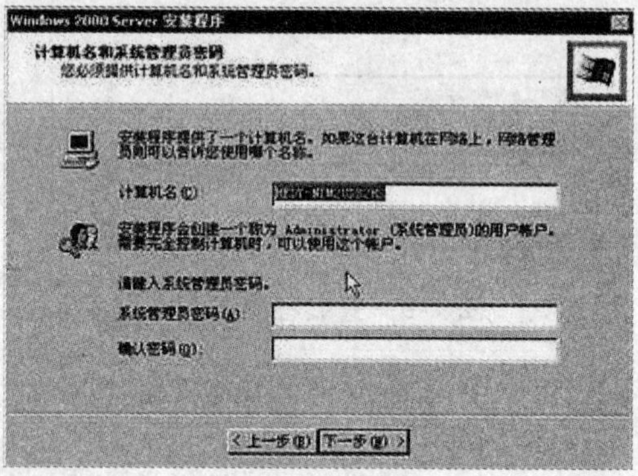

图 7-16　安装程序(15)

计算机名称自己任意输入默认作为服务器名，输入两次系统管理员密码，请记住这个密码，登录时用，点“下一步”，出现如图 7-17 所示组件选项，根据需要选择，亦可以在安装完成后在“添加/删除”里更改，点“下一步”继续，出现如图 7-18 所示对话框。

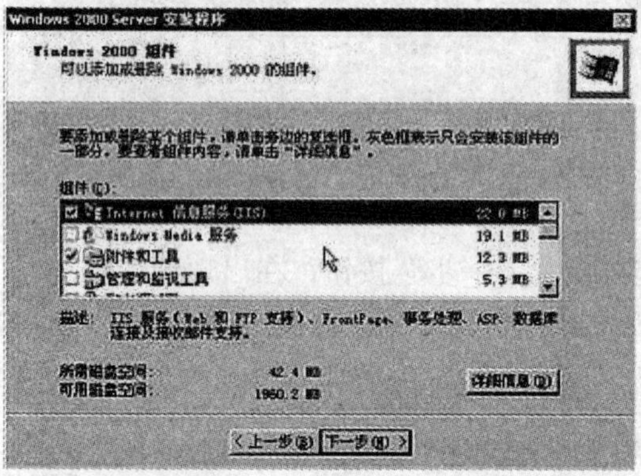

图 7-17　安装程序(16)

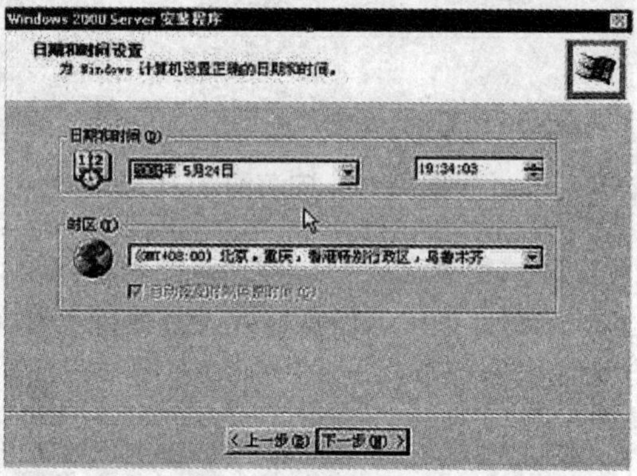

图 7-18　安装程序(17)

日期和时间设置好后，点“下一步”，接着开始安装网络，如图 7-19 所示。网络设置选“典型”即可，点“下一步”，出现如图 7-20 所示对话框。

点“下一步”，开始安装组件、保存设置、删除用过的临时文件。完成后出现如图 7-21 所示对话框，点击“完成”按钮完成全部安装过程。系统重新启动，启动画面过后，出现如图 7-22 所示的画面。

按 Ctrl+Alt+Delete 组合键启动系统，出现如图 7-23 所示对话框。输入安装时设置的密码，点击“确定”按钮出现如图 7-24 所示画面。

如果不想配置服务器，可以以后再配置，直接点“下一步”，将出现窗口如图 7-25

所示。将“启动时显示该屏幕”前面的钩取消，下次启动就不会出现该窗口了，直接关闭窗口，将出现桌面如图 7-26 所示。Windows 2000 Server 启动成功。

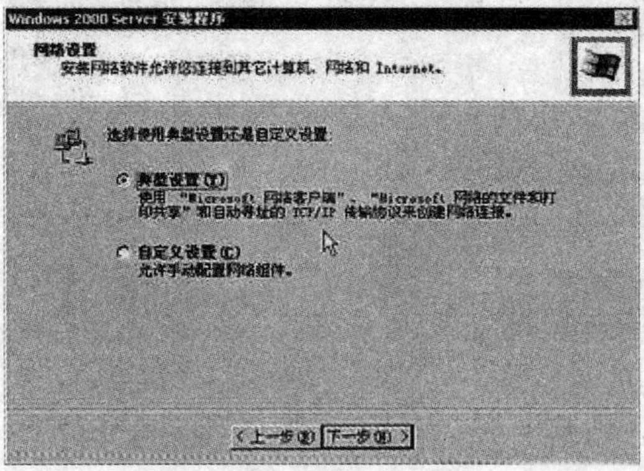

图 7-19　安装程序(18)

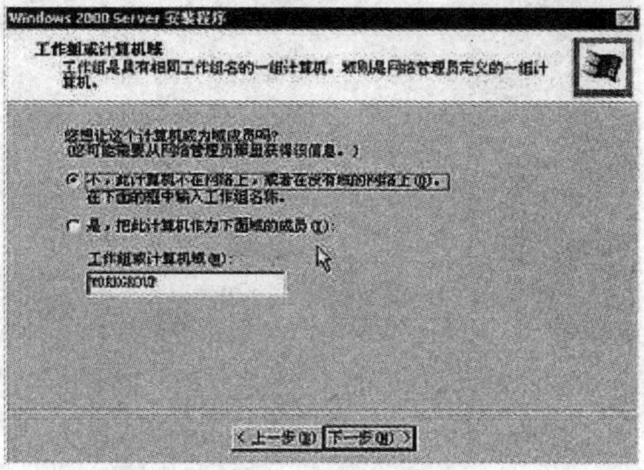

图 7-20　安装程序(19)

图 7-21　安装程序(20)

图 7-22　安装程序(21)

图 7-23　安装程序(22)

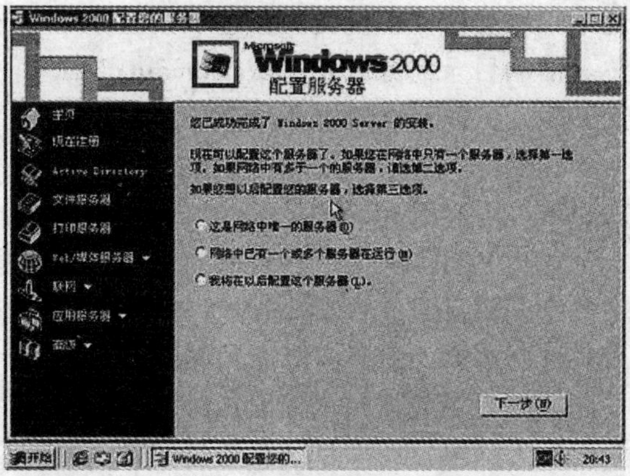

图 7-24　安装程序(23)

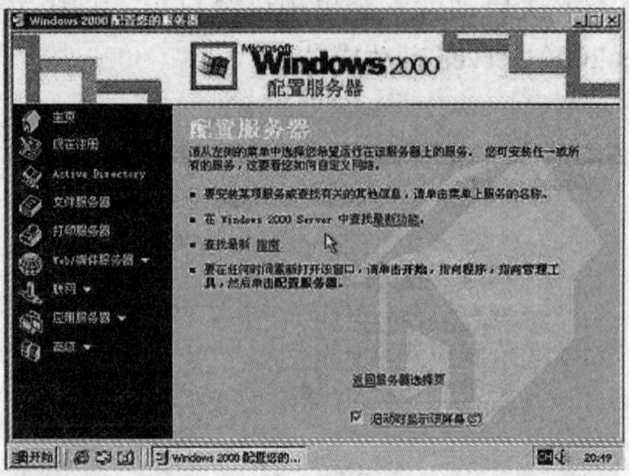

图 7-25　安装程序(24)

图 7-26　安装程序(25)

7.2.4　基本设置

安装完成后，后期工作比安装所用的时间要长很多。

(1)安装完成后，接着要检查设备驱动程序是否已经全部安装(参考驱动程序安装)。

(2)设置上网连接，上网更新系统(参考建立宽带连接)。

(3)安装软件(参考软件应用)。

(4)优化和备份系统(参考系统优化)。

7.3　活动目录

7.3.1　活动目录的功能

活动目录是从一个数据存储开始的。它采用的是 Exchange Server 的数据存储，称为 Extensible Storage Service(ESS)。其特点是不需要事先定义数据库的参数，可以做到动态地增长，性能非常优良。在这个数据存储之上已建立索引的，可以方便快速地搜索和定位。活动目录的分区是“域(Domain)”，一个域可以存储上百万的对象。域之间还有层次关系，可以建立域树和域森林，无限地扩展。

在数据存储之上，微软建立了一个对象模型，以构成活动目录。这一对象模型对 LDAP 有纯粹的支持，还可以管理和修改 Schema。Schema 包括了在活动目录中的计算机、用户和打印机等所有对象的定义，其本身也是活动目录的内容之一，在整个域森林中是唯一的。通过修改 Schema 的工具，用户或开发人员可以自己定义特殊的类和属性，来创建所需要的对象和对象属性。

活动目录包括两个方面：一个目录和与目录相关的服务。目录是存储各种对象的一个物理上的容器，而目录服务是使目录中所有信息和资源发挥作用的服务。活动目录是一个分布式的目录服务。信息可以分散在多台不同的计算机上，保证快速访问和容错，同时不管用户从何处访问或信息处在何处，都对用户提供统一的视图。

7.3.1.1 活动目录的集成性(Integration)

微软的活动目录结合了三个方面的管理内容：用户和资源管理、基于目录的网络服务、基于网络的应用管理。活动目录广泛地采纳了 Internet 标准，把众多的 Internet 服务都集成在一起，提供了革命性的价值。目录管理的基本对象是用户和计算机，还包括文件、打印机等资源。举例来说，用户对象的属性非常丰富，不但有常见的账号名、口令等，还包括邮件信箱和个人主页地址、在公司中的职位关系等，可以在活动目录中右键点击用户对象发送邮件和访问其个人主页等。其职位关系可以在公司的内部网上用 Web 组织结构图的方式动态地显示出来，也可以为内部采购、费用报销等应用程序利用来实施业务逻辑。在活动目录中，支持全局性的查找，比如查找在整个网络中的双面打印的彩色打印机等。

活动目录彻底地采用了 Internet 标准协议，比如用户账号可以用 User@yourcom. com 的快捷方式来表征、登录网络等。在此，bj.yourcom.com 和 yourcom.com 就是两个不同的域。但是这两个域之间有信任关系，因为 yourcom.com 是一个根域，bj.yourcom.com 是一个子域。子域之下还可以有子域，比如 sales.bj. yourcom.com，相互之间都是可传递的信任关系，构成一棵域树。如果你的公司兼并了一家其他的公司，你的域树可以和他们的域树 hiscom.com 建立起整个的域森林来。DNS(Domain Name Service)在此充当了名字解析的功能，我们建议使用与活动目录集成的 DNS Server，来保证动态更新域名和更好的复制能力。整个域森林的所有对象，只要安全性管理许可，都可以用 LDAP 协议访问到。

在当今的 Internet 时代，微软活动目录这种基于 Internet 标准的做法，给用户带来了几乎无穷尽的益处。活动目录集成了关键服务，如 DNS、MSMQ(消息队列服务)；集成了关键应用，如电子邮件、网管、ERP 等；集成了关键数据访问，如 ADSI、OLEDB 等；还集成了关键的安全性，如 Kerberos 第五版本和公开密钥基础设施等。

基于活动目录的网络基础设施服务(Directory-Enabled Networking，DEN)是微软和思科公司共同提出来的，旨在提高网络可管理性和提高网络服务质量的倡议。在 Windows 2000 活动目录中，可以做到根据不同的用户或应用分配网络带宽等高级的网络管理任务，以及支持 ATM 网络和 QOS 协议等。

基于活动目录的应用服务(Directory-Enabled Application)是在 Windows 2000 平台上的新一代的应用程序。应用开发员可以扩展活动目录的 Schema 和 UI，通过 ADSI/ADO 编程，在活动目录中发布 Service 绑定信息，通过 Group Policy 配置应用程序，进行 JustInTime 应用下载和应用改变的自动通知等。比较典型的一个基于目录的应用的例子，是 NetMeeting。在活动目录的环境中，你只要在 NetMeeting 中敲入同事的 E-mail 别名，就可以通过活动目录中的定位服务，与其进行对话和桌面协作等，非常方便。

7.3.1.2 活动目录的深入性

活动目录的深入性(Comprehensive)体现在企业级的可伸缩性、安全性、互操作性、编程能力和升级能力上。活动目录既可以存储极少的几个对象，也可以存储上亿万的对象。活动目录通过为每个域创建一个目录存储的方法来获得伸缩性。这一个目录存储中仅仅包括了这个域中的所有对象。当域树建立起来之后，每个域有能力搜索整个域树中所有的目录存储。这种划分整个域树的方法，使用户所需要的信息离用户最近，响应最好。域的目录存储还可以有很多的副本，副本之间自动地做同步，进一步提高响应速度和服务可获得性。

这种域树和域森林的方法，帮助活动目录使用容器层次来模拟一个企业的组织结构。组织中的不同部门可以成为不同的域，或者一个域中有层次结构的组织单元(Organizational Unit, OU)，从而采用层次化的命名方法来反映组织结构和进行管理授权。顺着组织结构进行颗粒化的管理授权可以解决很多管理上的头疼问题，在加强中央管理的同时，又不失机动灵活性。

Windows NT 4.0 中的很多域都可以成为 OU，建立起更大的域和更简化的域关系，借助全局目录(Global Catalog)，用户和管理员仍然能够迅速地找到对象和管理对象。Windows 2000 可以在现存的 Windows NT 4.0 环境中工作，保护现有的投资，微软也提供一系列的工具帮助 4.0 的用户迁移到 Windows 2000 的目录环境中。微软提供 Directory Connector 使活动目录与 Exchange Server 5.5、NDS 的目录服务同步，并且 Exchange 6.0 干脆就采用了 Windows 2000 作其目录服务。

在活动目录中，目录存储只有一种形式，即域控制器(Domain Controller)，包括了完整的域目录的信息，不再有主域控制器和备份域控制器的区别。所有的域控制器在用户访问和提供服务方面都是相同的。它们之间的同步是采用了一种先进的多主复制的技术，称为 Update Sequence Numbers(USN)。每个服务器跟踪其复制伙伴的最新 USN 列表，保证及时更新并且更新不会有冲突或相互覆盖等。

Windows 2000 的安全性服务(如 Kerberos、PKI 和智能卡等)和活动目录紧密结合。活动目录存储了域安全政策的信息，比如域口令的限制政策、系统访问权限等，实施了基于对象的安全模型和访问控制机制。在活动目录中的每个对象都有一个独有的安全性描述，定义了浏览或更新对象属性所需要的访问权限。但是，当 LDAP 客户端访问活动目录时，操作系统会实施访问安全控制，而不是由活动目录来决定访问控制的。Windows 2000 的安全性和活动目录相辅相成，可以共同完成任务和协同管理。

7.3.1.3 活动目录的易用性

一个功能强大的目录服务如果不能易于使用，也不是一个好的目录服务。活动目录的易用性(Ease of Use)，也是 Windows 2000 整体 Simplicity 的一个体现。微软始终抱着这样的信仰：必须是大家乐于使用、易于使用的技术，才是真正的好技术。因此，微软的活动目录也在此下了很大的工夫。

先说一下活动目录的安装。Windows NT Server 4.0 的用户可能不习惯 Windows 2000 Server 的做法：所有的新安装都是安装成为 Member Server，目录服务都需要事后用 Dcpromo 的命令特别安装。目录服务还可以卸载，而不用像在安装 Windows NT 4.0 那样，一开始就要定终身：区分域控制器还是 Member Server，两者之间不可转换。

Dcpromo 是一个图形化的向导程序，引导用户一步一步地建立域控制器，可以新建一个域森林，一棵域树，或者仅仅是域控制器的另一个备份，非常方便。很多其他的网络服务，比如 DNS Server、DHCP Server 和 Certificate Server 等，都可以在以后与活动目录集成安装，便于实施策略管理等。

在活动目录安装之后，主要有三个活动目录的微软管理界面(MMC)，一个是活动目录用户和计算机管理，主要用于实施对域的管理；一个是活动目录的域和域信任关系的管理，主要用于管理多域的关系；还有一个是活动目录的站点管理，可以把域控制器置于不同的站点。一般局域网的范围内为一个站点，站点内的域控制器之间的复制是自动进行的；站点间的域控制器之间的复制，需要管理员设定，以优化复制流量，提高可伸缩性。在活动目录管理界面，还可以对 SDOU(站点、域和组织单元的统称)右键点击，启动组策略(Group Policy)的管理界面，实施对对象的细致管理。

对于 SDOU，管理员还可以方便地进行管理授权。右键点击 SDOU 就可以启动“管理授权向导”，一步一步地设定哪些管理员对于哪些对象有什么样的管理权限。比如说企业内部技术支持中心的管理员，只有复位用户口令的权限，没有创建和删除用户账号的权限。这种更细致的管理方法，成为“颗粒化”。

另外，活动目录还充分地考虑到了备份和恢复目录服务的需要。Windows 2000 备份工具中有专门备份活动目录的选项，在出现意外事故的时候，可以在机器启动时按 F8 进入安全模式，来进行目录服务的恢复，保证减少灾难的恶性影响。

7.3.2　活动目录的安装

安装活动目录的实质是配置域控制器。按照域的结构，域控制器可以安装成第一个域控制器、额外域控制器和子域域控制器，任何网络，无论是单域、域树或域林，所安装的第一个域控制器称为第一个域控制器。一个域如果已经安装了一个域控制器，再安装的域控制器称额外域控制器。在一个域树的根域下再安装的域称为子域，子域的域控制器称子域域控制器。在网络中，无论是单域、域树还是域林，第一个域控制器非常重要，在其上运行着全局编录的数据库，以便在整个网络内实现互相访问。通过配置您的服务器向导，可以完成域控制器的配置，从而实现活动目录的安装。具体安装过程如下。

7.3.2.1　先确定 Windows 2000 系统是一个 NTFS 系统

通过使用 Convert.exe，可以在安装过程结束后对分区格式进行转换。

(1)安装过程结束后，依次点击 Start(开始)、Run(运行)，输入“cmd”，并按下回车。

(2)在命令行窗口中，输入“convert/？”并按下回车。有关将 FAT 卷转换为 NTFS 格式的信息将如图 7-27 所示显示在屏幕上。

```
Converts FAT volumes to NTFS.

CONVERT volume /FS:NTFS [/V] [/CvtArea:filename] [/NoSecurity] [/X]

  volume        Specifies the drive letter (followed by a colon),
                mount point, or volume name.
  /FS:NTFS      Specifies that the volume is to be converted to NTFS.
  /V            Specifies that Convert should be run in verbose mode.
  /CvtArea:filename
                Specifies a contiguous file in the root directory to be
                the place holder for NTFS system files.
  /NoSecurity   Specifies the converted files and directories security
                settings to be accessible by everyone.
  /X            Forces the volume to dismount first if necessary.
                All opened handles to the volume would then be invalid.
```

图 7-27　将 FAT 卷转换为 NTFS 格式

(3)在命令提示符窗口中，输入“convert <驱动器盘符>：/fs：ntfs”。例如，“convert D：/fs：ntfs”命令将采用NTFS格式对D驱动器进行格式化。可以通过这条命令将FAT或FAT32卷转换为NTFS格式。

7.3.2.2　安装活动目录

(1)单击“开始”—“程序”—“管理工具”—“配置服务器”，打开“Windows 2000配置服务器”，如图7-28所示。或者单击“开始”—“运行”，执行DCPROMO命令，直接启动“Active Directory安装向导”，如图7-29所示。

图7-28　配置服务器

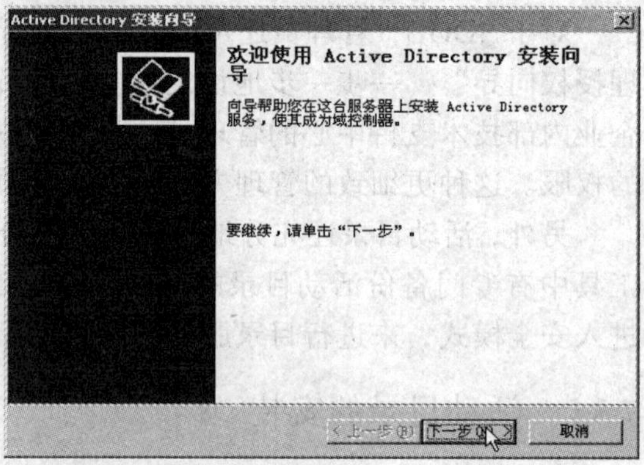

图7-29　Active Directory安装向导

(2)在服务器配置对话框中单击“选择Active Directory”，单击“启动”启动Active Directory安装向导，这一向导既可以将一个成员服务器安装成域控制器，也可以将域控制器降级为成员服务器。

(3)单击“下一步”，该服务器是网络中第一个域控制器，单击“新域的域控制器”，再击“下一步”，如图7-30所示。

(4)目录树是建立在目录林下的，所以在逻辑上Active Directory安装向导必须知道这棵目录树是在一个新的目录林中还是在已有的目录林中。因为这是首次创建，单击“下一步”，选择第一个选项，“创建新的域目录林”，单击“下一步”，为新的域输入一个以点号分割的名称(不限定是注册得到的正式Internet域名)，如tc.net，如图7-31所示。

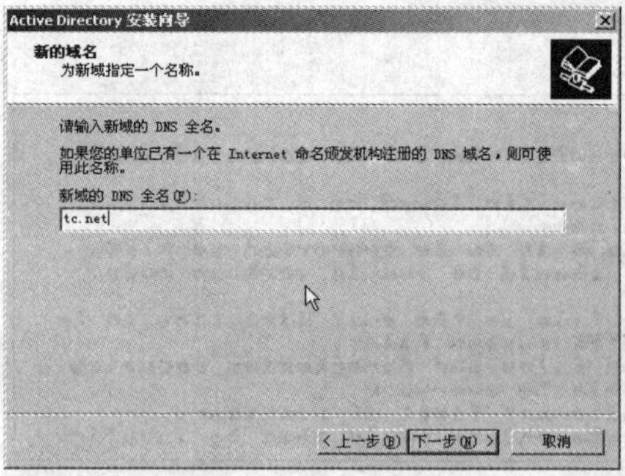

图7-30　创建新域控制器

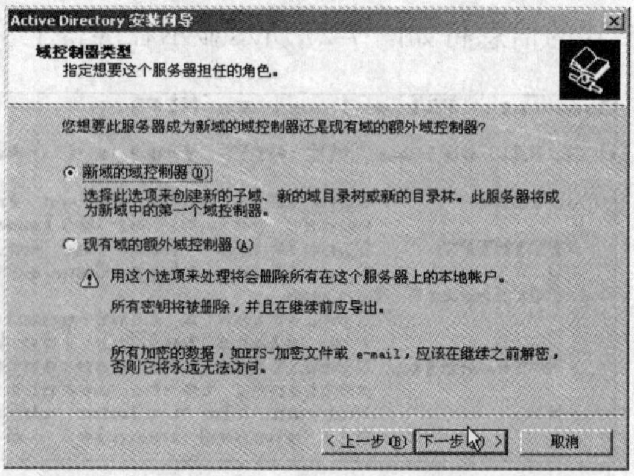

图7-31　新域的DNS名

(5)单击“下一步”，输入 NetBIOS 名称，如图 7-32 所示。

这里输入的 NetBIOS 名称很重要，本机使用默认名称，这有好处，因为局域网中大部分机器都在 Workgroup 工作组中，但是也会为读者的理解带来一点点的困惑。

(6)单击“下一步”，选择存放 Active Directory 日志文件的位置和共享卷的位置(此目录必须是 NTFS 5.0 的格式)，如图 7-33 所示。

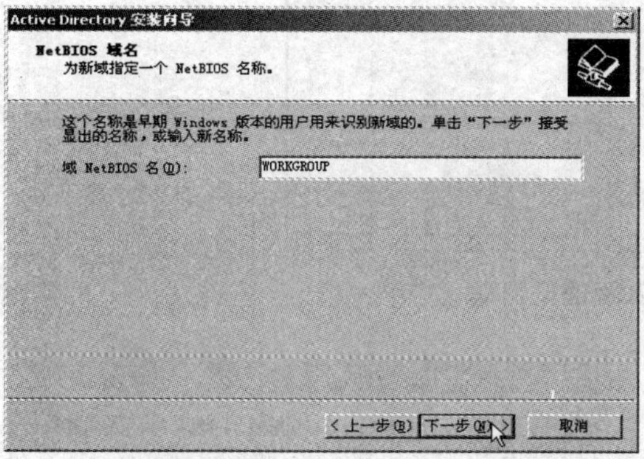

图 7-32　域 NetBIOS 名

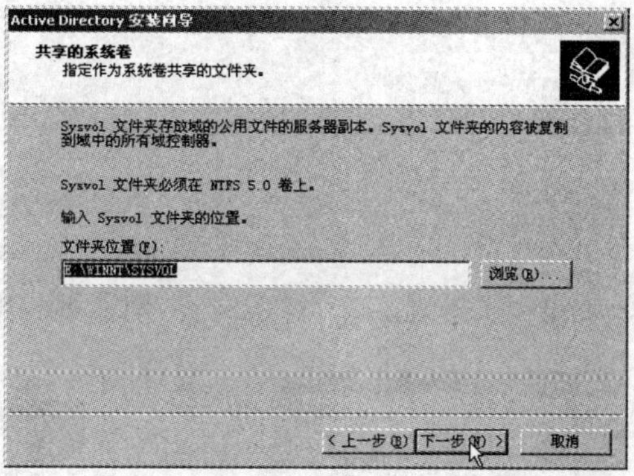

图 7-33　文件夹的位置

(7)单击“浏览”更改默认位置，单击“下一步”，如果你的域名不准确，Windows 会出现一个提示信息，要求确认安装并配置一个 DNS 服务。

(8)单击“确定”，选择“是，在这台计算机上安装和配置 DNS”，单击“下一步”，如图 7-34 所示。

(9)选择域控制器信息的默认访问权限，如图 7-35 所示。

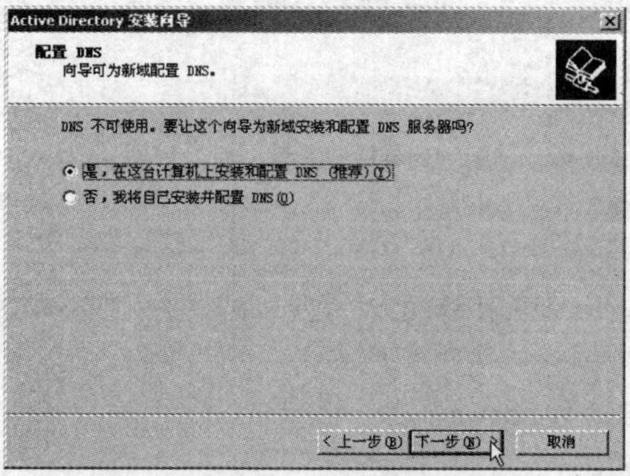

图 7-34　配置 DNS

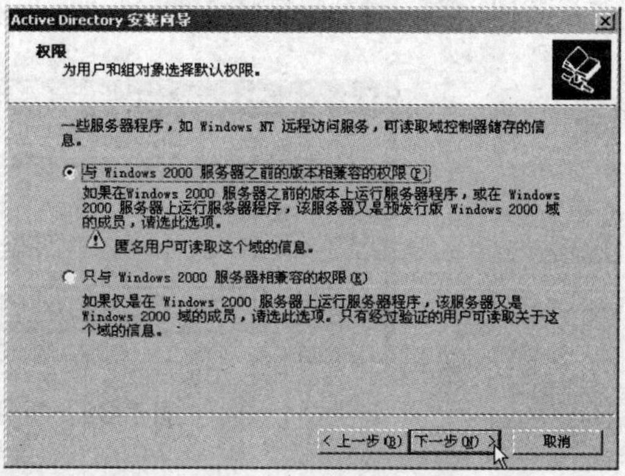

图 7-35　选择默认权限

(10)输入域控制器管理员密码，如图 7-36 所示。

(11)Windows 给出确认信息的对话框，可单击“上一步”更改，或单击“下一步”开始安装 Active Directory 和 DNS，如图 7-37、图 7-38 所示。

(12)此过程中可能要求插入 Windows 2000 Server 安装光盘。等待片刻后单击“完成”结束安装，如图 7-39 所示。

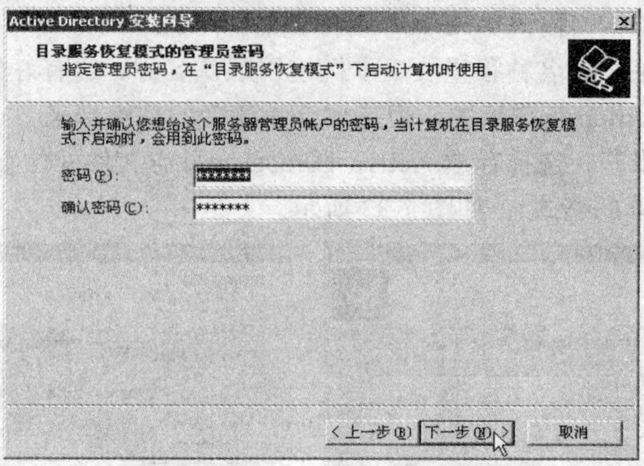

图 7-36　输入管理员密码

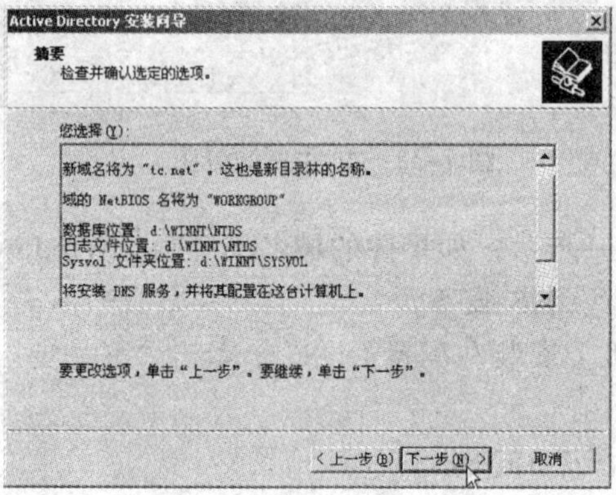

图 7-37　确认信息对话框

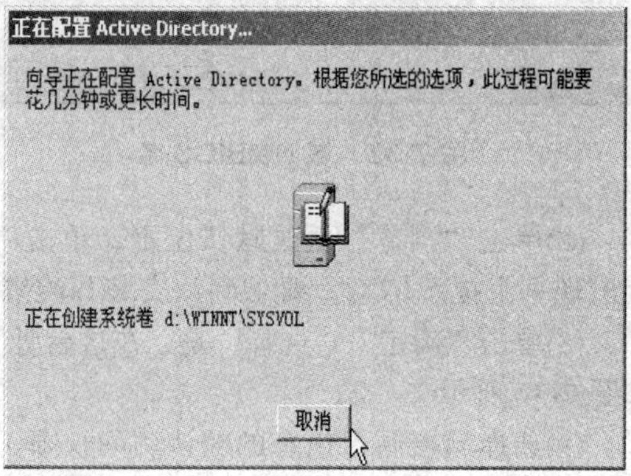

图 7-38

图 7-39　重新启动 Windows

(13)重新启动机器，在“开始”—“程序”—“管理工具”菜单下出现活动目录安装后的几个菜单项。

7.3.3　活动目录管理单元的界面

Active Directory 用户与计算机是应用最广、应用最多，也是最常用的管理单元。网络或域的计算机、文件、打印机、用户、组等都是通过这个管理单元进行管理的。如图 7-40 所示。

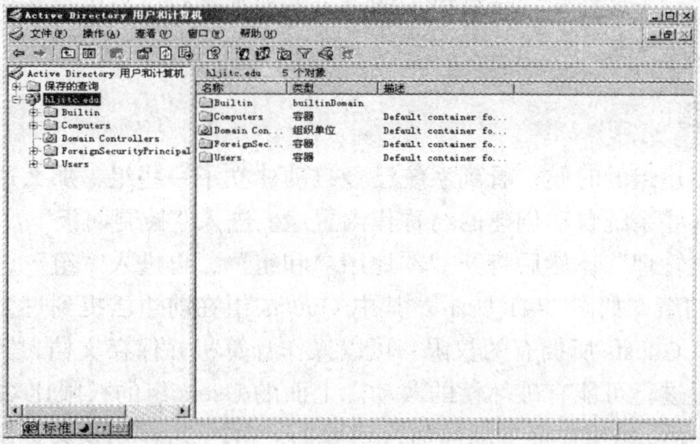

图 7-40　活动目录管理单元的界面

除此之外，通过 Active Directory 用户与计算机组件还可以把共享文件夹、打印机等在域中进行发布和实施组策略等。因为域中的计算机(运行 Windows 2000 或 Windows Server 2003 操作系统)在网上邻居→全体网络中都可以看到活动目录的图标——目录，这样域中的用户都可以非常方便地了解和利用活动目录来使用域资源。

7.4　组

7.4.1　组的定义

设立组的目的是为了对用户账户加强管理。这里所说的管理主要是指设置用户访问资源的权限问题。

建立了用户账户后，就要对用户访问资源的权限进行设置。一个小规模的具有几十个以下用户账户的网络，对每个用户分别设置相应的权限应该是不成什么问题。但是对于一个具有成千上万个用户的大规模的网络，如果用户账户的管理是无序、无组织的，对每个用户都要分别设置对资源访问的权限，无疑其管理的工作量将是非常巨大的，而且还可能会出现信息安全方面的漏洞及隐患。

设立了组账户，就可以把具有同等责任、同样权限或公司中同一组织构成的用户组成一个组，然后再对这个组分配访问资源的权限。

一个组织单位中建立了用户及组账户后，就可以通过组账户的属性把用户加到相应的组中来，也可以把某些组加入到规定的另外的组中。这些工作可以通过活动目录由系统管理员或其他具有管理员权限的用户进行操作。

除了由管理员建立的组以外，同用户账户一样，在安装了系统之后系统还将内置一些组账户。

同用户账户一样，组账户也区分域的组账户和本地组账户。只有成员服务器、独立服务器和 Windows 2000 Professional 计算机才可以设置本地组账户，以便对本地用户账户进行管理。对于域控制器计算机不能设置本地组账户。与用户账户一样，本地组账户的设置没有实际意义。

7.4.2　内置组

在前面创建组的时候，看到系统已经自动建立了一些组，那么这些组都有什么作用呢？通常把这些系统自动创建的组称作内置组。进入“控制面板”，双击“管理工具”，打开“计算机管理”，然后打开“本地用户和组”，再进入“组”，可以从列表中看到有 6 个内置的组，如图 7-41 所示。其中 Guests 组在前边已提到过，从旁边的“描述”中，可以知道 Guests 所拥有的权限：可以操作计算机并保存文档，但不能安装程序和对系统文件设置进行可能有破坏性的改动。上面的 Users 组的权限比 Guests 组高一些，当新建一个用户后，该用户会自动被加入到 Users 组中。可能用户会提出这样的问题，Users 组和 Guests 组成员通过网络怎样在 Windows 2000 工作站上保存文件呢？如果通过网络登录的话，只有在授予可写权限的共享目录中保存文件。“描述”中所说的权限都是指直接在本机上登录的情况。上面的 Administrators 就是系统管理员组，在默认的情况下，只有 Administrator 是该组的成员。通常只有在维护计算机的时候才使用系统管理员的身份登录，也是为了保证系统的安全。

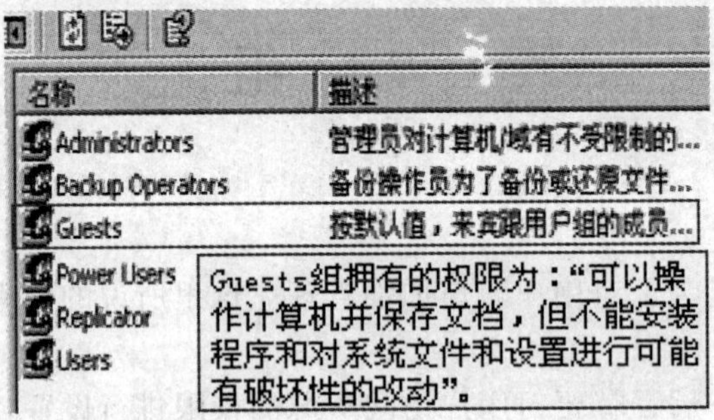

图 7-41　计算机管理

Backup Operators、Power Users、Replicator 这三个组也是为维护系统而设置的，他们的权限要比 Administrator 低。

7.5　Windows 2000 服务器设置

7.5.1　IIS

7.5.1.1　安装 IIS

(1)服务器版操作系统。自动安装。

(2)专业版操作系统。单击“开始”—“控制面板”—“添加 / 删除程序”，选择“添加 / 删除 Windows 组件”，选择“Internet 信息服务(IIS)”，如图 7-42 所示。

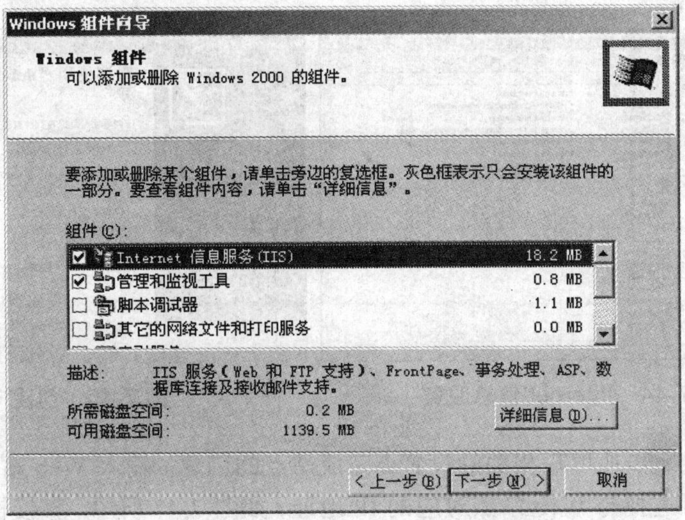

图 7-42 Windows 组件向导

7.5.1.2 WWW 服务器

1. 概述

WWW 是 Word Wide Web 的英文缩写，译为“万维网”或“全球信息网”。WWW 服务的基础是 Web 页面，每个服务站点都包括若干个相互关联的页面。每个 Web 页既可展示文本、图形图像和声音等多媒体信息，又可提供一种特殊的链接点。每个站点都有一个主页。WWW 的核心是 Web 服务器。如图 7-43 所示。

图 7-43 Web 浏览器访问过程

2. Windows 2000 下用 IIS 发布 Web 站点

选择“开始”—“程序”—“管理工具”—“Internet 服务管理器”，如图 7-44 所示。右键单击本地计算机，选择“新建”—“Web 站点”，如图 7-45 所示。根据向导窗

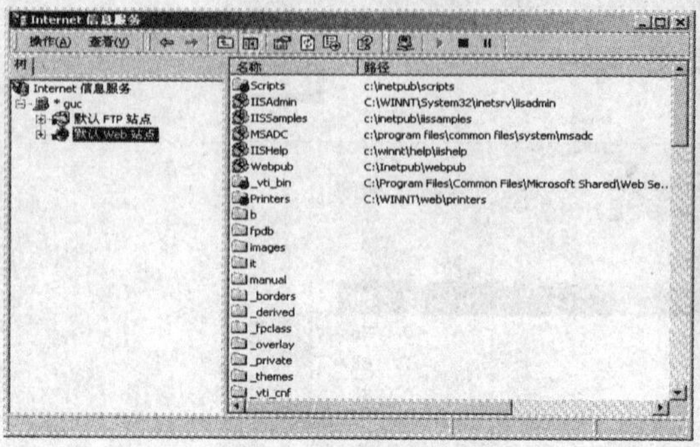

图 7-44 Internet 信息服务

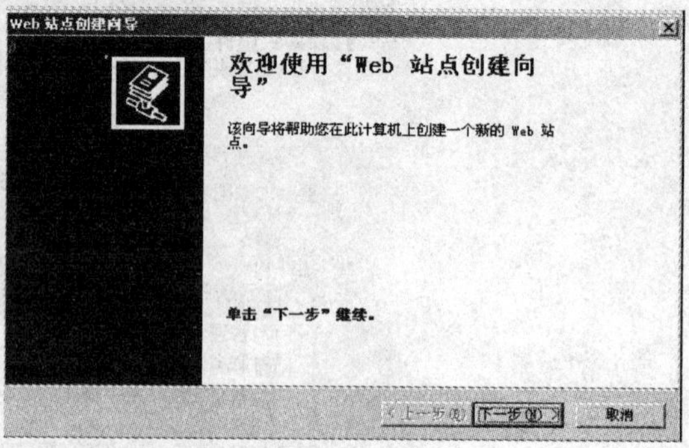

图 7-45 创建向导

口的提示一步一步地填写相关的设置，完成站点的创建。输入 Web 站点的说明信息，如图 7-46 所示。选择与 Web 站点对应的 IP 地址，如图 7-47 所示。直接输入或使用“浏览”来选择 Web 站点的主目录，如图 7-48 所示。指定 Web 站点的访问权限，考虑到系统的安全性，通常情况下只选择前面两项权限：读取和运行脚本，如图 7-49 所示。新 Web 站点创建成功，如图 7-50 所示。

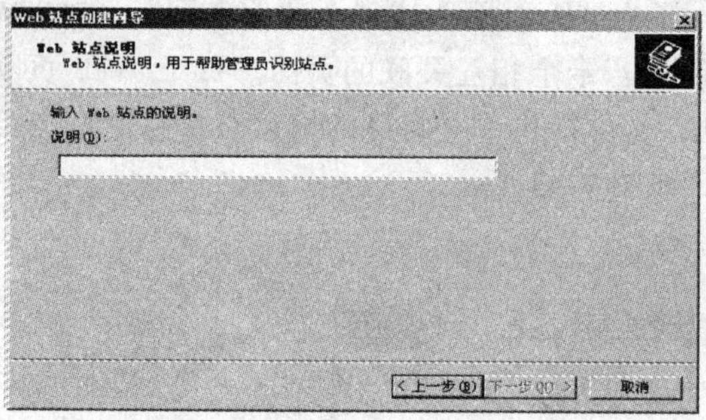

图 7-46 站点说明

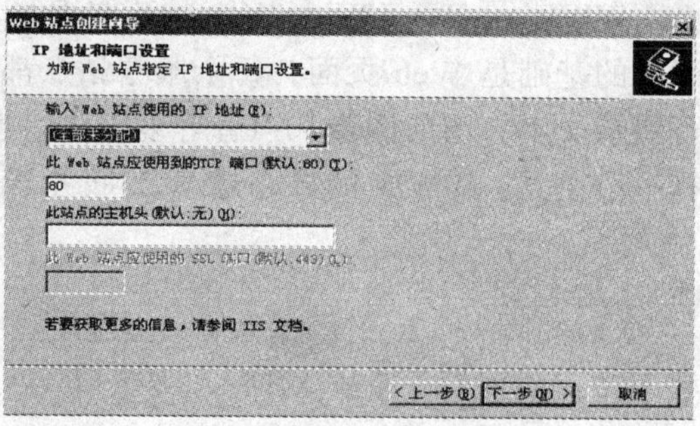

图 7-47 设置 IP 地址

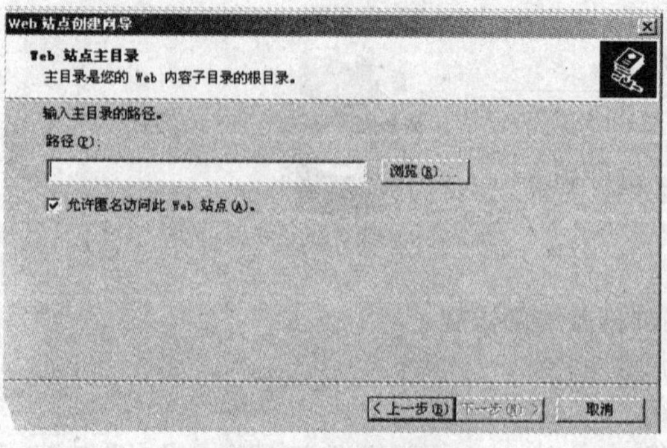

图 7-48 设置主目录

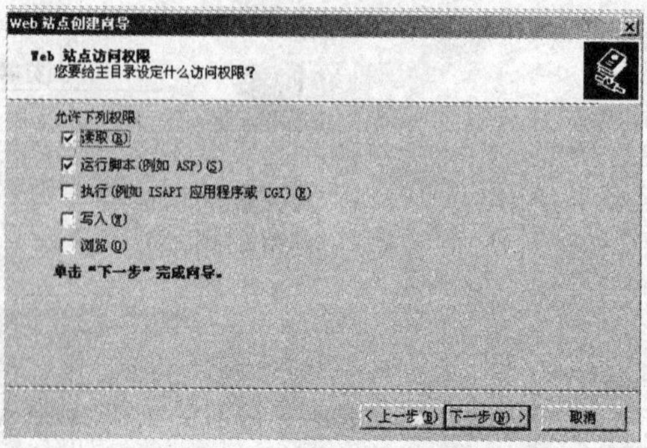

图 7-49 设置访问权限

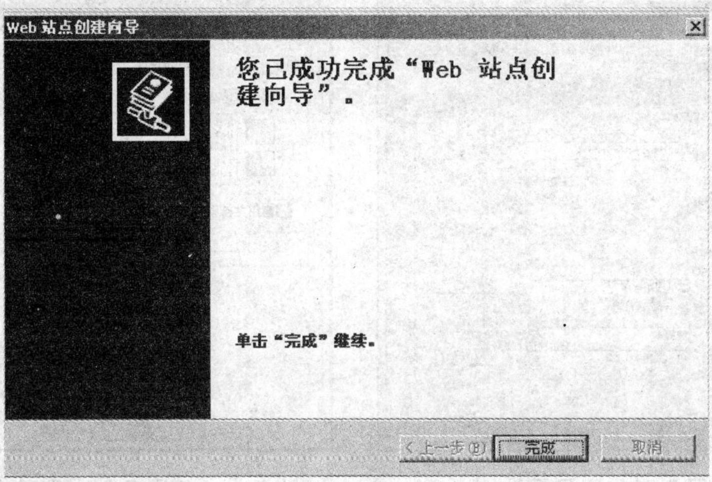

图 7-50　创建完成

7.5.1.3　管理 IIS 服务器

在图 7-44 中用鼠标单击“默认 Web 站点”，按下鼠标右键，弹出如图 7-51 所示的菜单。选择“属性”弹出如图 7-52 所示站点属性窗口，在其中可以更改该站点的 IP 地址、端口等参数。再选择“主目录”选项和“文档”选项，可分别设置 Web 站点的主目录和访问默认文档，如图 7-53、图 7-54 所示。

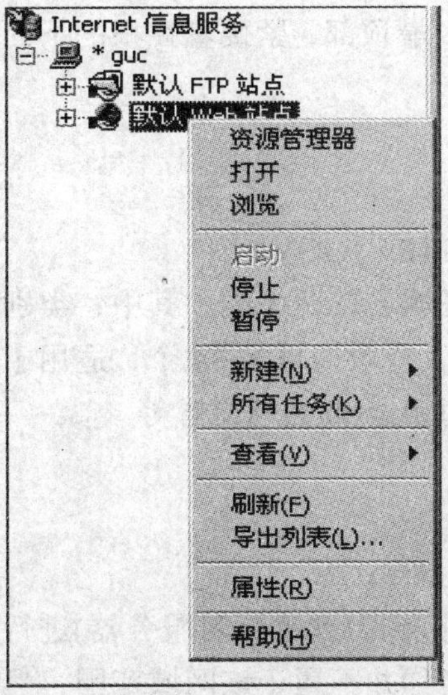

图 7-51　快捷菜单

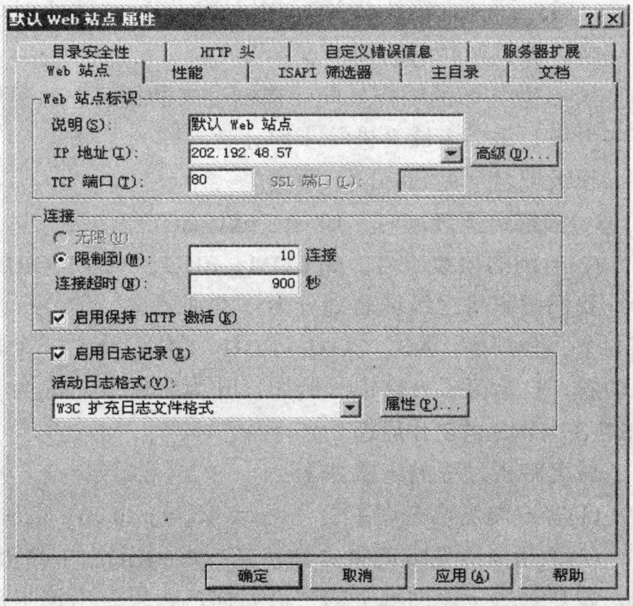

图 7-52　Web 站点

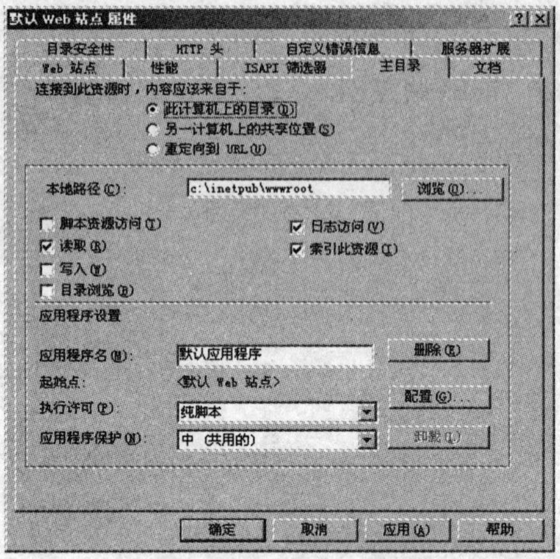

图 7-53　主目录

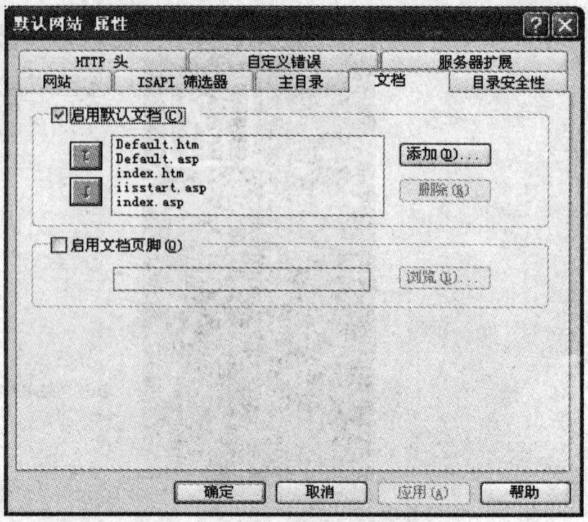

图 7-54　默认文档

7.5.2　DNS

7.5.2.1　什么是域名服务

域名只是 Internet 中用于解决地址对应问题的一种方法。例如：一个域名“www.whpu.edu.cn”，其对应的 IP 地址是 211.85.192.1，当用户在浏览器的地址栏中输入这个域名时，DNS 服务器会自动把该域名解析成对应的 IP 地址。

7.5.2.2　DNS 域名结构

“域”(Domain)是名字空间中一个可被管理的划分。域名只是个逻辑上的概念，并不反映计算机所在的物理地点。

DNS 数据库的结构如同一棵倒过来的树，它的根位于最顶部，紧接着在根的下面是一些主域，每个主域又进一步划分为不同的子域。

顶级域名常见的有以下两类。

(1)国家级顶级域名，如 cn、uk、au。

(2)通用的顶级域名，如 COM、EDU、NET、ORG、MIL、GOV。

我们国家将二级域名划分为“类别域名”和“行政区域名”两大类。其中，类别域名 6 个，分别是：AC、COM、EDU、GOV、NET、ORG。行政区域名 34 个，适用于我国的省、自治区、直辖市。例如：bj 为北京市，sh 为上海市，hb 为湖北省等。

7.5.2.3　DNS 的工作原理

域名解析过程的步骤如下：

(1)客户端发出查询主机“www.whpu.edu.cn”名称的指令。

(2)该指令所生成的报文会首先被送到指定的 DNS 服务器(本地域名服务器)进行查询，看是否属于该网域下的主机名称，如果查出该主机名称并不属于该网域范围，然后再查询高速缓存区的记录，查是否有此机名称。

(3)查询后发现缓存区中没有此记录资料，会和根域的其中一台服务器发出查询

“www.whpu.edu.cn”的请求。

(4)在根域名服务器中记录了各顶级域名分别是由哪些 DNS 服务器负责，所以返回最近的“.cn”根域名服务器。

(5)根域名服务器返回本地域名服务器告之哪个域名服务器负责“.cn”这个域，然后本地域名服务器再向该域名服务器发出查询“www.whpu.edu.cn”的名称请求。

(6)在“.cn”的 DNS 服务器上没有找到此名称的记录，但会返回最近的控制“edu.cn”网域的 DNS 服务器主机。

(7)本地域名服务器再向“edu.cn”网域的 DNS 服务器发出查询“www.whpu.edu.cn”主机的请求。

(8)“edu.cn”的网域中，被指定的 DNS 服务器上没有找到此名称的记录，所以会返回最近的控制“whpu.edu.cn”网域的 DNS 主机。

(9)本地域名服务器会向“whpu.edu.cn”网域的 DNS 服务器发出请求查找“www.whpu.edu.cn”主机的 IP 地址，该服务器会返回“www.whpu.edu.cn”的 IP 地址的响应报文。

(10)本地域名服务器收到该响应报文后，把“www.whpu.edu.cn”到 IP 地址的响应结果返回到 DNS 的客户端，同时也把该结果记录在 DNS 的高速缓存中。

7.5.2.4　Windows 2000 下的 DNS 服务器的构建

1. DNS 服务器的安装

进入控制面板，打开如图 7-55 所示的对话框，即可完成 DNS 服务器的安装。

2. 新建区域

选择“开始”—“程序”—“管理工具”—“DNS”，如图 7-56 所示。选择计算机名称，单击“操作”—“新建区域”，弹出“新建区域向导”，单击“下一步”，如图 7-57 所示。单击“下一步”，如图 7-58 所示，输入区域名称。以后按默认依次单击“下一步”，最后完成。

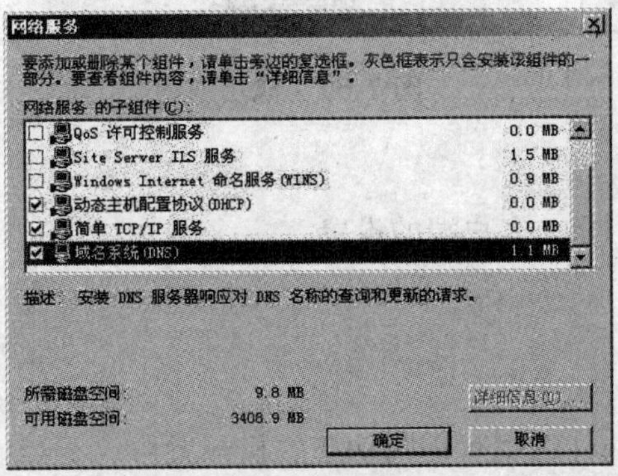

图 7-55　网络服务

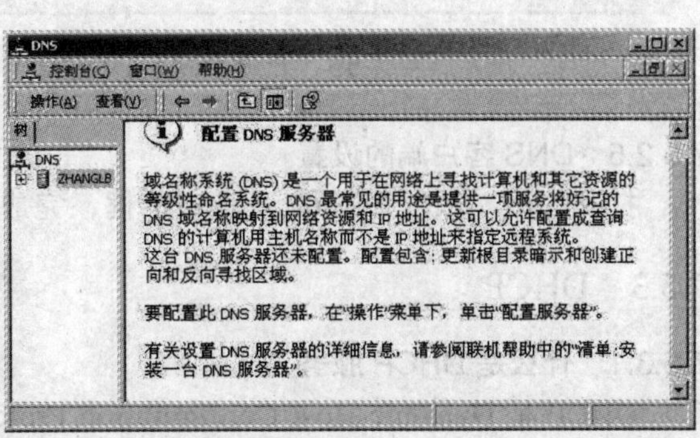

图 7-56　DNS 窗口

3. 创建新域名

右键单击新建的区域，单击“新建域”，输入新域名即可完成。

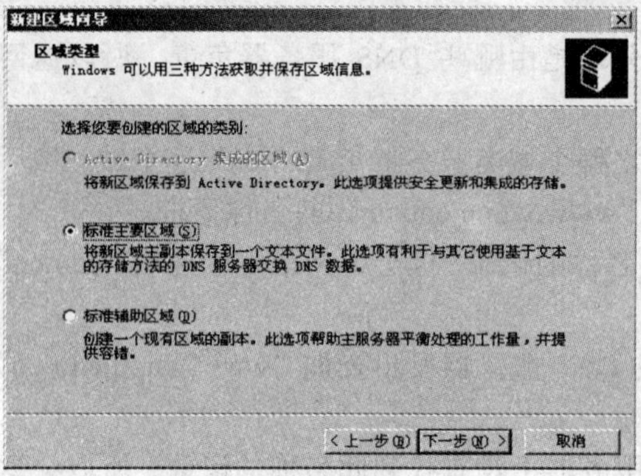

图 7-57　区域类型选择

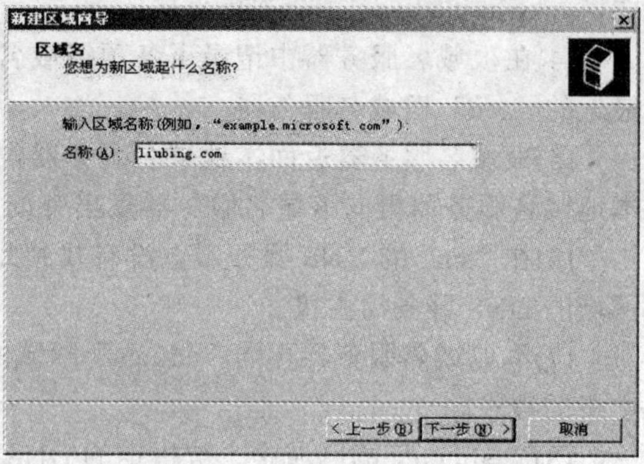

图 7-58　区域名称输入

4. 创建主机名

右键单击新域名，单击"新建主机"，如图 7-59 所示，输入主机名，并输入主机对应的 IP 地址即可，如图 7-60 所示。

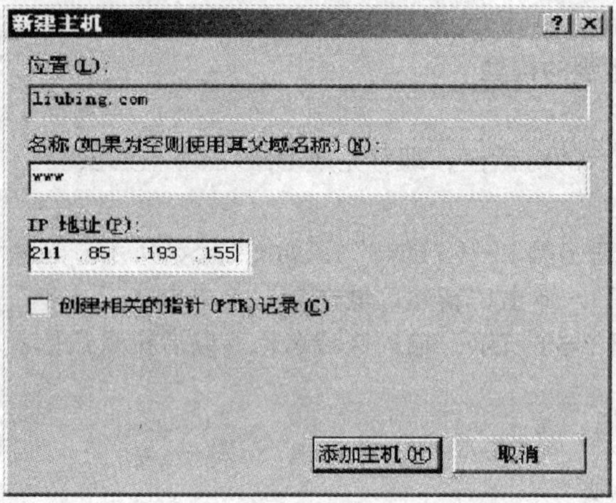

图 7-59　新建主机

图 7-60　成功创建

7.5.2.5　DNS 客户端的设置

打开如图 7-61、图 7-62 所示对话框，完成 DNS 客户端的设置。

7.5.3　DHCP

7.5.3.1　什么是 DHCP 服务

DHCP 是 Dynamic Host Configuration Protocol 的缩写，叫动态主机配置协议，是使用在 TCP/IP 通信协议当中，用来暂时指定某一台机器 IP 地址的通信协议。

7.5.3.2　Windows 2000 下的 DHCP 配置

1. DHCP 服务器的安装

进入控制面板，打开如图 7-63 所示对话框，即可完成 DHCP 服务器的安装。

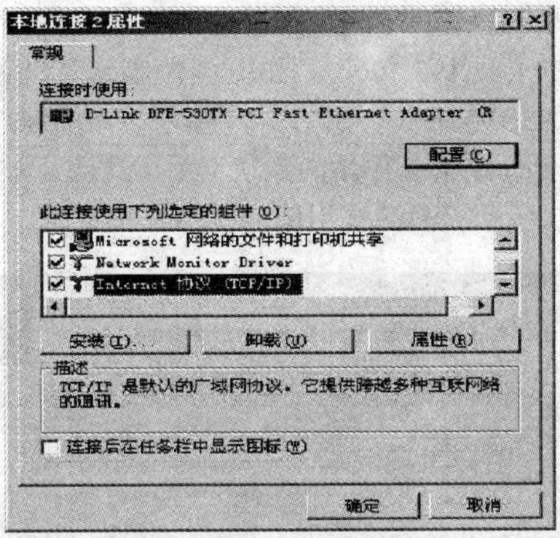

图 7-61　本地连接属性

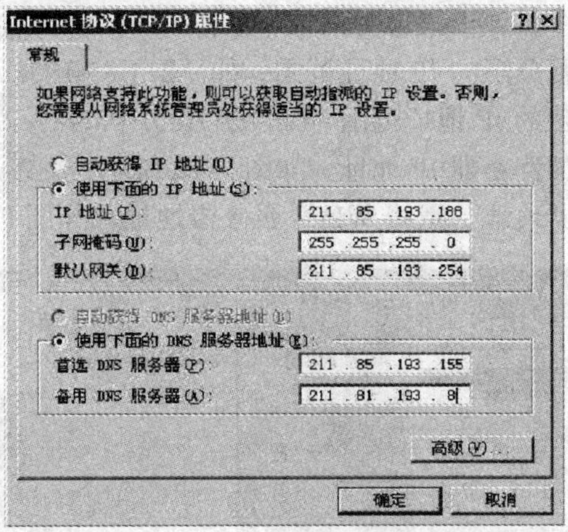

图 7-62　Internet 协议属性

2. DHCP 服务器的设置——添加 DHCP 服务器

选择“开始”—“程序”—“管理工具”—“DHCP”，如图 7-64 所示。如果列表中没有任何服务器，则需要添加 DHCP 服务器，如图 7-65、图 7-66 所示，即可完成添加。

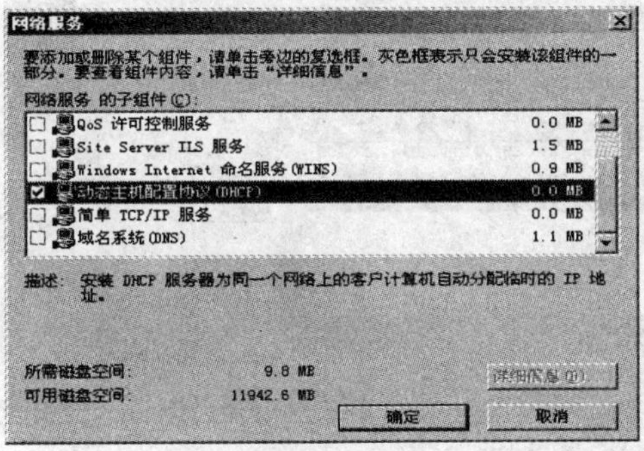

图 7-63　网络服务

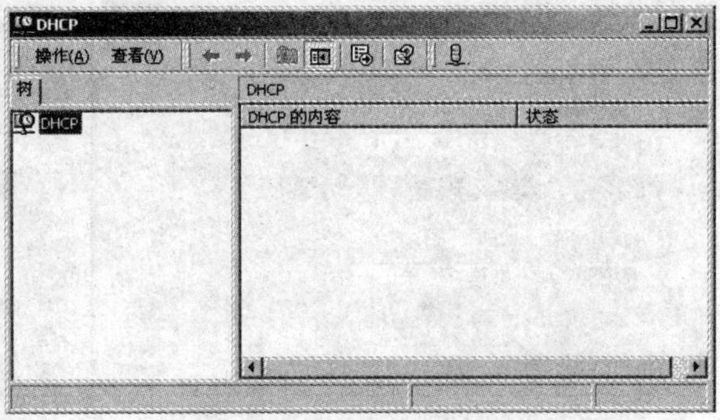

图 7-64　DHCP

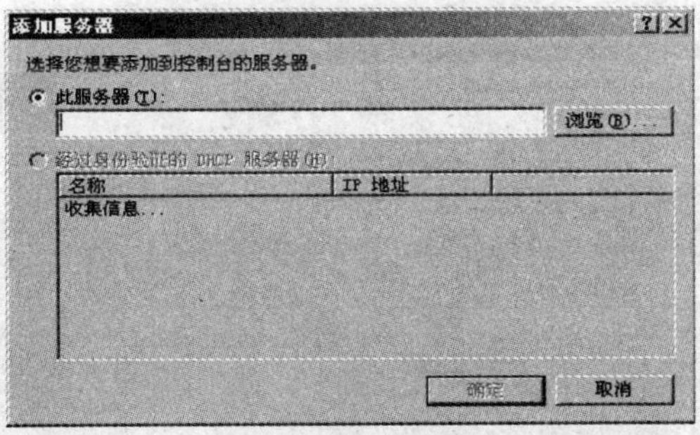

图 7-65　添加服务器

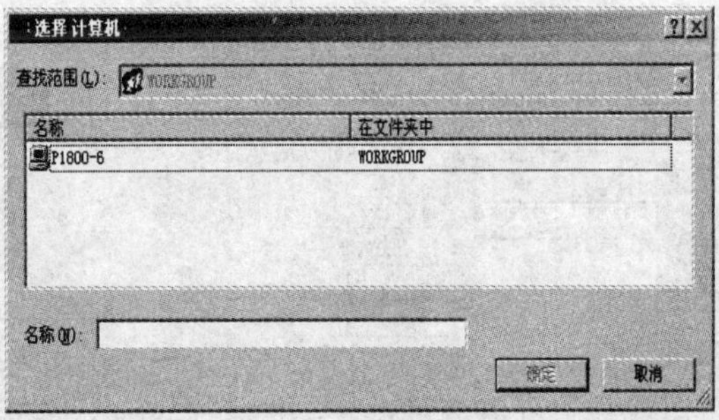

图 7-66　选择计算机

3. DHCP 服务器的设置——新建作用域

如图 7-67 所示，在服务器名称上单击鼠标右键，在快捷菜单上选择“新建作用域”

命令，弹出向导对话框，如图 7-68 所示，在名称栏输入名称即可。如图 7-69 所示，设置可分配的 IP 地址范围，如“211.85.193.2～211.85.193.100”。如图 7-70 所示，设置可排除的 IP 地址范围，如“211.85.193.95～211.85.193.98”。如图 7-71 所示，添加客户使用的路由器 IP 地址。如图 7-72 所示，继续配置分配给工作站的默认网关、默认 DNS 服务器地址、默认 WINS 服务器地址。如图 7-73 所示，激活作用域。

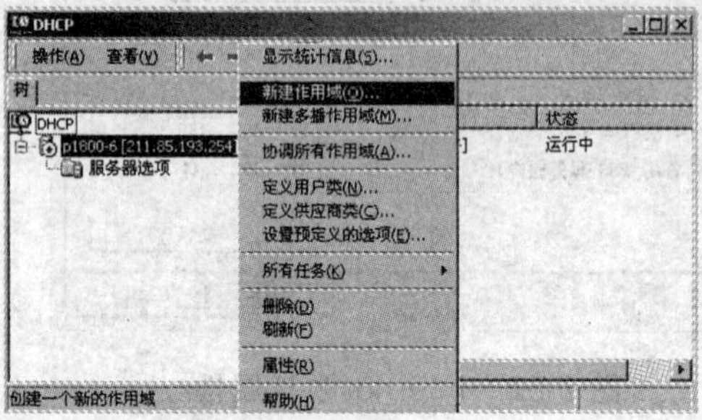

图 7-67　DHCP 窗口

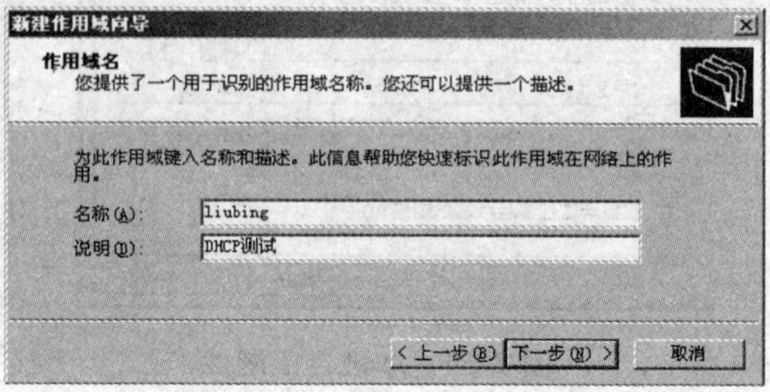

图 7-68　向导对话框

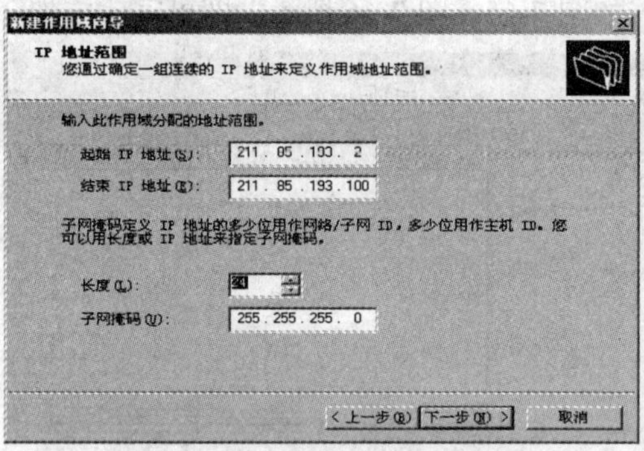

图 7-69　设置 IP 地址范围

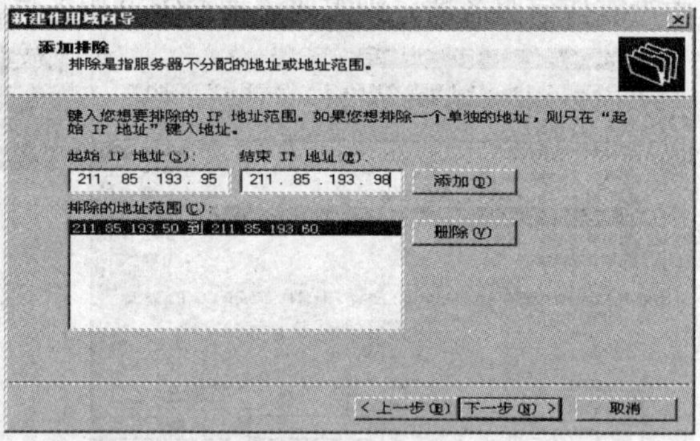

图 7-70　设置排除的 IP 地址范围

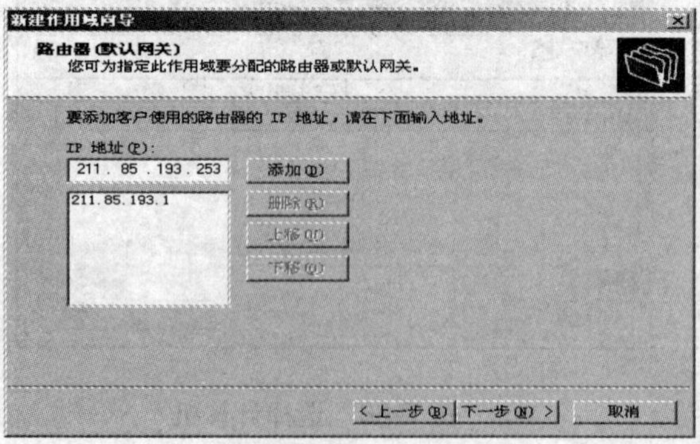

图 7-71　路由器 IP 地址

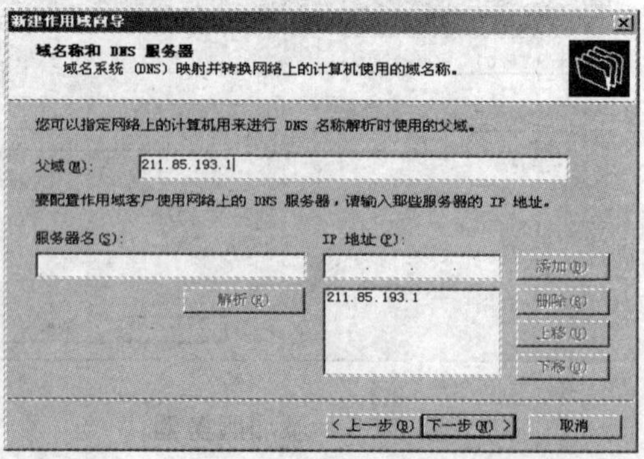

图 7-72　域名称和 DNS 服务器

4. DHCP 客户端的设置

打开如图 7-74~图 7-76 所示对话框，完成 DHCP 客户端的设置。

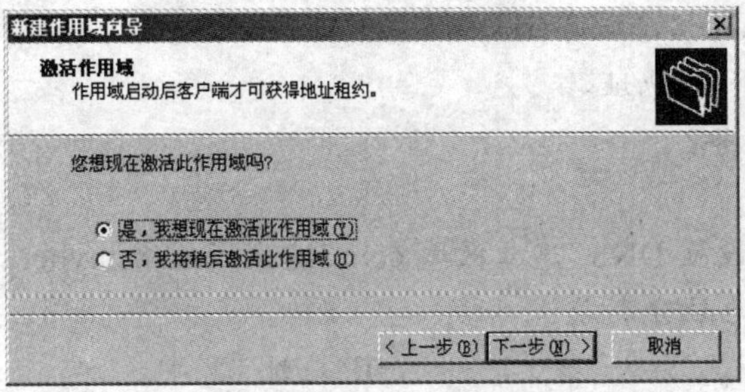

图 7-73　激活作用域

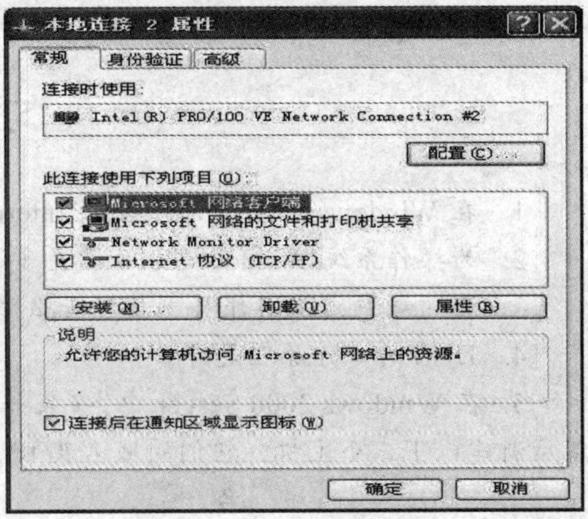

图 7-74　本地连接

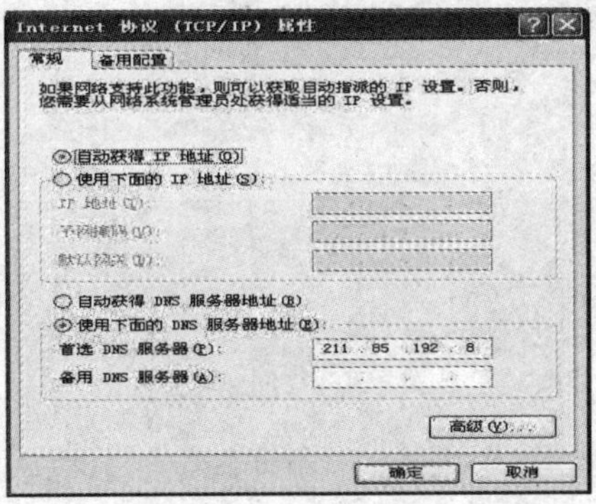

图 7-75　Internet 属性

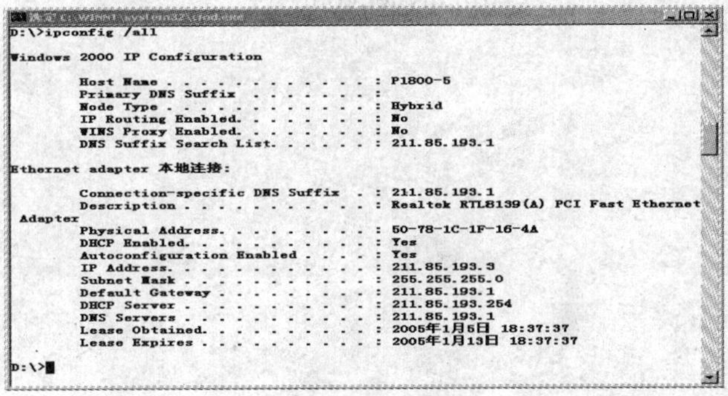

图 7-76　查看 IP 地址

7.6　实验：创建站点服务器

7.6.1　DNS 创建域名

本节的实例是设置域名“www.liubing.com”和“ftp.liubing.com”，分别对应 IP 地址“211.85.203.22”和“211.85.193.152”。

7.6.2　IIS 发布网页

IIS 发布网页“index1.htm”和“index2.htm”(事先做好)，分别对应 IP 地址“211.85.203.22”和“211.85.193.152”。

7.6.3 客户机上浏览网页

打开 IE 浏览器，分别输入“www.liubing.com/index1.htm”和“ftp.liubing.com/index2.htm”来浏览发布的网页。

习 题

1. 在 Windows 2000 中添加安装 Internet 信息服务(IIS)组件。
2. 为操作系统 Windows 2000 设置多个 IP 地址。
3. 在网络中，DNS 服务器提供什么服务？
4. DNS 的工作原理是什么？
5. 在 Windows 2000 Server 中，安装并设置 DNS，建立区域 com，建立新域名 mynet，然后新建以下三个主机，它们的域名及 IP 地址分别是：

域 名	IP 地址
www.mynet.com	202.196.1.1
Phy.mynet.com	202.197.2.2
ftp.mynet.com	202.198.3.3

参 考 文 献

[1] 尚晓航. 计算机网络技术基础[M]. 北京：高等教育出版社，2000.
[2] 杜松波，陈俊嵋. 计算机网络基础[M]. 北京：人民邮电大学出版社，2004.
[3] 张学军，夏长富. 计算机网络技术[M]. 大连：大连理工大学出版社，2003.
[4] 张增良，李生之. 计算机网络实用教程[M]. 西安：西安交通大学出版社，2004.
[5] 汪海波. 计算机网络应用技术[M]. 北京：地质出版社，2006.
[6] 谢希仁. 计算机网络[M]. 北京：电子工业出版社，2003.